城市的人和地方

城市、市郊和城镇的社会学

[美] 丹尼尔·约瑟夫·蒙蒂
迈克尔·伊恩·博雷尔　林恩·C.麦格雷戈　著
杨春丽　译

江蘇鳳凰教育出版社
Phoenix Education Publishing, Ltd

图书在版编目(CIP)数据

城市的人和地方：城市、市郊和城镇的社会学 / (美)丹尼尔·约瑟夫·蒙蒂等著；杨春丽译.—南京：江苏凤凰教育出版社，2017.3

(世界城市研究精品译丛)

ISBN 978-7-5499-6243-3

Ⅰ.①城… Ⅱ.①丹…②杨… Ⅲ.①城市社会学 Ⅳ.①C912.81

中国版本图书馆 CIP 数据核字(2017)第 051028 号

书　　名	城市的人和地方：城市、市郊和城镇的社会学
著　　者	[美] 丹尼尔·约瑟夫·蒙蒂　迈克尔·伊恩·博雷尔　林恩·C. 麦格雷戈
译　　者	杨春丽
责任编辑	史玉娜
装帧设计	王　怡
出版发行	凤凰出版传媒股份有限公司 江苏凤凰教育出版社(南京市湖南路 1 号 A 楼　邮编 210009)
苏教网址	http://www.1088.com.cn
照　　排	南京紫藤制版印务中心
印　　刷	江苏凤凰新华印务有限公司
厂　　址	江苏省南京市新港经济技术开发区尧新大道 399 号
开　　本	890mm×1240mm　1/32
印　　张	11
版　　次	2017 年 3 月第 1 版　2017 年 3 月第 1 次印刷
书　　号	ISBN 978-7-5499-6243-3
定　　价	45.00 元
网店地址	http://jsfhjycbs.tmall.com
公 众 号	苏教服务(微信号:jsfhjyfw)
邮购电话	025-85406265,025-84500774　短信 02585420909
盗版举报	025-83658579

出版说明

“他山之石，可以攻玉。”

在建构中国本土化城市理论的过程中，对外来城市化理论进行有比较的、批判性的筛选，不失为一种谨慎的方式。西方城市化的理论与实践研究有很多值得中国学习和借鉴的地方，如城市空间正义理论、适度紧缩的城市发展理论、有机秩序理论、生态城市理论、拼贴城市理论、全球城市价值链理论、花园城市理论、智慧城市理论、城市群理论以及相关城市规划理论等，这些理论在推进城市化的进程中起到了直接的作用。

中国城市化进程以三十多年的时间跃然走过了西方两百年的城市化历程，成就令世界瞩目，但城市社会问题也越来越深化：有些是传统的社会问题，有些是城市化引发和激化了的问题，我们需要梳理出关键点加以解决。

《世界城市研究精品译丛》的出版目的十分明确：我国的城市理论研究起步较晚，国外著名学者的研究成果，或是可以善加利用的工具，有助于形成并完善我们自己城市理论的系统建构。在科学理论的指导下，在新型的城镇化过程中，避免西方城市化进程中曾出现的失误。

该丛书引进国外城市理论研究的经典之作，大致涵盖了相关领域的重要主题，它以新角度和新方法所开启的新视野，所探讨的新问题，具有前沿性、实证性和并置性等特点，带给我们很多有意义的思考与启发。

学习发达国家的城市化理论模式和研究范式，借鉴发达国家成功的城市化实践经验，研究发达国家新的城市化管理体系，是这套丛书的主要功能。但是，由于能力有限，丛书一定会有很多问题，也借此请教大方之家。读者如果能够从中获取一二，也就达到我们的目的了。

江苏凤凰教育出版社

目录

致谢

作者在撰写著作或者完成著作涉及的研究时，有些人给予了重要的帮助。依照惯例，作者要感谢这些人。我们撰写此书时，立足于过去至少200年里的社会科学家、历史学家、改革家和著书立说者的丰硕成果。还有一些社会哲学家的著作，可以追溯至更久远的年代。尤为重要的是，还有我们的文化及其他文化中数以百万计的男人、女人、孩子，是他们塑造了我们在这里尽可能讲述的故事，是他们提供了我们在这里尽可能收集的证据。

我们感谢上述所有的人，这份恩典我们无以为报，惟有认真工作，讲述他们的故事。

感谢所有的人。

—丹・蒙蒂（Dan Monti）

—迈克尔・伊恩・博雷尔（Michael Ian Borer）

—林恩・麦格雷戈（Lyn MacGregor）

关于作者

迈克尔·伊恩·博雷尔（Michael Ian Borer）是内华达大学拉斯维加斯分校的社会学副教授。他是拉斐特学院（Lafayette College）的文学士，在波士顿大学获得宗教学硕士学位和社会学博士学位，编著《城市体验的多样性：美国的城市和文化实践》（*The Varieties of Urban Experience: The American City and the Practice of Culture*）（美洲大学出版社，2006），并撰写了学术论著《忠于芬威球场：对波士顿、棒球以及美国至爱球场的信心》（*Faithful to Fenway: Believing in Boston, Baseball, and America's Most Beloved Ballpark*）（纽约大学出版社，2008）。他的学术成果发表于《大众文化杂志》（*Journal of Popular Culture*）、《城市与社区》（*City & Community*）、《社会心理学季刊》（*Social Psychology Quarterly*）、《符号互动》（*Symbolic Interaction*）等刊物上。在 2011～2012 年，他担任符号互动研究学会（the Society for the Study of Symbolic Interaction）的副会长。他主要研究城市性、大众文化、“神圣性”、集体记忆。目前他正撰写一部专著，论述想象力和怀旧情绪在美国大众文化中的运用和滥用、在拉斯维加斯日常文化中扮演的角色。

林恩·C. 麦格雷戈（Lyn C. MacGregor）是波士顿大学的文学士，在威斯康星大学麦迪逊分校（the University of Wisconsin - Madison）获得社会学博士学位。她著有《中心地带的习惯：现代美国的小镇生活》（*Habits of the Heartland: Small-Town Life in Modern America*）（康奈尔大学出版社，2010）。她曾在蒙大拿大学（the University of Montana）任教数年，后来又回到威斯康星大学麦迪逊校区。目前，她在这里担任罗伯特·F. 和简·E. 霍尔茨科技研究中心（the Robert F. and Jean E. Holtz Center for Science & Technology Studies）的副主任。

丹尼尔·约瑟夫·蒙蒂（Daniel Joseph Monti）是圣路易斯大学的教授，研究社会学和公共政策。他曾就读于奥伯林学院（Oberlin College）和北卡罗莱纳大学（the University of North Carolina），是前伍德罗·威尔逊研究员，发表过50多篇学术文章、七部著作，涉及的主题从教育改革、内城重建到年轻的黑帮、美国城市的历史等。他新近问世的著作《与陌生人和谐相处》（*Engaging Strangers*）描述了现代波士顿的城市生活，讲述商业在创造繁荣、有序的城市文化时所起的作用。目前他正在编写两本书。其中一本关注城市生活中的企业文化和礼仪；另一本详述圣路易斯的重建。后者将是人们所做的内城重建的最详细的研究，聚焦于主要的机构和公司在强化城市经济和城市更新方面所起的作用。

引　言

讲述城市、市郊和城镇的故事

本书如标题所示，其内容是城市的人和地方：他们如何发展，如何组织，与之相关的问题以及我们处理这些问题的各种方法；这本书也阐述我们如何谈论这些地方和这些人、如何理解他们；最后说明我们建设并居住的这些地方又体现了我们自己的何种特性以及我们共同生活的方式。我们会略微关注亚洲、非洲、中美洲和南美洲城市的人和地方。事实上，就一本不以比较城市化（comparative urbanization）为主题的著作来说，本书对亚洲、非洲、中美洲和南美洲这些地区的城市及市民已经做了相当细致的讨论。我们对这些城市的讨论，有优点也有局限。无论如何，这些讨论的宗旨是在帮助我们更好地认识、解读我们熟悉的那些城市类型，即西方国家和经济较发达国家的城市。

前城市聚居点（pre-urban settlements）至少有 10 000 年之久，而且在世界大部分地区都有着丰富的历史，但是直到 19 世纪中叶人们才开始对城市及其生活进行严肃的研究。到此时，我们视之为城市的那种城市的地方（urban places）才以成熟的面貌出现，在全球范围内迅猛发展，尤其是在正经历高度工业化时期的西方国家。你会发现，工业化和城市建设之间的联系对社会科学家和历史学家如何思考城市和城市生活一直起着至关重要的作用。

然而，城市作为人的聚居点在工业化以前就兴旺已久。当然，这一切都扎根于各种不同的文化土壤，在非常不平衡的经济竞争中发展起来。今天的大城市人口均以千万计。这并非意味着在大城市里居住或工作的每一个人都幸福，夜间都有体面的住所可供安眠，都吃得饱、穿得暖、有安全感，与周围的人相处融洽。城市管理得不够好，也许无法管理好，在一般的情况下，都无法使多数居民的基本需求得以满足。这类情形的具体情况还要看城市在世界上所处的位置。尽管存在这些问题，世界上大部分地区的城市都在发展。在世界的许多地方，城市每天都面临满足人们基本需求的挑战，却又以极快的速度发展。这一事实告诉我们一条重要的信息：城市这种人的聚居点蕴含着魅力，具有永不止息的力量。

很显然，城市发挥着极其重要的功能，人们认为城市给予的服务方式是其他类型的聚居点无法实现的。我们的当务之急是要说明城市为何成为如此重要的聚居点，展示城市多年来发展变化的大致轮廓。我们在此介绍整本书里多次出现的两个词汇：城市化（urbanization）和城市性（urbanism）。我们用城市化这个术语来讲述城市、市郊和城镇在悠久的历史、在各种文化背景里发展变化的故事，用城市性指代市民构建的生活方式或文化。

我们可以用简单而有力的事实来说明城市化这一世界各地均有的现象。如表 1.1 所示，城市聚居点渐渐成为世界最普遍的居住方式，一直到 2050 年。仅在过去的 50 年里，在世界不甚发达的地区（大多在非洲、亚洲、拉丁美洲和加勒比地区），生活在城市地区的人口比例已渐渐赶上世界比较发达的地区（主要在北美和欧洲）。在不甚发达的国家，生活在城市聚居点的人口数量超过了发达国家的城市人口数量；而且，在未来这种差距可能愈加悬殊。

表 1.1　1950～2050 年世界比较发达的地区和不甚发达的地区城乡人口比例

地区	1950	2000	2050
比较发达的地区			
总人口（千人）	813 561	1 194 199	1 245 247
城市人口比例	52.5	73.1	86
乡村人口比例	47.5	26.9	14
不甚发达的地区			
总人口（千人）	1 721 532	4 929 924	7 946 040
城市人口比例	18	40.2	67
乡村人口比例	82	59.8	33

出处：数据来源于“世界人口展望：2006 修订版和世界城市化展望：2007 修订版（World Population Prospects：The 2006 Revision and World Urbanization Prospects：The 2007 Revision）”。联合国秘书处经济和社会事务部人口司。http：//esa. un. org/unup

这一世界性的现象还有两个特征值得特别关注。第一，在不甚发达的地区，总人口会持续快速增长。第二，在这些地区，生活在乡村的人口比例会远远高于较发达的地区。这两个因素会深深地影响城市和城市区域如何发展，如何更好地容纳想在城市生活和工作的人们。

1950 年，世界欠发达地区的总人口已经是发达地区的两倍。如果联合国对人口的预计是准确的，那么，到 2050 年，欠发达地区的人口将是发达地区人口的三倍以上。在世界不甚发达的地区，其城市化的进程不像北美、欧洲那样伴随着总人口的减少。在不甚发达的地区，城市人口、乡村人口都远远超过比较发达的地区。

在发展方式上，比较发达的地区和不甚发达的地区的城市聚居点存在着惊人的悬殊，这其中隐含了重要的信息。虽然城市和都市区域在北美和欧洲的发展相当引人注目，但是表 1.1 中的数字也说明，**城市化在世界不甚发达的地区比在西方国家的进展更加迅速，且方式也不同**。同样，在世界不甚发达的地区，城市化对社会、政治和经济的影响也截然不同。解决西方城市居民面临的问题所使用的方法，倘若真的适用于新兴的发展中国家的城市，那么其应用必须更快，范围更广。

可以肯定，将新兴的发展中国家的经济和西方的经济更完全地融为一体，这只是问题的部分答案，仅是一个长期的、复杂的答案的一部分而已。从基础建设即为那么多近距离生活的居民提供衣食住行、工作、医疗所需的基础设施，到解决城市增长带来的环境、社会、政治问题，西方国家从中汲取的经验教训，都必须重新整合，以适应截然不同的城市背景。况且，西方国家在汲取许多经验教训时并非尽心尽力，想到这一点，我们就当踌躇却步。这说明，欠发达地区的人民要将西方国家城市建设、城市间良好合作的经验付诸实践，还是极其困难的。

在经济不发达的国家，所有从乡村迁移到城市的人们都要完成另一个重要任务。他们对城市可能只有粗略的了解，然而必须学会城里人的行为方式，使自己能够在工作场合有效地工作，在“城市”这样一个环境里和别人相处。这说明，他们还必须适应城里人已经践行的信仰、价值观、习俗、规范、礼仪、组织、制度，而且还要学会用自己创造的文化上的发明来加以补充。若没有学习和交流，新来到城市的人就会感到不可能在大城市里成功地生活并和接触到的各类人融洽相处。我们会看到，在这些经济欠发达的国家，无论是在城市里安居乐业的人，还是新来到城市的人，在城市里安然居住的能力越来越强，这无疑是大好的消息。

我们在上面说过，城市性是一个术语，我们用它来描绘世界不同类型的城市聚居点里居民的生活方式。这需要描述人们的所作所为：他们为了建设城市和都市区并使之正常运行而辛勤工作，有时在群体里与他人合作，有时孤孤单单地生活，有时和他人发生冲突。

城市化的故事和城市性的故事有重叠的部分。城市和都市区是如何发展的，这也能说明那里的居民是如何工作和生活的。同时，人们在城市聚居点践行的生活方式也影响这些地方的布局和运作方式，决定了这些地方是否能扩大，其中的空间和建筑物怎样得到实际的利用。

我们注意到非西方国家、世界上欠发达国家建设城市的方式以及在城市聚居点的生活方式。这包括殖民官员在当地城市另外设置的那部分聚居点，他们这么做是为了获得一个前哨基地，以便从这个基地管理帝国的殖民地。不过本书主要论述美国的城市现象。我们会参考世界上欠发达地区的城市里所发生的事，但是这么做主要是为了说明西方城市化是一个与众不同的过程。

我们也会描述欠发达国家城市居民的某些生活方式，这么做是为了举出类似的例子，用以说明西方国家的人民如何受益于城市。我们的目标是更好地理解西方人民为更好地适应城市生活并在城市留下独特的痕迹而在文化上做出的创新之举。

我们先处理几个问题，再讨论城市的发展和市民的生活、工作方式。第一个问题，论到讲述城市化的故事，学者们把焦点放在城市和城市聚居点，认为它们是独特的重要的地方，是中心地方（central places），各种组织和机构都在这里，协调大区域里所发生的一切事。城市也是一个更大的全球网络（global network）的一部分，这个网络对这些地区的中心地带所发生的事情产生日益强大的影响（Hohenberg & Lees，1995：2～17）。

今天，所谓的“全球城市（global cities）”就位于全球网络的关键点上，在全球的重要性已经超越了在本国的重要性。大公司都在这些城市里，协调世界各地生产和投资的大企业，如同18世纪、19世纪殖民大国那样，越过国界，扩大领地。这些全球城市为了使它们的“投资者”更加富有，不仅无视其他国家的主权，有时候还会伤害其他国家和民族的领土完整（Sassen，2010）。这些全球城市对国内外那些与世界联系较少的小型城市有多大的影响，还有待思考和调查。至少到目前为止，这些全球城市以及生活、工作在其中的人尚未同化到文化差异消失、重要性降低的程度。

描述城市化过程的社会科学家和历史学家通常着眼于世界不同地方的城市和大都市地区的经济及人口特征。他们的目标是讲述一类人如何占据一个具体的地方，如何和一个更大的环境（通常是这类人所在的一个都市区）产生联系。他们着眼于一类人如何在经济上自我维持，如何为了更好地利用周围的环境而自我调整，如何利用所有可供他们使用的资源。

对城市化过程感兴趣的人们通常问四个主要的问题。我们将这些问题列在下面，这样可以方便我们在撰写此书的过程中随时参考这些问题。

1. 世界上不同地区的城市究竟有多么不同？城市在过去两三千年的时间里到底发生了多大的变化？

2. 城市和它们周围的地区或它们所属的更大的社会，这之间的关系是什么？

3. 城市在空间上是如何布局的？从不同的空间设计，我们能知道市民有着怎样的经济、社会和政治关系？

4. 城市显然有通病，比如交通拥塞、污染、贫穷和犯罪，这些问题比小型的、有乡村特点的社区严重得多。了解并最终治愈这些“城市病”的最佳方法是什么？

对城市化过程感兴趣的研究者们常在文章或论著里谈及上述问题中的两个或多个，但是，不可能同时回答这些问题。学者们通常会把某一个国家在某一历史时期的一两个城市或城乡关系作为研究对象。我们只有将城市和它们的外围地区在不同历史时期和文化背景下的所有故事收集起来才能开始归纳出一个像样的理论，以说明在很长的历史时期里，城市是如何规划的，它们和更大的地理实体之间是什么关系。

研究者们述说城市和都市区的故事，还喜欢用另一种方式：讲述市民实际的生活方式。在这本书里，我们会用同等的分量对待市民践行的城市生活方式或文化以及城市、都市区如何发展的故事。大多数学者都认为，城市生活和文化在重要性上不及城市聚居点的经济和人口现实。他们一直认为市民的文化和日常生活是城市经济和人口巨大变化的一个结果，不是城市和都市区巨大变化的一个原因。

以这种视角看待城市世界，有一个重要而不幸的后果：城市地区的经济和人口所发生的引人注目的大变化常常被描述为人口的压倒性力量。这些研究显示，人们无法控制变化，只能做出各种反应。人们研究这些反应（多种形式的越轨行为、家庭解体、贫穷、偏见和社会的动荡）通常用一种负面的视角刻画城市居民和他们共处的方式。在本书中，我们不寻求修正这种对城市生活的观点。与教科书和学术讨论通常呈现的图景相比，我们将要展示的图景则更为客观。

研究者们讨论城市文化、探讨不同类型的社区中居民的生活方式，常围绕四个问题来进行研究。在这里，我们也同样将这些问题列出来，方便读者阅读此书时随时参考。

1. 是否有一种生活方式明显地是城市的生活方式？在城市生活中，有哪些因素是不同文化的市民共有的？这些因素随着时间的推移是否发生了变化？

2. 这种所谓的新的城市生活方式是否促使新的社会集体（social collectivities）和社会身份的形成？

3. 市民的文化背景、居所和职业都有差异，那么城市如何激励或遏制市民之间社会关系的发展？

4. 社会遵从（social deference）涉及的传统观念与人的社会地位、性别、社会阶层和种族息息相关，那么城市生活如何影响这些传统观念？

任何一位研究者都不可能在一篇具体的文章中回答上述四个问题，这与上面提到的对城市化的研究一样。学者们往往着眼于不同历史时期、不同民族背景的城市或城镇，大一些的地方和小一些的地方，研究其中的社区生活方式，甚至研究诸如女人、移民这些具体类型的人群的生活方式。

毫无疑问，我们所能够讲述的关于城市化的故事和我们收集的关于城市性或城市、市郊、城镇居民实际生活方式的故事，两者中间有很多重叠的部分。这种重叠尤其体现在人们讲述城市的人和地方的故事以及竭力改善城市的人和地方时采用的方式。改善城市的地方应该是为了帮助提升在那里工作和生活的人的境况。但是，我们会看见，这些故事并非完全一致，我们如何建设城市和都市区，这个故事通常比我们讲述的关于城市生活的故事要完美得多。

比如，我们能较好地理解美国、加拿大和欧洲的城市形象，理解它们如何成为今天的样貌。有许多高楼大厦，许多有历史价值的建筑，有令人瞩目的港口和交通系统，很多人在市内、市外工作与生活。几乎所有人都靠非农业营生。他们也许有花园，但种植物不是为了谋生。他们饲养的动物也都是宠物。

市郊就是另一番感受，另一番风景。市郊的面积有大有小。虽然我们往往把这些地方视为“城镇（towns）”，有些市郊相当大，几乎是城市的样子。另外一些市郊只不过是居住区。在一般情况下，住在这里的人也不靠农业、矿业或经营其他自然资源为生。

我们倾向于认为小城镇和村庄是乡村地区，其中有一些确实是。但是今天大多数西方国家的许多小地方是和较大的城市联系起来的。也许它们更多的是在人们的生活方式上有联系，而不是这些地方的样子和离城市有多近，但尽管如此，它们还是有联系的。

我们将城市生活方式与大城市联系起来，而人们共享这种生活方式的程度可能远超过我们的想象。的确，我们认为，我们能自信地说整个美国当今的生活方式是“城市的”，不是“乡村的”，而且也许这种状态已然很久。其他西方国家的生活也是如此。不过，聚居点的面积、布局和外观可能一点儿也不像城市。

因此，城市化和城市性纵然有颇多重叠之处，分析两者的故事时，我们仍需区别对待。

若要描绘城市生活方式或文化的图景，需要付出极其艰苦的努力。我们提出的城市生活理论应该反映我们获得的所有信息。但是，社会科学家和那些阅读、依赖并信赖我们所做的研究的读者们，他们一直持守与市民思想行为方式有关的观点，而那些观点鲜有实证支撑。我们会对学者们多年来收集的证据进行更客观的评估。

我们当然不会贬低对城市生活现有的解释或理论，也不会贸然摒弃城市问题的证据或市民有时行为也有问题的证据。然而，从文化的视角（cultural approach）了解城市如何运作、人如何在城市的地方生活，这至少同样认可城市对我们的生活方式所做出的积极贡献。为了帮助读者把我们认为有益于这一研究角度的信息区分出来，在整本书里，所有与上述八个问题有关的资料，我们都会用加点字显示出来。这样，读者就会形成自己的判断：在研究城市的地方和人这个问题时，我们是否过分地夸大了选用的文化视角。

本书分为四个部分。第一部分有三章，我们在其中将城市化和城市性视为全世界都有的现象，比较它们在较发达国家和欠发达国家的运行情况，然后特别关注美国城市的地方和人。再次强调，我们建设城市和都市区的方式有时会改善市民工作和生活的方式，有时似乎超过了市民有效地应付城市生活的能力。在这三章里，我们会看见世界不同地方的人如何努力地将他们建设城市和都市区的方式和他们的生活方式协调起来。

本书的第二部分主要集中讨论我们如何理解城市的地方和人。有几章论述了看待城市世界的传统视角和现代视角。传统的理论家们往往关注工业化与国家建设如何同时发生（而且从某种意义上合作）并在城市里造就崭新的、迥异的地方和人：也就是我们在西方国家、非西方国家或经济欠发达的国家所看见的那些地方和人。现代理论家们更愿意详述我们建设城市的方式如何反映（并记载）人们的财富、权力和社会声誉的差异。有许多文字记载把城市描述为这样的场所：国家所能给予的所有最好的东西，在这里全方位地呈现出来。在传统和现代理论家中间，有一种同样强的冲动（有人说是一种更强的冲动），那就是用怀疑的眼光看待城市的地方、住在那里的各种人以及他们营造的生活方式。本书作者喜欢的“文化”视角当然既不漠视也不摒弃城市的负面特征以及市民生活方式的不足之处。当市民努力并成功地在都市区为自己建设更美好的地方时，他们也学着为他人建造有建设性的便利设施。这种“文化”视角所做的就是提供更平等的时间或更平等的空间来考虑这些有建设性的便利设施。

专家们讨论城市生活的优势和弊端，他们使用的基本方法体现在自己撰写的与“社区”、“陌生人”有关的著作和研究中。社区如何运作，如何更有益于居民，也许还有更重要的，就是如何成功地使不同类型的居民互相交往，这些问题3000年前使希腊人困惑，今天依然使我们困惑。我们在本书的第三部分拿出两章来讨论城市社区的日常生活和政治。我们也比较多地谈论了市民生活的总体发展趋势和形式。正是在这里，我们的“文化”视角说明城市居民之间并没有我们通常认为的或误认为的那样陌生，这样我们似乎比其他一些理论对手能更好地描绘城市生活的图景。

本书的最后一个部分有三章，论述职业的思想家、社会活动家和改革家如何竭尽全力地抹平城市生活粗糙的边缘。更多人试图在城市居住、工作。我们在回答市民人口数量和密度的问题时，常提到城市空间的变化——我们在地下、地面上增设建筑物，使城市的地方可供更多人居住。我们在回答城市人口多样性的问题时，常提到社会的变化——我们为了使人民能更友好，至少能互相尊重而推广的项目、政策和改善生活的措施。我们喜欢在空间上做出调整，认为把一个地方变得更好，就应该会改善人们的行为。但是，“文化的”变化是我们在社会规则、我们的角色以及我们想要建立或逃避的社会关系等方面做出的所有“社会的”调整。正是这些“文化的”变化使我们能够在面对我们不熟悉却无法逃避的人与环境时做出妥协，学会适应。

思考本书没有的内容

大多数教科书，即便不可怕，也没有趣味，且所有的教科书都定价过高。

没有哪个作者一开始就准备写一本可怕的书，但是我们一直阅读这样的书，而且为有阅读的特权而支付很贵的价钱。从某种程度上说，没有趣味的部分也能看得懂。毕竟，对任何学术领域做一个总结，就是以必要的肤浅的手段将某一具体研究领域中过往的艺术状态描绘出来，将这一具体的研究领域压缩进一个学期或一个学季。这种总结会触碰许多话题，但是细节缺乏该有的说服力。

要撰写一本不沉闷、不可怕的教科书，技巧在于掌握完善的材料，写作风格不让读者打盹儿，不让读者狂怒，真的不像教科书。哎，真的不喜欢教科书。我们也相信（或希望）你阅读后会认为我们对这个领域有扎实精深的理解。有人已告诉我们，我们的著作信息量大，且容易阅读。希望你也这样认为。

本书年长的这位作者，就是署名第一的作者，在过去将近 40 年的时间里坚持不撰写教科书。他改了过去的习惯，只是因为另外两位作者是他的学生，事业刚开始，但是在老师不熟悉的一些方面有聪慧的见解和渊博的知识。这真的非常重要，因为糟糕的教科书，其部分原因往往是，一个作者尝试驾驭整个领域，而事实上他仅对某些部分感兴趣却佯装通晓其他部分。

在这本教科书里没有任何佯装的成分。我们选择要撰写的内容，这些内容我们都非常了解。我们对书中撰写的某一个话题了解不透彻时，就出去找人弥补这样的空白。相信我，当你撰写一本教科书时，你对一个应当透彻了解的话题到底有多少不了解，这很快就会显形。

你在书中省去的东西和你撰写进去的东西一样重要，也许会更重要。下面就是我们书中省去的一些东西。

图片

图片使一本书价值飙升，而图片在当今的互联网上随处可以找到，而且在这类著作里图片不那么有用。原因很简单。如果你不是刚从一个洞里爬出来，你可能已亲眼看见城市，已住在市郊，或者看见公司和投机商尚未用合约购买农田之时沃尔特·迪斯尼（Walt Disney）所想象的城市的样貌，看见本地青少年离开城镇在部队里谋职，看见微软、沃尔玛开始抢走整个城镇的生意。我们期望你非常熟悉网络资源，找到的图片比我们原本要提供的图片更多更好。

地图

见上述对“图片”的讨论，关于沃尔特·迪斯尼的那部分除外。

许多的图表、曲线图和表格

这些都贵。更重要的是，你唯一感兴趣的部分是对数据的描述，这些描述在文本里，出现在图表、曲线图和表格的下方。

烦人的附加材料

1906 年旧金山的地震，一座标志性建筑或一条地铁的建设，经济危机时期的小偷、歹徒、移民、穷人的生活，或教科书写过的许多不同的少数群体中任何一个人的生活，在纽约钻进人群走过百老汇大街的感受或者街头的某种示威游行，自罗斯福以来美国历任总统的城市政策。我们从来没有看过有关这些信息的描述。我们想你也不会看到。

说说每章开头的“学习目标”

真的吗？这是什么，是高中吗？如果你想明白每一章的重要内容，就读这本书。我们已经说过，要特别注意加点字部分，然后根据每章后面提出的问题写文章。你会发现，除了学习与城市的地方和人有关的知识外，我们还有三个主要的学习目标：批判性思维、论证能力、有条理的写作能力。剩下的就看你了。

一本教师手册和一个多项选择的题库

好了，这也许和你的老师关系更大一些。当你的老师选择这本书而放弃一本有现成习题的教科书时，你最好知道他/她是怎么想的。

老师们喜欢多项选择题，因为容易评分。学生尤其会喜欢这本教科书的多项选择题，因为我们已经用加点字标出了每一章的重点。就读这本书吧。事实上，要读很多书。你不会痛苦的，而且你很快就能看清楚我们是否真的明白所说的东西。

用完整的句子回答每一章末尾的问题，自己也问几个问题。在报纸上找与课文材料相关的例子。是的，报纸，不是维基百科，报纸。初学者在回答下面的问题时答案要超过一页。依据后面几章提出的问题撰写论文时，要写出五页才算合适。

我们说过，你不会痛苦的。事实上，它会让你成为一个更完善的人，会让你的父母相信，他们为你的大学教育所付的学费使你有所作为，不仅仅是付清新的学生中心的费用，更不是为体育部出资让它的队伍在全国名列前茅。

研讨题（看见了吧？我们不开玩笑）

1. 想想你长大的地方或者你的学校所在的地方。是城市吗？你怎么知道？它究竟有什么特征让你认为它是城市、市郊或者城镇？

2. 城市化和城市性之间有什么区别？就这两种现象，研究者们问了什么问题？在报纸上找一篇关于一座城市的文章。这个故事讲的是城市化还是城市性或者与两者都有关？这篇文章回答了学者们就城市化和/或城市性所提的重要问题中的某一个了吗？

3. 你选择这门课是因为要达到大学的总体要求还是你真的对这个课题感兴趣？

第一章　西方国家的城市化

讲述城市和市民的故事，有两种基本的方式。第一种方式：比较西方（和发达）国家城市经历的几个明显的历史阶段。这总体上称为演化法（evolutionary approach）。人们讨论城市演变时，尽量寻找那些地方和生活在那里的人具有的关键性特征，从而追寻城市在长时期内的变化方式。这就是我们本章选取的角度。第二种方式：比较经济较发达国家的城市和经济欠发达国家的城市。这是我们下一章要做的事。把这种方法称为比较法（comparative approach）也不足为奇。比较研究旨在探索世界上两个或多个地区的城市和城市文化存在的差异。

要理解一个地方和它的人民，所需的最关键的信息是人们在某一时期的谋生方式。基于这一理念，可以明确地把城市的地方描绘为前工业化的（preindustrial）、原工业化的（proto-industrial）、工业化的（industrial）、后工业化的（postindustrial）。这些名称也恰好可以用来描绘城市所在社会的发展水平。在这一理念下，决定因素是城市的市民或者国家的居民有多大的生产能力。就拥有许多工业和制造业的城市来说，人们通常近距离地生活，但并非一直如此。当城市进入晚期工业化或后工业化时期，它们就开始沿着自己的生产地点向外扩张。在工业革命的全盛时期，制造业不多的城市和那些市内有许多商品生产的城市相比，前者发展缓慢，也没有后者富有。

并非每座城市都要经历这四个阶段。例如，美国土著民族建造的“城市”属于前工业化社会。它们存在时间不长，没有变成原工业化城市，更谈不上工业化或后工业化城市。在美国东海岸，后来在某一时期变成城市的那些地方开始是原工业化的地点，或者由生活在原工业化时期的人们建立起来的。他们进行建设的地方，有些变成主要的工业化或后工业化城市，有些则没有。并非所有的城市在同一时间都以同样的方式如此“演变”。

城市建设和工业化之间的一致性并不完美。例如，对比西方的城市和亚非拉经济欠发达地区的城市，就会发现亚非拉地区的城市往往更大一些。城市数量不多，但是每座城市都比较大，比纽约或伦敦这样的城市更大。下一章会讨论其中的缘由。但是，即使在西方，“更多的工业与更大的城市”这个等式并不总是成立的。洛杉矶、休斯敦和凤凰城不同于克利夫兰、芝加哥或圣路易斯，它们没有工业化的核心，却已经发展成为美国较大的“城市”。因为围绕着中心地区的、更大片的土地合并进来，而这些大片土地往往都有一些生产、加工中心，所以这些地方发展成为大城市。今天，这些城市比东北部、中西部的老城市显得更开阔。它们的“中心城”，有许多部分看起来就像费城、匹兹堡的郊区：只有一层楼的农场庄园、沿路的商业区、小型购物中心。

论起城市化与工业化之间的联系，在国家的层面上，“更多的工业与更大的城市”这一等式是成立的，这一直是事实。工业多的国家，往往城市就多，而且有更大比例的国民生活在城市地区。工业较少的国家，城市数量也较少，但是这些城市往往特别大，而且生活在城市地区的国民比例也比较低。在这些国家，大城市和乡村的分界线往往非常鲜明。

工业革命初始，城市建设和工业之间的联系尤其重要。在19世纪以前，城市建设时好时坏。城市命运的吉凶福祸取决于建设它们的帝国的力量强弱。帝国拥有成功的军事活动，占领新土地，并让自己的国民在那些遥远的地方居住下来，城市就兴旺起来。城市如果在政治、经济上失去影响力，市民人口就会下降；倘若城市所属的帝国在军事行动上遭遇失败或者无法坚守曾经统治的土地，城市有时也会遭遇劫掠。

欧洲对亚非地区的殖民与欧洲本地的工业化是同时进行的，否则，欧洲城市建设时好时坏的特征会持续到19世纪末，甚至更久。工业化在欧洲这些国家已渐臻成熟，殖民强国不仅仅本着剥夺当地自然资源和国产商品的目的而在新占领的土地上驻扎军队，设立总督。此时，殖民帝国还把商品卖给被殖民国家的人民，用新的方式延续被殖民者、被殖民的土地对帝国的依赖。将全新的工业产品运往殖民地销售，这促进了比较成功的欧洲国家的城市迅速发展；也使得这些城市的领导人不仅在自己的国家、在毗邻的国家，而且在殖民地都产生了史无前例的影响。因此，几乎每一个描述城市变化的人都把工业化视为城市建设史的关键转折点。

我们遵循这一做法，简要概述欧洲城市建设在工业化萌芽之前和之后的进展情况。我们可以参照历史的四个截然不同的时期来讲述城市建设故事中“之前和之后”的这部分情节。第一个时期涉及前工业化城市的发展，结束于14世纪末叶。在第二个时期，原工业化城市崭露头角，大约自14世纪中叶至18世纪中叶。第三个时期为18世纪中叶到20世纪初这段相对短暂的时间，工业化城市的发展在此期间突飞猛进。在城市建设故事最近的情节中，主角是后工业化城市，从20世纪初到今天。

从某一个国家工业化出现的时间和方式中，我们还能获得很多信息，从而了解该国城市的类型。不过，我们所讨论的无论是西方的城市化还是发展中国家的城市化，被称为“城市”的地方必须满足的基本标准是相同的。它们必须有一定面积的、长久的聚居点，其中的居民不以种植粮食谋生。城市除了在最近阶段和工业化有相对短暂的交集以外，很少从事大量的商品生产或者靠自身营利。它们成功地挪用城市外的或远方国度的财富和资源，重新投资，这是它们获得财富首要的也是最重要的方式。在有记载的较辉煌的城市历史中，城市一直是资产盈余的吞并者，而不是资产盈余的创造者。

若不是海洋运输，早期的城市能获得的资产盈余很难从远方运来，因为陆地上短距离的运输效率很低，偏僻地区尤其缺乏良好的保护。偶尔举办商品交易会，遥远地区的物资和观念就会被带到城堡的门口。除此以外，没有其他理想的形式可以与周围国家进行商贸或社会、经济的交往，唯独依靠海洋运输。

自工业化开始，城市居民可以挪用其他地方人民的自然资源或产品，因而过上了相对殷实的生活。欧洲较大的城市中心从未停止对殖民地财富的掠夺。他们把欧洲的“工厂”为自己的人民生产的五花八门的产品卖到遥远的地方，把所得的财富与一直从这些地区掠夺的财富累积在一起。虽然有很长一段时间大规模生产并非集中在城市里，我们仍会看到大规模生产在城市里停留的相对短暂的时间所产生的戏剧化影响。

前城市聚居点和早期城市聚居点（14 世纪中叶前的城市建设）

直到最近，考古学家一直把前城市聚居点的位置确定为美索不达米亚，认为其出现的时间大约在公元前 3500 年。后来，因为土耳其南部哥贝克力石阵（Gobekli Tepe）这一复杂的大型庙宇群的发现，前城市聚居点的位置和时间也随之改变。这一处宗教遗址建于大约 11 600 年前，年代比巨石阵（Stonehenge）① 和吉萨（Giza）的大金字塔还早。更重要的是，人们使用这群神殿时，还过着游牧生活，靠打猎和采集果实为生（Mann，2011）。

---

① 巨石阵：英国最著名的史前建筑物，坐落于英格兰南部索尔兹伯里平原（Salisbury Plain）上，是一处巨石建筑遗址。1986 年，巨石阵入选世界遗产名录。——译者注

在发现哥贝克力石阵以前，考古学家一直认为前城市聚居点与农业盈余和动物驯养同时出现。据估计，美索不达米亚的遗址容纳了2 000至25 000人，大约为整个地区人口的4%～5%。在这些地方居住的一些人会种植一点儿植物，但他们并非靠牧养牲畜、种植粮食为生。他们已经摆脱苦力，从事的大部分工作都是新的，主要是农牧产品的收购、储存和销售。他们的市场不只是设在当地，有一些市场离他们居住的村子相当远。

现在看来，游牧民族要走很远的路，先把标志性的建筑物修缮完毕，在里面敬拜神灵，几千年后，他们才在相对永久的聚居点安定下来。第一个聚居点与经济的关系可能不大，而与一种文化上的新事物——有组织的宗教——有更密切的关系。

尽管如此，美索不达米亚早期的村子的少量居民有了“休闲”事务，其中最重要的是宗教事务。他们创立新的习俗、艺术形式和组织，这些和食物、住房关系甚微。这里的人们头脑中酝酿的新思想、形成的新风俗、打造的手工艺品，都作为文化产品奉献给那些不在城镇居住的人们。

对于早期的城镇居民来说，新的观念、行为方式和文化艺术品是重要的出口商品。事实上，作为“拥有者（retainers）”这个人数不多的阶层，他们为一切种类的生产奠定了根基，从新的统治方式、重大的公共工程项目到招募士兵、支付军队开支等。他们筹集金钱，派遣部队，部队又以他们的名义去征服，去掠夺。他们获得的财富最终进入诸如罗马这样的早期城市的执政掌权者的宝库里。

最早期的城市聚居点不仅仅是为数不多的居民收获、利用资产盈余的场所，它们还是政治、礼仪的中心。在城市内经营的商业和工业仅够供养掌权者及其幕僚。任何一个城市聚居点内商业、制造业的量都不够大，城市顶多有能力将自己的资产盈余运往下一个城市聚居点，而且要这么做，走水路比走陆路的可能性会大一些。没有足够的资产盈余可以持续支撑城市网络内部进行贸易活动。相反，就这些最早期的城市来说，在其他地方以城市领导者、国王或帝国的名义而产生的资产盈余（以货物、税收的形式），其中大部分都被城市居民消费了。

城市人口数量少，因为农业盈余少且无法预测。要解决过多市民的吃住问题，早期的城市领导者使用的主要方式是将多余的人口运送出去，让他们参军或者做殖民者。正是这些人攫取了其他民族的财富和自然资源。这些背井离乡的人建立的城镇就是卫戍区，由殖民地的税收以及与遥远地区的贸易来支撑，拿自己的盈余去交换，获得一定程度的和平与繁荣。

这使得早期以城市为根基的帝国成为"由城市属地构成的马赛克图案"，较大的城市充当行政中心。当地的执政者必须支付服务费，为市民获得的"公共"服务提供资助。因此，他们要么竭力侵占其他地方居民的资源，要么启程离开城市，建设乡村别墅，让城市停滞、朽坏。凡目睹过现代化的、高消费的市郊或封闭式社区的人们，都熟悉第二种模式。

我们已经注意到，这个时期的城市在数量和规模上没有持续的增长，还谈不上城区的发展。城市的兴衰和它们所属帝国的命运休戚与共。疾病周期性地爆发，也使城市人口减少。14 世纪末的黑鼠疫①对欧洲城市人口的影响尤为明显。

城市小，布局差。人们居住和工作或者举行各样的活动，在空间距离上几乎没有隔离。每座城市都有一个宗教和政治的集会地点。集市通常设在当地教堂前面的广场上。今天，在欧洲一些小型的城市聚居点，集市的地点依然如此。

前工业化城市体现了严重的不平等。社会等级森严，根据财富、权力和声望将人们严格区分为不同的类别（见 Weber，1947）。富有的人和其他人之间的差异尤为显著，这表现在城镇或早期城市居民的生活方式与乡村居民的生活方式之间的差异。正是城市的富有和乡村的穷困这天壤之别引发了人们针对城市奢靡生活最早的微词。然而，人

① 也称黑死病（the Black Death），是 14 世纪晚期蔓延于欧洲和亚洲的腺鼠疫（bubonic plague），导致大量人口死亡。——译者注

们的生活机会（life chances）① 也有明显的差异，因为城市的上层人士与同样在城市聚居点生存的普通人和奴隶相比，过着迥然不同的生活。城市一直是根据财富、权力和声望对人进行严格区分的地方，这种明确的区分标志着谁该向谁恭敬顺从。一直到19世纪早期和中期，城市领导人才开始有兴趣去处理长期存在的生活机会的差异问题，而之前几乎只有城里的富人才能享受到生活机会。

人们在社会上尊敬的对象也发生了变化。许多心怀不满的人会千方百计去获得富人们大量拥有的东西。在一个非常富有的国家，比如美国，能够“飞黄腾达”、过上优越生活的人，数量多了起来。但是，这些变化发生的速度和强度还不至于从根基上动摇财富和权力的分配方式。因此，威廉·朱利叶斯·威尔逊（William Julius Wilson，1978）认为，美国黑人当今仍然遭受的长久的不平等，与其说与他们的肤色有关，不如说与基于社会阶层的障碍有关。当然，种族仍然起着重要的作用，影响美国人“看待”他人的目光。

为解决不平等问题，城市居民思考了许多新方法。最终落实的方法是与乡村地区和遥远的国度做生意，并且引进那些地方的人们践行的习俗和礼仪。而城市里的行会通常会采用垄断的做法，限制外来的新思想、新行为方式对社区的影响，遏制变化的发生。事实上，一些城市聚居点也有明文规定，禁止乡村的农民、乡村的上层人士在城里过夜，更不可能长时间地在城里停留。

到14世纪末，城市已经变成行政中心、商人的聚居区或者附属于城堡的“村镇（bourgs）”。在这些地方，被称为“自由民(bourgeois)”的那些居民带来奢侈品，给领主交税。这些地方，在原本是封建社会

① 生活机会是德国社会学家马克斯·韦伯（Max Weber）提出的一个社会学理论。韦伯认为“生活机会”这一概念指一个人能够在多大的程度上利用重要的社会资源，比如，食物、衣服、住房、教育和医疗等，也包括拥有职业生涯以及获得内心满足的能力。这一切都和一个人的社会、经济地位息息相关。——译者注

的环境里，形成类似资本主义的聚居地。在这些地方居住的商人虽然遭遇些许蔑视，而且教会领袖一直禁止他们赢利，但是他们还是获得了经济势力和经济独立。

城市里出现了商人。政治整合和自由化过程初露端倪，将商人置于工业城市市政领导的中心地位。自前工业化末期以来，西方的商人和其他商业领袖在城市建设和重建过程中一直发挥着重要的作用。我们当今视为理所当然的许多自由皆源于小商业主和“小资产阶级（petty bourgeois）”为稳固自己的城市身份而进行的斗争。商会是常见的机构，并非由富人运作。这些群体将雇员和雇主联结在一起，严格控制商品的生产。他们将社会利益分配给会员，但并没有为新产品开拓市场或提高经济效益做出什么贡献。他们的组织事实上有助于当地上层人士的统治合法化。然而，在前工业化城市，效忠于那些优越的人，这一理念渐渐地被社会上更复杂的做法所取代。人们认为，自己和同等的人以及不同等的人有着自愿的关系。他们共同努力，既创造全国性的大机遇，又创造很多更小的、更私人的机遇，在其中贯彻“自愿的关系”这一思想（Hohenberg & Lees，1995：41）。

在西方，城市变成营造各种大型盛会以及日常活动的场所，使不同社会阶层的人们能够一起相聚，一起工作。还有一些同样的社会活动使同一社会阶层的人们互相认识，互相支持。自愿协会，这一理想和做法深深植根于城市生活的结构里，也植根于学者们在讨论市民相互关系的变化时使用的方式。

原工业化城市（14 世纪中叶至 18 世纪中叶的城市建设）

在这 400 年里，前 200 年城市的发展不如后 200 年明显。然而，任何一座城市的人口波动都相当明显，而且城市的发展既有许多阻力，也有许多推动因素。限制城市发展的情况渐渐得以改变，有利于城市发展的因素在飞速变化。

在 1150 至 1450 年间，经济结构发生变化，封建主义给资本主义制造的障碍也因一系列的变化而削弱。尤其值得注意的是，农业生产逐渐发展，商人和工匠一直收到不情之请，要他们加入封建社区，因而他们逐步被纳入社区，成为封建社区的正式成员。农业的发展早于工业的变化，要牢记这一点。最终，农业劳动者离开家，融入城市，加入日益庞大的工人队伍。而在此前，城市里的商人和工匠忙于生产和销售奢侈品，这些奢侈品都销售给了管理和保护城市的武士、牧师以及地位显赫的城市家庭。

这个时期几乎没有建设新城市。城市的确有所发展，但主要发生在面积已经很大的城市里。这归因于普遍的经济复苏，而经济复苏主要起因于对农业土地更有效的利用和乡村人口的增长。政体形式更加集中，城市从中受益，获得安全感。

饥荒、战争和瘟疫（比如腺鼠疫）使许多城市中心出现停滞或彻底的衰落。人们从城市里迁移出来，这也很常见。尽管有些城市的人口损失高达50%，这个时期大多数欧洲的城市人口都开始增长。

社会压力（例如，行会会员的限制性条件、嫁妆、对非婚生育的惩罚等）、经济衰退、战事和疾病的爆发制约着城市人口的增长。来自乡村地区的移民成为城市人口的补充。原工业化城市仍处于循环往复的发展和衰退的过程之中。直到工业生产广泛地普及，能够获得产品的人不再仅仅是城市的上层人士和城市的防御者，这时城市兴衰的循环方才结束。

在这个阶段的初期，欧洲有3 000个人数超过2 000人的聚居点。另外，还有220个地方，居民人数从6 000人至10 000人不等。小型、中型城市构成的网络轮廓已经在中世纪晚期出现。这些城市均属于一个贸易体系，主要的首都城市诸如都柏林、伦敦和巴黎就是这个贸易体系的中心。像米兰、科尔多瓦、根特这样的中等城市将在工业化时期成为中等工业生产场所和人口中心。在一系列政治、军事和教会机构的大力帮助下，这些城市融入一个贸易体系，而这些机构则为经济贸易发号施令，而且向商人提供以前不曾有的安全和保障。

到那时，稍大的城市可能已增长至30 000人到50 000人之间。然而，即使有这么多的城市聚居点供人们居住，住在城市的人口比例可能仍不超过3%或4%。这个比例没有超过大多数前工业化城市聚居点曾经拥有的城市人口比例。

我们已经注意到，城市虽然获得了行政职权，充当港口、堡垒、游览胜地、度假胜地，但是把自治权交给了中央政府。随着贸易的兴旺，城市对农村的影响愈来愈大，然而因为交通技术薄弱、食物盈余有限，城乡间的纽带至少在早期是脆弱的。城乡间的贸易逐渐上升，但是水平相对来说还不是很高，因此大多数城市依然依赖与遥远的城市之间的贸易往来。

城市一直是贸易和消费的中心。此时，城市开始在手工艺品、制造业和建筑方面取得进展。拥有巨额财富的人开始改变他们投资的地方。这个时期，尽管仍有许多拥有租赁土地的巨头，人们已开始把目光转向城市，将城市里可获得的投资种类当作积累财富的一种方式。

城市经济的拓展创造了更加和谐愉快的环境。移民无论遭遇过多么不公正的待遇，他们都能够安家，找到立足之处。尤为重要的是，中世纪地方上的行会在过去总是限制能够从事不同行业的人数，现在，这些行会的权力已衰退。有一部分工人做工优秀，资质颇高，进入城市的中产阶层。族群（ethnic groups，一个虚构的、大规模的“亲属群体”的成员所结成的联盟）也为原本毫无关系的人们提供了一个有效的方式，将潜在的志同道合的城市居民联系在一起（Hohenberg & Lees，1995：145～150）。我们会看到，族群，还有不断壮大的中产阶层，最终承担了许多城市建设及维护工作；而这些工作曾经是位于城市社会、经济金字塔尖上少数地位显赫的人承担的。

中产阶层无论在开始时人数多么少，多么胆怯，它的产生就是一种戏剧性的革新。城市生活依然围绕着居民社会地位的高低、贫富的巨大鸿沟进行着。例如，在15世纪的佛罗伦萨，据估计，80%以上的人口都是穷人和赤贫的人。一个新生的中产阶层（在佛罗伦萨或许不超过16%的居民）让更多人获得一些财富，并模仿富人、地位高的人去消费财富，从而打破社会阶层化的体系。一个中产阶层意味着有些居民不再局限于出生时命运好坏而设定的社会阶层，而是因着自身的成就在人生中沉浮。

族群性（ethnicity）则是另一番风景。事实上，古希腊人发明了族群性，把它当作团结统一的方式，使那些毫无关系的人凝聚在一个类似部落的实体里，成员之间互相支持，互相保护。其理念是，他们会将一些家庭式的、忠诚的感情传递给更大的政治社区或他们所在的城邦（polis）。在中世纪晚期的城市所处的时代背景里，族群性成为一种协调经济和社会生活的方式。重要的是，族群的成员资格不同于以前希腊城邦的做法，不再局限于社区中社会地位最高的男性。社会各阶层的人都有资格成为这个虚构家庭的成员（Smith，1985）。这个家庭也给予成员们机会，使他们能够建立组织和机构，等同或类似于城市里更有名望的人们所筹建的组织和机构。

这个时期，城市里发生了另外两个社会变化，特别值得注意。原工业化城市是有组织有系统的，不同的活动、不同的人都截然分开，位于截然不同的区域或社区。从根本上说，他们发明了空间隔离和社会隔离。虽然“隔离（segregation）”一词现代的内涵意义基本上是负面的，但是自原工业化时期以来，城市里的隔离有许多重要的用途。

我们还首次看到，家庭规模开始缩小，看到了家庭在社会变化中所起的作用。虽然家庭规模的缩小这一趋势在乡村地区和城市聚居点都很明显，但在城市里尤为显著。城市生活的需求改变了家庭的组织方式，也改变了家庭为成员提供的服务。总的来说，家庭作为经济单位不再那么重要，而作为社会支持的源泉却更重要了，这反过来也塑造了城市运行的方式。

1500年以后，居住在城市聚居点的人口比例与过去相比开始稳步上升。城市居民大约占社会人口的9%到12%，是前工业化时期的两倍多。城市人口增长反映了农业生产的改善和贸易的兴旺（Light，1983：50～62）。新来的人是人口增长的主要原因。在一些城市里，新来的人占人口的三分之一甚至一半。许多新来的城市居民都是从乡村地区迁移而来，不过，城市之间也有越来越多的人口流动。大规模流动的工人队伍是为了满足粗活重活的需要，他们频繁地迁移，社会地位不稳定。

虽然制造业大多在乡村地区完成，但奢侈品最后加工和装配阶段的精细工作大多在城市里完成。这种地区上的隔离可使雇主在经济波动时期调整劳动力，也使城市依然是市场活动、信用和消费的中心。这种变化也说明，在这个时期，在城市的就业基地和经济基地，经济多元化的现象正悄然发生，日益明显。

贸易和制造业的发展造就了更多的财富和财产收入。但是，仍然只是相对少数的人从中受益。有巨额财富的家庭通过豪华、铺张的消费来炫耀自己，同时还建设大型的公共纪念碑、纪念馆来使自己获得荣誉。这些建筑工程为城市里的一些工人提供了粗重活计，可算作一种公共福利。

很多暂居的人和穷人涌入城市，引起名门望族不小的担忧。他们那时所担忧的，与我们今天所担忧的相差无几，就是如何使这么多穷人、无亲缘关系的人融入城市的经济和日常社会生活里。城市里的名门望族还担心自己的世界观和领导地位遭受质疑；此外，那些不甚富有、不甚优越的人偶尔还会引发社会骚乱，这使他们的忧愁雪上加霜。那时和今天一样，城市里重要人物的反应就是创建制度化生活的新模式，减少外来人口产生的威胁，使城市和谐发展。

他们所有的改革都是以“人民”的名义进行的。这些改革旨在唤起信任感，让城市居民把对君主的忠诚之心转移到基于城市、围绕城市的虚构社区里。大众文化也将不同的人凝聚在一起。例如，在殖民地时期以及早期的美国城市里，公共酒馆就成为除了教堂以外的为数不多的聚会地点之一，社会不同阶层的人都能在这里社交。人们不时地抒发过激的情感，宣泄愤怒，甚至对外来的人或自己眼中行为不端的本地人实施暴力，这赋予他们另一种释放大众情感的方式，以使他人知晓自己如何看待社区里正在发生的事。

工业化城市（18世纪中叶到20世纪早期的城市化）

我们早先注意过，工业化在西方社会着实引起许多巨大的变化。这些变化在城市地区尤为显著。城市越来越大，越来越多。确实，这个时期的城市建设是持续的，单向的，是首次出现的不可抗拒的世界性现象。我们所见的巨大变化在于如何建设城市，如何筹划市内和越来越多的市外空间使之被各种人和各种商业所利用，城市居民如何真正受益于城市并互相交往。另外，处处可见的城市郊区化（suburbanization）现象在这个时期到来了。

所有这些增长的主要驱动力是资本主义和工业技术的联姻。重工业得以发展并广泛地引入城市，这意味着商业必须和制造业竞争最优等的城市土地；它还意味着此时经济作为城市规划方式的驱动力在地位上已经等同，甚至在一些方面优越于政治和宗教。同样重要的是，经济是人们，尤其是新到来的人们融入城市生活的一个主要方式。

事实上，正是与工业化毫无关系的城乡地区的变化使得资本主义和工业技术成功联姻，这颇为有趣，也可能颇具讽刺意味。人们能够生产多少农业盈余，乡村人的手工艺品有哪些种类，他们继承并经营世代相传的家族财产时遇到多大的困难，这一切对大型工业中心的发展有着深远的影响。乡村的圈地、农业商业化使成千上万的个体农业劳动者离开家园，走向城市。在城市地区，非手工艺品的生产已经兴起，出口商品的制造业正在成为日常经济生活中更加稳定的部分。城市基础建设和住房建设的改善也预示着在工业化时期人们更加需要关注的不是贸易而是固定资产投资。

在以往，城市一直带领、扶持大部分的乡村制造业，提供工人劳动力对产品进行完善和装配，为产品提供市场。此时，交通更便利，商品更低廉，可以将更多部分的生产过程带到城市里，这一切使持续的城市化成为可能。但是，即使进入城市的移民越来越多，城镇人口也受益于乡村制造业短期的兴旺。在由中小型城市聚居点构成的体系中，这些城镇都属于关键的成分。这种体系意义深远，不仅是辅助的制造业场所，也为城市里制造的所有新产品提供了市场。我们以后会看到，在许多新兴的发展中国家，这类地方数量不多，发展得也没有那么完善。因此，世界上欠发达地区还没有一个这样有效的城市网络，既可作为市场中心也可容纳大城市的外流人口（Hohenberg & Lees，1995：180～186）。

尽管城市的卫生、医疗和清洁用水都得以改善，城市人口的增长仍然依靠移民，不属于自然增长。家庭适应了让男人开始去做以前只有女人和孩子才做的工作，比如纺织。乡村的工人学习如何得体优雅地说话，做事，依照工作时间表愈加严于律己；过去自己种植的或亲手做的东西，他们如今也依赖别人。一些有组织、有计划的补助使资质不高的劳动者和他们的家庭在经济衰退时依然能够待在城市里，不必返回乡村地区，回到农场或去做手工艺品。

殖民强国的商业政策加速了城市建设向新大陆的扩张。例如，清教徒强调商业是神圣的事业，因此殖民时期的美国城镇起初就是商业实验地、交通枢纽、手工艺品制造中心，这些城镇后来最终发展为美国北部的城市。在南方，骑士的封建理想在大型的种植园生根，而维持种植园的是为数众多的黑人农奴或奴隶。

因为这个原因，美国南部的城市较少，城市人口也少。到1800年，美国南部的人口只有2.7%住在城市里，这个数字仅相当于前工业化社会城市人口的比例。美国北部的城市人口占总人口的7.5%到8.5%，这仅可与原工业化社会的城市人口相提并论。到1900年，甚至在工业革命鼎盛时期，南方人也只有16%居住在城市聚居点里，而北方的城市人口比例达到了59%。南方在产品的成品、贷款和投资方面仍然依赖北方，这一直持续到20世纪。

此时，欧洲没有建设新的城市。事实上，在第二次世界大战前的100年里，欧洲都没有建设新的城市。当然，城市人口有所增长。但是，所有这些增长都是在现有的城市里发生的。欧洲的城市体系在工业化强盛时已尘埃落定。

美国的情况则截然不同。在整个19世纪、20世纪，美国虽然经过内战、两次世界大战，受到重大经济危机的重创，但是城市数量急速上升。不过，与欧洲一致的一点是，中小城市比大城市的数量增长要快得多。

不同地区城市化的速度也不同，这取决于它们经历国家建设、工业化以及交通基础设施飞速前进的具体时间（Hohenberg & Lees，1995：229，240）。但是，欧洲大都市的共同点是，它们都将政治、服务和工业活动结合在一起。短距离运输的改善使地区之间的移民和贸易更加便利，还意味着城市作为“枢纽”中心比作为“中心”地点的意义更加重要。今天讨论“全球城市”的学者们已经借用了这个理念。

在所有的城市地区，人们可以找到各种各样的顾客、供货商、买家和形形色色的服务。比较小型的生意仍需要周围有其他规模类似的生意，方便获得商品，分享信息，就是所谓的“聚集效应（agglomeration effect）”。事实上，在经济比较多元化的大城市里，制造业与服务业相比，比例偏低。因此，当今的“信息城市”和“后工业化”城市出现在20世纪中叶，致力于服务业以及与之相连的流动性不强的工业，这类城市的种子实际上是在工业革命中播下的（Hobenberg & Lees，1995：299）。城市一直是经济和社会的孵化器，是小地方不容易取代的。

在工业化时期，新技术使迁移到城市或在城市工作的所有人史无前例地向高空发展，向平地延伸。直立的建筑使人口的空间密度越来越大。火车和道路的改善让人们在平地上延伸。所有这些发展对城市和大都市地区的生态都有着深远的影响，尤其体现在人们对自然资源的利用方式以及愈加严重的污染。人们往高空发展，向平地延伸，在日常生活中也带来了严重的社会后果。

这两方面产生的结果都促使政府和民间的各级领导去解决这些问题。领袖们为了维护城市环境、使城市居民和就业人员改善自己的行为而发起各类运动，其结果我们会在本书第九章看到。这样的活动在一开始大都是民间团体提倡的，往往满足了中上阶层人士想做点儿事儿的需要，他们愿意像以往那样帮助穷困潦倒的人们，这些人也就是改革运动的对象。后来到了19世纪，市政府才更加直接地参与这些规划、重建和改革的工作。

在平民的活动领域里，人们也采取了各种各样的小措施，试图解决一些问题。当家庭成员不在一起时，人们千方百计与其他市民缔结家庭式的纽带。有些人尽量在家附近工作，社区仍是社会各种互助活动的重要场所。族群性得到更广泛的施展空间，帮助大量新来的人更好地融入新的家乡。许多俱乐部和组织都有各种各样的顾客和会员，其他一些团体也为老成员或老顾客吸引同类人，培养新老成员之间的关系。

在工业化时期，城市生活的许多方面不仅没有削弱家庭和社区的关系，反而有效地增强了这些关系。得知这一点，我们也许会吃惊。上层人士推崇的习俗和品位也在权势、地位和财富不甚优越的人群中渐渐时兴。人们之间的不平等现象大大缓和，无论什么人，都可以利用公共空间。中产阶层的边界向上、向下延伸；日常文化的更多元素都是人们共享的，社会阶层的界限愈加模糊。

地位悬殊的男男女女有了更多机会参与同样的大型公共典礼活动，享受相似的休闲活动，购买、消费类似的商品和服务。随着时间的推移，普通人走上街头制造混乱、实施暴力的机会和形式减少了。总的来说，城市的公共生活不再那么喧闹。我们只需看看圣诞节就能明白：圣诞节已经从一个公众表演、行为粗鲁的节日演变成宁静的日子，人们都待在家里拆开圣诞礼物的包装，人们也许需要几个月才能付清这些礼物的花费呢！（Nissenbaum，1996）

后工业化城市（自20世纪中叶开始的城市化）

到20世纪中叶，工业化国家的人口城市化无可抗拒，而美国的人口越来越市郊化。从某种程度上说，这种人口迁移势必使人们从旧的中心城市转移到发展速度最快的城市和都市区。虽然美国早期的城市是在北部和中西部建立的，而此时加剧美国城市化进程的似乎是南部和西部。

随着2008年经济的衰退以及令经济加速衰退的房地产市场的崩溃，建设更多的市郊而且市郊愈加远离中心城市这一趋势可能也遭受了致命的打击。然而，到那时，甚至到今天，有很多人都从拥有地铁但是遥远得几乎属于乡村的地区搭乘长途交通工具到市中心附近去工作。在20世纪的美国，城市化过程的巨大变化有一半是城市郊区化；另一半是我们的人口从东北部和中西部向南、向西大规模地迁移。

制造业上的损失使东北部和中西部的城市遭受打击，这加剧、加快了美国人向阳光比较充足、比较温暖干燥的地区的迁移。当然，佛罗里达州和墨西哥湾沿岸地带可能会相当潮湿，俄勒冈州和华盛顿州几乎总是潮湿的，很少见到阳光。城市郊区化导致的人口迁移以及人口从东北部、中西部向南、向西的迁移，这双重的迁移，对于美国东北部和中西部的城市和大都市区来说，如果尚有积极的一面，那就是：人口的迁移引发了一场大规模的运动，使他们的中心城市的核心部分得以重建和提升。城市的重新开发吸引了更多服务性行业和更多富裕的、白天和黑夜都在城里工作和生活的居民。要扭转他们遭受的人口损失和经济损失，这虽然还不够，但是这使他们获得急需的喘息时机，让他们有时间思考下一步该如何做才能重新焕发曾经拥有的勃勃生机。

这里已经得出一个关键的教训：即使在经济困难时期，拥有多元化经济的地区也发展得比较好。那些已经拥有许多兴旺发达的服务行业和知识型工业的大都市区尤其如此。那些在经济上依赖重工业的大都市区发展得稍为逊色，这在人们看来不足为奇。

商业（尤其是零售商店）和居民（往往是白人和中产阶层）的“去中心化（decentralizing）”（一个比“丧失”更时髦、更好听的词）过程到19世纪末已经尘埃落定，这也许令人吃惊。商品批发公司和生产企业到20世纪前30年才移出城外。人们往往在中心城市以外的区域创办新的生产企业。城市里的旧企业或者关门或者倒闭。

工作机会不断从中心城市迁移出来，最后进入市郊，这使郊区的经济和人口更加多元化，在本质上也愈加“城市化”。郊区的社会和空间隔离曾经非常出名，如今这种隔离也逐渐消失。这种迁移循序渐进，在靠近中心城市的郊区比在远处的郊区更加明显。但是，这种迁移真实存在，持续不断。与中心城市相比，市郊单个的城镇可能更加均质化。同时，与过去任何时候相比，越来越多的少数民族、越来越少的富人住在市郊。

向郊区发展，这一趋势在19世纪晚期正式开始，在20世纪飞速前进。这是由内战后从中心城市短距离地迁出城外的富人引发的。这种迁移一直在增长，在过去50年里，不太富有的人们也加入其中。这种转移如此巨大，以至于今天，大部分美国人都生活在郊区。

少数民族往往集中在为数不多的几个大城市里。当然，我们也注意到，有一些人最近也慢慢迁移到郊区去生活。今天，美国各州多数都有许多少数民族，他们主要分布于这些州最大的都市区域。黑人是美国12个都市区里举足轻重的少数民族。大约有43%的黑人都生活在这些都市区里，尤其是纽约、费城、芝加哥和底特律的都市区和它们的中心城市。在西南部和西部较大的都市区里，绝大多数人口是西班牙裔美国人和亚裔美国人。

有些类型的人愿意进入中心城市。尽管贫穷的黑人和西班牙裔美国人已有半数以上不在中心城市居住，但是少数民族和移民仍把中心城市当作进入美国的港口。非西班牙裔美国人和贫穷的白人也有不到20%的人口住在城市里。在今天的中心城市里，白人投入不少资金对破败区域进行“绅士化改造（gentrification）”①，中产阶层的少数民族在城市里的居住区在过去几十年里也有大幅度增长。老人、退休人员和无儿无女的人回归城市，这是一个人们常谈论的话题。这种回归为城市中央商务区（CBD）内部和周围的一些社区增添了生机。不过，

① 破败区域的绅士化改造：这是一个土地开发用语，指中产阶层或相对富裕的人群向不发达区域移民，以推动该地区及周边地区的经济发展。——译者注

很难估计还会有多少老年人继续做这种迁移的决定。

在20世纪后半叶和21世纪初，一些类型的经济活动也常常集中在城市里。专业的、技术的、服务性的行业以及文化、娱乐活动对城市经济日益起着主导作用。历史学家告诉我们，这不是什么新鲜的事。我们需要记住，从古代开始，城市基本上就是消费场所而不是生产场地。我们已经注意到，发展最好的城市，其经济也最为多元化。但是，这种后工业发展的规模肯定是史无前例的。

在过去足足50多年的时间里，国家和地方各个层面的官方领导、民间领袖积极地合作，已经使城市重新适应了后工业的经济和人口。在早期，重点在于把城市的某些部分全部拆毁，重新建设，为了“更新的”行业如期到来，这一切的确都如人所愿，最后都发生了。也为了更富有的白人永久居民的到来，而这并未完全如人所愿。在过去40年里，重点发生了变化，将社区修复、翻新，至少和当地的一些商人和居民有了合作。这种工作，有了政府和国家的补贴、资助，很大一部分一直持续着。有一些公司在其本部所属的城市区域，也起到了修复、更新社区的重要作用。

本书第三章关注的焦点是美国的城市化，我们会在这一章更详细地讨论这些变化。下面我们要论述较发达国家的城市化体现得最显著的一些特征，为我们在第二章讨论世界欠发达地区的城市化做好准备。

西方城市化的经验和教训

西方的城市在19世纪进入最辉煌的发展时期，在50年的时间里成为重工业的中心。并不是所有的欧洲和北美的城市都参与了城市的工业化发展过程，但是，凡是参与这个过程的城市，它们的人口在19世纪后半叶都达到了史无前例的水平。西方的城市化在不同的区域是如何发展的？若要从这个视角看，我们需要记住下面这些要点。

1. 西方的城市尽情地发展了几个世纪，比许多非西方国家的城市化有更长的发展时期。西方早已拥有由中小型城市和城镇构成的网络，到城市工业化时，以这些网络为基础的稳定的贸易体系已然形成。

2. 农业的超前发展已经产生巨大的、持久的粮食盈余，人们纷纷离开家园。这些男人、女人很快进入城市，走向各个行业的不同岗位，做工作，领薪水。

3. 乡村地区的人口稳定，甚至缩减。

4. 国家的经济领域有足够的灵活性，一个地区的城市居民可以前往就业前景更好的地区，在各种各样的城市聚居点安顿下来。

5. 要获取公共资金，改善城市基础设施，这富有挑战性。但是，资源还是能够找到的，因此大多数城市居民最终都能享受更好的服务。

我们并没有像描述城市化过程那样详细地描绘人们在城市里的生活方式。但是，城市和大都市区不得不发生社会的变化，这些变化同样重要。正是这些变化使大量来自各种社会地位和背景的人们能够近距离地生活、工作。我们在本书开始时说过，城市发展中的变化（城市化）和人们在城市的生活方式（城市性）是息息相关的。

1. 政府官员和民间领袖都强烈地意识到，人们的社会阶层、背景或职位不同，生活机会就有明显的差异。在工业化时期，还没有很多人进入城市，此时这些领袖们已在全力以赴地解决这个问题，设立新的、公共的或民间的机构，以缓解不平等导致的后果。

2. 商人成为城市内新兴中产阶层的骨干力量。他们为了维护城市的发展和稳定而争取权力，履行义务，而以前这些是由富人和社会地位高的人承担的。其中有一项“特权”是，他们能够设立许多自愿组织。他们通过这些组织形成了对世界、对自己所居之地的共同认识。他们还能够获得以前只有上层人士才能得到的奢侈品，同时在市政府行使职权的过程中，他们也能够提出自己的政治主张。

3. 家庭的规模开始缩小；家庭开始发挥新的作用，能更好地适应城市的环境。

4. 族群性，这个前现代的新事物，成为一个更普遍的现象，社会和经济地位不平等的人们都被囊括在一个假想的“民族家庭”或群体里。那种自愿的或强迫的隔离，当今依然存在，尤其是在穆斯林人口数量多的城市里。这种隔离给“圈外人”提供了一个模仿“圈内人”的机会，筹建组织，建立信仰理念，形成社会风俗。

今天，在欧洲，最后一种新现象正在接受考验。在整个欧洲大陆的城市里，人们都不遗余力地适应许多移民的存在，这些移民中有大量的穆斯林。最近有两份报告显示，欧洲的领袖们高度关注移民取得的进步（开放社会研究所［OSI］，2010；Rath，2011）。他们还商讨怎样才能促使外国人完全融入所居住的社区。

对欧洲的穆斯林来说，最引人瞩目的问题不是他们所说的自己遭遇的宗教歧视。偶尔爆发的种族暴力，经济地位的弱势，较差的住房条件，媒体对他们的负面报道，一些党派流露的反移民情绪，这一切当然都是不利的因素（OSI，2010：22～23；Sayare，2012；Meyer，2012）。但是，这也不是新鲜的事。

说到新来的穆斯林，最有趣的是，他们的思维方式、行为方式已经和他们欧洲的新邻居们非常一致。当然，他们的观点和具体行为和欧洲人不同。有些事项，研究人员认为非常重要。而在这些重要的事项上，穆斯林的看法和欧洲人惊人地接近。这些事项包括：他们在居住区中感受到的舒适程度；他们对当地和国家官员的信任程度；他们在教育方面对孩子的期望；他们所属的宗教和其他自愿组织的数量和多样性；他们对个人能力和政治能力的认识。

新到来的穆斯林要融入当地的社会，需经历漫长的过程。模仿欧洲人的看法和行为，这是迈出的第一步，也许是最关键的一步。有时，在一些重要问题上，他们也和欧洲的邻居、当地的商业以及政治领袖通力合作。他们一旦越来越多地承担那些往往由长期居住者和地位高的人们所承担的义务时，几乎就完成了从文化的圈外人向文化的圈内人的转变过程（Monti，2012）。人们对他们公开的挖苦和挑衅也大幅度减少。官员们就把他们视为“社区会议和社区事务合法的参与者”（OSI，2010：28）。

穆斯林的转变，和所有来自国外的圈外人渴望成为文化的圈内人一样，其中一个重要的因素是，这些族群如何成功地既与欧洲人相似，又和他们不同。就欧洲的穆斯林来说，有些人更多地参与自己的族群，和自己的人打交道，而另外一些人则拥有更广泛的、不甚排他的个人和组织关系。对于庞大的移民人口来说，有些人几乎完全扎根于仅属于自己同胞的世界里；而另外一些人则脚踏两个世界：一个世界属于自己的同胞，另一个是由土生土长的欧洲邻居主导的。

移民一直竭力地融入当地的社会环境，同时又使自己截然不同，一个特别重要的方式是成为企业主。拉思（Rath，2011：1～3）在谈到欧洲当前族裔企业家时说，这些人“创造了自己的工作”，在新的社区里站稳了脚跟。他们并没有等待当地的企业主给他们工作或者请他们竞选公职。族裔企业家成功以后，他们就为自己的朋友、亲人、熟人创造了工作机会，而这些人和企业主都是同一个族群的成员。族裔企业家雇用自己族群内的人，将更多的财富散播出去，其实，他们所做的远不止这些。李（Li，1999）发现，族裔企业家不仅在熟人和朋友圈里而且在更大的社群里成了领袖。他们能这么做，是因为他们和不属于自己族群的供货商、顾客都有联系。有了这些联系，族裔企业家与更大的、非移民社群之间的桥梁得以建立，增强了他们提高社会地位的可能性。即使当他们为自己的同胞提供当地的食物和产品、振兴原本衰退的居住区时，也能获得同样的效果。

文化上的收获，有益于人口多元化，不仅限于族裔企业家以及他们所做的经济和社会工作。里斯·安德鲁斯（Rhys Andrews，2009：

428）说，在英国，族裔人士参与当地的社会关系和政治活动，不仅使非族裔的邻居们受益，也使自己受益。正如安德鲁斯所说的，族裔人士这种直接的观察和参与使整个地区的所有居民“更深地认识到互相尊重的含义”。

当然，跨种族、跨民族的接触并非总在这种积极的氛围中进行。人们会认为，城市人口的多元化加大了不同群体之间互相挑剔、互相虐待的可能性。有许多的史料证据支撑这一说法，我们会在接下来的几章里看到这些证据。城市的文化在 20 世纪发生了变化，而且可能只是在过去几十年里，多样性才从一件坏事变成一件好事。在本书的其他地方，我们会探讨这些变化，研究它们可能蔓延得有多快或很慢。

当然，尽管这些变化在西方可能很重要，这并不能保证它们在欠发达国家也很重要或者与在欧洲、北美一样重要。然而，今天欠发达国家城市建设和城市生活的故事表明，人们和发达国家的居民一样，都在处理很多同样的问题。他们为了处理自己的城市聚居点的问题，也会采纳西方的解决办法，或者借鉴这些解决办法的要点。

世界城市化趋势中的一致性

我们会在下一章看到，自 20 世纪中叶开始，城市化既是欠发达国家经历所有变化的一个原因，又是这些变化的一个后果。这些国家没有长达几个世纪的充足时间去弄清楚如何构建更自由的经济，如何组建相对有能力的反应敏捷的政府，如何建设由贸易和良好的交通连接起来的、由大中小各类城市构成的体系。但是，它们又不得不解决这些问题，而且和发达国家相比，它们要面临数量更大的乡村人口以更快的速度涌入城市。欠发达国家快速的城市化是财富、卫生、通信和交通的总体改善以及经济逐渐自由化等方面的一个组成部分。与城市化有密切关联的还有社会和政治的混乱、生态的恶化、发展的不均衡以及愈加严重的不平等。

专家们过去常用“过度城市化的（over-urbanized）”这个术语来

描述欠发达国家，称它们的城市为“首位城市(primate cities)①”。这些笼统的术语表达的应该是这样的印象：这些国家的城市建设不均衡或不平衡。它们有一个或两个很大的主导性城市，这些城市是我们联想到的西方的那种城市生活的基本核心。这些“首位城市”往往比纽约、伦敦还要大，是一个国家经济财富、政治权力和文化成就的基本核心。这些城市没有竞争对手，周围更加没有与之有牢固商业关系的、由中小型城市构成的繁荣体系。

今天发达国家和欠发达国家的城市之间最大的交汇点是，我们看见，在20世纪后半叶，许多美国城市展现了“首位（primacy）”和“过度城市化”的迹象。这些城市有许多全天候的居民但是缺乏工作机会，尤其是那些渴望工作、没有受过良好培训的居民和新迁入城市的人，工作机会很少。比较富有的人们迁往城市的边缘地区或者干脆迁往城外。许多老城市的中心区域到处都是穷人居住的、破败的贫民窟。经济上的不平等日益严重。由于税收款项减少，公共服务和生活福利设施逐步恶化。

联合国在《2010/2011世界城市状况》（*State of the World's Cities* 2010/2011）的报告里说，在美国的城市里，尤其是美国的大城市里，有一种“很深的裂痕后遗症”。这些城市“因为贫穷和种族隔离、后工业经济的重组、中心城市衰败和市郊蔓延的结合，导致了严重的收入不平等”。美国有些大城市收入和财富不平等的程度接近阿根廷、智利和厄瓜多尔的城市；虽然不平等的程度低于哥伦比亚、泰国和尼日利

---

① 首位城市是指比第二位城市大得多的主导性城市，体现一个国家和民族的智能和情感，在国家政治、经济、社会、文化、生活中占据明显的优势，发挥着极其重要的作用。地理学家马克·杰斐逊（Mark Jefferson）于1939年首次提出“首位城市律（the law of the primate city）”的概念。他把首位城市定义为“至少是第二位大城市面积的两倍，在重要性上也有两倍以上”。见马克·杰斐逊1939年在《地理评论》上发表的文章“首位城市律”（Mark Jefferson, “The Law of the Primate City”, in *Geographical Review* 29, April 1939)。——译者注

亚的城市，这并不能给人多少安慰。这份报告还指出，“在美国，对许多人来说，要从最低的经济阶层上升到中产阶层，从中产阶层升入高收入阶层，这越来越艰难”。许多美国的城市显然已经“追上”或者堕落到了欠发达国家不平等的水平。仅出于这个原因，美国的城市与欠发达国家城市之间的相似之处已显而易见。

和欠发达国家的城市相比，西方的城市仍然有很多优势。但是，欠发达国家的城市已经取得了进步。我们会看到，它们已经繁荣起来，而且千方百计地减少生活在悲惨处境里的人数。政治自由化，政府不再像以往那样决定经济领域的事情，整个社会的经济前景大幅度改善。从服装到高端电子产品，涉及所有产品的制造业创造了更多的工作机会，让人们亲眼看到自己生活机会的改善。收入和财富的不平等依然严重，但是“消费的不平等”程度却下降了，因为富人能够买到并消费的产品，现在不太富有的人们也能买到类似的产品。

联合国的报告着重提到，减少住在贫民窟的人口数量，在这一方面，中国和印度已经迈出了“巨大的步伐”。在中国，住在贫民窟的居民已经迁入“2 000 多万个崭新的、能买得起的住房单位”。印度已经采取各种举措缓解贫困，改善贫民窟的住房条件。这些措施包括：给穷人提供技能培训，给予他们小额贷款，让他们能够创业；给这些地区提供更好的服务，给他们提供购房基金，在房租上给予补助；鼓励穷人参与土地开垦项目（reclamation projects）。

联合国的报告指出，有太多人仍然居住在“棚户区（shanty towns）”，他们的健康状况、住房条件都很差，工作机会少，治安环境差。“失去家园的人”或者难民继续涌入这些地方。事实上，自 1990 年以来，“棚户区”的人数一直在增加。联合国的报告说，这些地区的负担尤其落在妇女和孩子身上。

发达国家的城市和欠发达国家的城市，这两者的另外两个相似之处也值得我们注意。第一，欠发达国家的城市区域逐渐连接起来。这种变化的基本驱动力是市场。城市之间正生产更多的产品，分享更多的服务。联合国认为，“大区域（mega-regions）”和“城市走廊

（urban corridors）”正沿着主要的交通路线逐步形成。但是，沿着这些走廊兴起的小城镇或城市寥寥无几。西方的城市慢慢变大，城市之间距离缩短，因此，如果采用西方讨论城市的方式来讨论欠发达国家城市区域正在发生的变化，显然是不正确的。

与西方城市发展近似对等的第二点是“城市蔓延（urban sprawl）”的产生。关于“蔓延”，有一种表现形式在西方城市里找不到。它是由面积很大的所谓“城市周边（peri-urban）”的地区构成的，这些地区围绕或逾越规划完好的城市边界，向外发展，它们和城市有非正式的联系，但是没有法律地位。因此，这些地区不具备规划完好的城市所拥有的“基础设施、公共设施和基本服务”；“没有通畅的道路”，“公共交通很少，甚至没有”。在美国这样的发达国家里，对城市熟悉的人们很容易辨认出另外一种“蔓延”。这种蔓延是由“中高收入群体的居住区以及以商务和零售为主的、高品质的综合建筑群”构成的。这些地区之间“有效的连接依靠私人交通而不是公共交通”，也就是说，人们都是开着自己的车从家里出来，到远的地方去。

欠发达国家的城市也许曾经和西方国家的城市有类似之处，但是倘若我们认为它们在将来很快会和西方国家的城市完全一样，这是不现实的。比如，没有人能预见发展中国家会有许多城市像西方城市在过去那样吸引大量的、各种各样的外国移民。与此同时，根据联合国的估计，在过去几十年有大约 530 万失去家园的人和难民涌入发展中国家的城市里。大部分都在撒哈拉沙漠以南的非洲地区以及西亚和南亚安顿下来。这些人如何适应新环境，当地人如何对待他们，这也会反映发展中国家的城市生活和西方的城市生活有多少相似或差异之处。

我们会在下一章看到，欠发达国家最近发生的事情表明，无论是城市还是较大的城区，它们的发展方式都有共同的特性。考虑到西方的城市依然有问题需要人们坚持不懈、竭尽全力地去解决，对于欠发达国家努力建设和管理城市的人们来说，这种所谓的共同特性算不上是褒扬，更不能说让他们看到了多少希望。但是它确实证明：不同地方、不同文化的人们在建设和管理城市时使用的策略具有一致性。

研讨题

1. 在描述城市化过程和人们在城市里的生活方式时，演化法和比较法之间有哪些主要的相似之处或差异?

2. 促进城市发展最重要的因素是什么? 在你居住的、从书里看到的或旅游过的城市里，你能看到这些因素的具体事例吗?

3. 在过去四五百年期间，西方的城市、都市区发生了很大的变化。请描述经济上和人口上的一些主要变化。这四五百年以前城市的性质如何酝酿了后来的城市发展?

4. 描述西方的城市化和城市生活在哪些方面预示了今天发展中国家城市区域正在发生的变化。

5. 在整个历史过程中，生产和消费在城市发展中起什么作用? 这些作用如何随着时间的推移而发生变化?

6. 正如你所看见的，理论学家对城市和市民生活方式的看法都是不乐观的。根据你阅读的材料，城市的积极拥护者们将会如何反驳这些贬抑的看法?

网络资源

联合国人居署（UN Habitat），2010.《2010/2011 世界城市状况》（*State of the world's cities 2010/2011*）http：//www.unhabitat.org/content.asp?cid=8051&catid=7&typeid=46

第二章　比较视角下城市的地方和人

在第一章，我们使用了演化的方法或框架来描述西方国家的城市化。在19世纪，研究者中间很流行演化法。他们回顾祖先创造的历史，从而来理解自己正在生活的世界。很明显，我们当今仍感觉这种方法很有用。

演化法的论证中使用的观察资料和记录使学者们总体上对城市做了全面的概括。但是，他们无法捕捉这些城市的所有变体或一些城市发展较好而另一些城市发展较差的事实。这一研究方法也让我们依据一个重要的变量（即一个城市或一个国家工业化的程度）来比较城市，使我们能够对不同历史时期市民的生活方式做出概括性的总结。学者们很快关注一个问题，它自古希腊开始一直困扰着城市的支持者和挑剔者。那就是，如此多的不同类型的人如何能找到一种适当的有效的方式在如此密集的地方共同生存？

用“演化”法追溯、理解历史，可帮助我们了解城市和城市生活的一些重要特征。但是，这有可能忽略其他许多特征，而这些特征原本可以帮助我们更好地理解今天城市的地方和人，理解其中存在的各种问题和机会。19世纪、20世纪的学者之所以研究欧洲以外其他地区的不熟知的城市，这也是其中一个主要原因。用这种比较法研究城市和城市生活，非常宝贵。观察者们不得不正视自己对世界运行方式的根深蒂固的看法。他们发现，其他人会有完全不同的世界观，并使用不同的方式让世界服务于自己。这使观察者们想起他们最熟悉的欧洲的方式方法。

“比较”研究中所讨论的人和地方互不相同，与我们美国的人和地方也不同。当然，他们之间的共同特征也许比我们想象得要多。可这不能保证他们的历史会模仿澳大利亚、加拿大和美国等国家，也不能保证他们的历史会模仿我们一眼就能辨认的欧洲的城市和大都市区。即使我们没有机会去这些地方，说那里的语言，学习那里的历史，我们依然相信这些地方的人和澳大利亚、北美、欧洲的人不一样。

在他们的城市里，高楼大厦、商业区和许多公共及民间的组织与我们美国的城市一样。城里的居民也和我们一样，他们也许喜欢修建花园，但是很少有人从事农业或食品生产。他们拥有强大的制造业，出口成品，但是他们在今天被视为“后工业”国家，因为他们拥有迅速发展的服务业，服务于金融、科技、健康、教育和研究。依据公民的人均收入来判断，这些国家是富有的。最后，他们的人口很快老龄化，如果不接收来自世界其他地方大量的移民，他们的人口会迅速萎缩。

在中美、南美、非洲和部分亚洲地区，这些国家的城市与我们熟知的城市看似不同（Light，1983：123），或者说，至少直到最近它们都是不同的。可以肯定，它们都有很大的人口数量。它们的城市人口的确比美国这类发达国家的城市人口数量要大得多。但是，直到最近它们才在都市区和市郊方面有所扩展。在过去，它们的商业组织和社会公共机构没有很大的发展，而这些组织和机构在经济发达国家的城市里却很常见。在以往，只有为数不多的、真正的大城市和许多的小城镇或村子因为贸易而保持着不甚密切的联系，它们缺乏广泛的公路系统，而且在无线电话服务到来之前，它们几乎没有有效的方式供市民在日常生活中互相交流和往来。

因此，在这些不同的国家里，城市建设也不同。在以往，经济上欠发达的国家没有独立的制造业可以出口成品，大多数人都生活在以农业为主的地区，服务业规模很小。这些国家往往都是贫穷的。它们的城市人口的增长主要依靠自然增长和自然迁徙，而移民也都来自本国的乡村地区。它们没有多少外国移民。它们无法为本国人提供足够的食物、住房和工作机会，更不用说外来移民了。

在欠发达国家，人民的生活水平近年已有所改善，城市生活水平的提高比乡村更明显。但是，根据每个国家人民消费的世界总产值的比例来看，他们和发达国家的人民相比在生活水平上的差异在慢慢减少（Light，1983：123）。我们刚刚说明，欠发达国家较大的城市，其人口数量是发达地区城市人口的两到三倍以上，因此差异和悬殊继续存在。还有，棚户区几乎只在欠发达的地区出现，在棚户区居住的人口大约已经占世界城市人口的四分之一，而且目前是每十年都翻一番（Palen，2008：294）。

在这一章，我们将更深入地探索拉丁美洲、非洲和亚洲的城市，探讨它们在过去半个世纪发生变化的方式。我们会在总体上探索它们各自的城市化模式，找出其异同之处。我们还会将这些模式与世界发达地区城市的变化模式进行比较。

非西方和欠发达国家的城市在城市“首位”年代的状况

在 1800 到 1900 年间，世界人口不止翻了一番；在 1900 到 2000 年间，世界人口是原来的三倍多。在 1800 到 1900 年间，世界城市人口可能是原来的三倍；而在 1900 到 2000 年间，城市人口的增长速度超过总人口增长速度的三倍以上（Light，1983：128）。经济上欠发达国家的城市以惊人的速度发展，这能够解释 20 世纪世界城市人口增长的主要原因。若用稍微不同的方式看待这些数据，很容易发现，在 20 世纪欠发达国家里，城市发展的速度可能超过了 19 世纪城市扩张高峰期发达国家城市发展的速度。

有一些欠发达的国家，比如拉丁美洲的国家，极具城市特征。更确切地说，拉丁美洲是世界上城市化程度最重的一块大陆。还有一些国家，比如东亚和北非的国家，目前人口平均分布于城市和乡村。其余一些国家，尽管城市人口在20世纪有大幅度增长，这些国家基本上属于乡村性质。显然，这种城市化的模式和发达国家一直遵循的模式迥然不同。

这种差异产生的原因不难理解。西方国家让人民就业，为他们提供住所，将不必待在国内的人派遣到遥远的国度去开拓殖民地，各方面做得风生水起。西方人的死亡率在很早就有所下降，因为人们能够享用洁净的水，更健康的食物，更好的排污系统。生育率也在下降。18世纪晚期到20世纪早期，随着城市的迅速增长，乡村人口越来越多而且严重过剩。只有部分乡村人口能吃到较好的食物，制造业也仅能为部分乡村人口提供工作机会。此前，那些最终有资格成为发达社会的国家为管理自己的人口，曾将自己的国民输出到殖民地去；这些殖民地最终沦为世界上欠发达的地区也不足为奇（Hawley，1971：281～283）。

欠发达国家的死亡率已经下降，生育率却没有下降。事实上，许多欠发达国家的农业和制造业的产量增速与19世纪的西方社会一样高，甚至更高。但是，生育率没有下降，这导致人口不平衡，这些国家需要养活太多的人，还要为他们提供所需的工作机会。这些国家是被殖民的对象，从未有机会建立帝国或设立边远聚居点，因此不可能以这种方式解决人口剩余问题。所以，他们的城市人口数量特别大（Light，1983：129～130）。

“过度城市化”一词常用来描述欠发达国家，因为它们的城市不能为快速增长的人口提供足够的住所和工作机会。更糟糕的是，从乡村迁入城市的人口绝大多数是年轻人。大约半个世纪以前，拉丁美洲的年轻移民多为女性，非洲和亚洲的年轻移民多为男性（Hawley，1971：295）。无论是哪一种情况，都有太多的年轻男女生儿育女。那时，在这些国家，最大的城市有时候就是国内唯一的大城市，比其他的城市大许多倍。这加重了城市人口问题。这些国家尚未有分散于全国各地的中小型城市构成的网络体系。因此，这些国家通常只有一两个主要城市是人们迁移的方向。

最初的“首位”城市都集中在沿海地区，是殖民帝国的行政中心，服务于殖民督察掌管的出口贸易。所谓的贸易，和最初美国殖民地的贸易一样，是单向的。其目的不是帮助殖民地的人民提升商业和制造业的实力，而是把烟草、贵重金属等自然资源和未加工的农产品运送到海外的殖民强国。

首位城市容纳了国内大部分的城市人口，在人口依然稀少、相对落后的内陆区域占主导地位（Light，1983：129）。国内一座首位城市的人口可能比两三个二级城市的人口总和还要多。欠发达国家的二级城市不在沿海地区。这些土生土长的城市聚居点是地区的行政中心，是集市城镇①，也是农业专家的集中地。

拥有首位城市而且经济不发达的国家往往是比较小、比较贫困的国家。这些国家的本土人口因为战争、疾病和奴隶掳掠而遭受损失。在这些城市里，种族隔离司空见惯，非洲南部比非洲北部更加普遍。拉丁美洲拥有欧洲的城市建设模式：市中心是政府主要大楼所在地，有一座教堂、一个商业区以及地位较高的欧洲人的住宅区，再往外就是职员、商人和工匠们比较朴实的居所。城市里的穷人住在最远处。郊区大片大片的土地都转让给了当地的上层人士。

而后殖民强国撤离，当地人民能够更直接地和欧洲进行贸易活动，而且在 1860 年至 1930 年间吸引了足够多的欧洲移民来促进他们和以前的殖民督察进行贸易往来，此时，这些城市才开始走向没落。欧洲移民最终控制了这些城市大部分的商业生活。这类城市并没有形成独立的制造业基地或一个消费者阶层。20 世纪后半叶，美国以及其他发达国家的生产商将工厂迁移到劳动力廉价的国家，这些城市的状况有所好转。即使如此，工业自动化也意味着本地人能够在制造业上获得

---

① 集市城镇（market town）：通常每周有一次或两次露天集市交易的城镇。——译者注

的工作机会非常有限。

发展中国家的城市区域在“后首位”年代的状况

在亚洲、拉丁美洲和非洲的一些地区，城市发展的许多方面在过去几十年均已发生变化。首先看看人口方面的差异。据联合国的估计，全球拥有 1 000 万或者更多居民的超大城市（megacities）在数量上几乎翻了一番，到 2015 年会达到 34 个。这其中只有 6 个是发达国家的城市（Palen，2008：295）。欠发达国家的城市人口增长率丝毫没有降低的迹象。我们会在下面看到这对城市区域产生了惊人的影响。

当代拉丁美洲的城市

就发展中国家来说，拉丁美洲和加勒比海地区是城市化程度最重的地区。说到这个地区的国内生产总值（GDP），城市是经济急剧增长的发动机。麦肯锡全球研究所（McKinsey Global Institute）在 2011 年的报告里说：

> 本地区 198 座大城市（定义为人口等于或大于 20 万）产生了今天 60%以上的 GDP。单单 10 个最大的城市就占了这个业绩的一半。城市经济活动集中在最大的城市里，这与今天美国和西欧的情况差不多，但是和任何其他新兴地区相比，集中的程度都显得很高。例如，中国前 10 位城市大约产生了全国 20%的 GDP。①

这些城市里发生的一切会对这个地区的经济增长产生颇大的影响。不幸的是，它们的人口增长速度过快，当地的或本区的经济无法吸收

---

① http：//www. mckinsey. com/Insights/MGI/Research/Urbanization/Building _ competitive _ cities _ key _ to _ Latin _ American _ growth，第 1 页。

所有迁移过去的新工人。这些城市已经使用过多的资源，资源得不到适当的补充。它们不能缴纳足够的税款让当地政府改善所需的基础设施。还有，这些城市社会问题太多，无论是政府官员还是当地百姓都不能有效地管理这些问题，更谈不上根除这些问题了。

美洲开发银行（the Inter-American Development Bank）在 2010 年曾论证说：

> 新的城市居民往往很少或根本没有教育背景或者资本。另外，20 世纪 80 年代秘鲁的乡村地区有游击队和武装冲突，在危地马拉、萨尔瓦多、尼加拉瓜也有几十年这样的光景，最近在哥伦比亚也如此，这加速了乡村地区贫穷的人们向大城市的迁移。移民过程就这样导致贫穷的城市化。①

拉丁美洲的城市显示不均衡的发展，其标志一直是新城市居民中的绝大多数在财富和机会上存在极端的悬殊。在拉丁美洲，许多新的城市居民在城市外缘建起新的棚户区或者扩建已存在的棚户区。这些地方几乎没有城市的生活福利设施，常常沦为黑帮的活动中心，黑帮成员控制这里的大部分活动。巴西在为 2014 年世界杯、2016 年奥运会做准备的过程中，将贩毒集团从里约热内卢的一个棚户区彻底清除。清理贩毒集团这一举措很受欢迎，但是这种“安抚计划”的效果如何，奏效的时间又有多长，对此无人能够把握（Domit & Barrionuevo, 2010）。

警方和军方也许能将更危险的居民从棚户区彻底清理出去。但是，他们没有料到，当政府官员宣布为了 2016 年奥运会的到来有些棚户区将要拆除时，其他的居民竟然竭力反抗。仍然在棚户区居住的人不想离开。正如 2012 年 3 月 5 日《纽约时报》（*The New York Times*）所

---

① http：//www. docstoc. com/docs/52718861/Urban-Quality-of-Life-More-Than-Bricks-and-Mortar，第 178 页。

报道的，在标有“拆毁”字样的一个棚户区，4000 人拒绝“安静地离开”，他们走上法庭和街头，开展斗争。

在拉丁美洲，几乎所有城市都有犯罪、人身不安全这样的大问题。事实上，布莱恩·罗伯茨（Bryan Roberts，2011：421）最近的研究表明，黑帮、毒贩以及与他们有关的所有犯罪活动正在摧毁原本可以美化城市生活的社会凝聚力。我们可再次引用麦肯锡全球研究所的报告：“为一辆汽车购买盗窃保险，平均费用比纽约高出 33%。”里约热内卢“每年每 10 万人就有 33 宗凶杀案，与之相比，2009 年在纽约是 4 宗”。近几年，因毒品而起的暴力事件急速攀升。“在蒙特雷（Monterrey），绑架案的比率是每 10 万人有 15.5 人次，也大大高于平均水平”，这是“该地区涉毒犯罪”的另一个标志。①

不文明、无秩序的程度如此之高，也许可以和 19 世纪美国的城市状况相提并论。世人皆知，那时美国的城市也充满了暴力和放纵的行为。拉丁美洲的城市纵然问题丛生，仍有迹象表明，这个地区的人民奋力迎接这种特殊类型的过度城市化带来的挑战。人们的反应，有些是积极的，有些是消极的。但是，无论是福是祸，他们都有一段时间模仿了许多发达国家城市区域的做法。

我们已经提到这个事实：中型城市在这个地区的经济中开始起着更重要的作用。更加自由的贸易政策，比如 1994 年生效的北美自由贸易协定（NAFTA），起了助推的作用。就墨西哥来说，该协定行之有效，因为他们把经济活动转移到靠近北部边境、靠近美国市场的较小的城市中心。将熟练的工人分配到国内其他地方，或者培训更多的熟练工人，这事实上加强了大小城市之间的商业纽带。为创造美国等发达国家长期享有的、由大中小城市构成的、受商业驱动的“体系”，这已然迈出了重要的一步。

各国政府也采取了相关的措施，希望将本地区的劳动力从“非正规”经济中带出来，进入“正规”经济中。这意味着“在拉丁美洲许

① 麦肯锡，前文引用的那份报告，第 26 页。

多城市中束缚工商企业家的”“多余的规章条例”要大幅度减少。政府为商人拥有财产、获得贷款和执照提供方便，同时加重对偷税漏税的制裁①。提高税收可使政府增加资源，反过来，公共机构就有可能为选区居民提供更多更优质的服务。

在人们要做的生意、商品和服务的价格方面，倘若政府强加太多的规章制度，可能出现什么后果，这在委内瑞拉（Venezuela）显而易见。政府在2012年对产品实施非常严格的价格控制，生产商只好在黑市上销售自己的商品（Neuman，2012）。向经济的非正规部分迈出这一步导致了明显的通货膨胀和政府税收收入的减少。

如果政府放松管控，更好地和私营部门合作，就会产生社会和经济的回报。比如，早在20世纪60年代，“麦德林（Medellin）的多家公司带头集资，投资社区服务，包括投资当地的公园、学校和工人的社交中心”②。从那时开始，这种做法在哥伦比亚越来越普遍。

已渗透于美国各个角落的“企业责任（corporate responsibility）”这一理念正在拉丁美洲的一些国家落地扎根，这值得进一步讨论。殖民文化的一个遗产是，不鼓励甚至不允许被殖民的国家形成属于自己的、独立的企业家或商人阶层。在西方社会，企业家和商人，无论男女，不仅仅提供就业机会以及价格合理的商品和服务，他们在社区里承担各种各样的责任。他们是民间的领袖，资助各种有社区意识的事业和政治活动。今天在拉丁美洲经营的美国的国际公司把“企业责任”的理念和做法随同商品和服务一起“出口”给当地的居民。当地的商人一边挣更多的钱，一边学习市民的新角色。

可以预测，经济上的中高阶层比生活在社会边缘的人从这些变化中受益更多。生活富裕的人们看见中心城市的某些区域以及码头区域因为新建的住宅区和娱乐区而重新焕发生机，他们能够找到商品丰富的购物中心，甚至能住进封闭式居民小区（Angotti，2013：134～

---

① 麦肯锡，前文引用的那份报告，第24～25页。

② 同上，第36页。

135)。市民的角色和日常生活缓慢地发生变化。

我们已经说过，穷人经常住在社区里的危房和年久失修的房子里，没有服务设施，没有法律保护。他们和美国市中心贫民窟的少数群体相比，在处境上的唯一区别是，这些拉丁美洲的聚居点并非在市中心而是位于城区的边缘（Auyero，2011）。不过，这种状况已经发生了巨大的变化。

非正规经济过去能使人保持勉强糊口的生活水平，除此以外，还为城市里的穷人提供合法的就业机会，如今却不能像以往那样发挥良好的作用。当然，更多的人慢慢参与正规经济，这有助于稳定当地的经济，促进经济现代化。但是，这也付出了高昂的代价：违法的毒品贸易的兴起。这一切降低了“小商业”和“小工艺作坊”的重要性，而这些行业曾经满足了这些地区低收入居民的基本需要（Roberts，2011：420）。人们需要时间才能适应这些新的经济现实。

与此同时，这些地区社会凝聚力的基础，或者说至少是它的表达方式也已经改变。非正规地结为邻里社区，保护自己的社区，与试图拆除棚户区的政府机构进行抗争，这些事情仍在发生。不过，当地的居民几乎不再抵抗政府官员清除毒贩的行动。还有，居民中的基层激进主义已经兴盛起来，而且已经进入正规的政治领域，他们希望自己的社区合法化，享受政府机构的服务。在今天的拉丁美洲，贫穷、边缘化的城市居民并非抵抗排挤他们的行动，而是竭尽全力地融入城市。

正如我们前面提到的，关键是有迹象表明，这个地区的人民正采取措施去解决他们继承的城市和经济条件随身携带的问题，这让人充满希冀。他们的应对方式，与西方国家的人民管理自己、面对挑战的方式相比，有许多明显的相似之处。生活在拉丁美洲城市里的人民与北美城市里的人民做法不完全一样，然而他们在不懈地努力。

非洲和中东的城市区域

非洲正处于人口剧烈转化的时期。在20世纪90年代，“三分之二的非洲人都生活在乡村地区”（联合国人居署［UN］，2008：4）①。然而，在50年时间内，非洲大陆12亿人口中将有一半或近乎一半生活在城市里，许多城市将会相当庞大。即使是工业化时期的欧洲，或者今天的拉丁美洲、亚洲城市化最快的地区都没有哪个地方经历过乡村人口如此大规模、如此快速地向城市转移。

不管怎么说，目前非洲还是城市化程度最轻的大陆，在城市居住的人口不到总人口的40%。即使当人口转移完成时，它仍可能是城市化程度最轻的大陆。同时，非洲的城市变成大城市的速度超过世界其他欠发达地区的城市。就非洲大陆沿海岸的或者海岸附近主要河流上的那些最大的城市来说，这种增长也是最明显的，比如开罗、金沙萨（Kinshasa）和拉各斯（Lagos）这些地方。虽然今天它们的增长速度没有以往那么快，城市“首位”带来的后果已经很明显，不可能快速减弱。

胡斯尼·穆巴拉克（Hosni Mubarak）的政权在2011年被推翻以后，开罗发生的一切让我们看见，埃及人民不得不临时凑合，大规模地“自己动手建设基础设施”，而且在个人的事情上也互助互帮。正如迈克尔·金梅尔曼（Michael Kimmelman，2013）在《纽约时报》的报道中所说，埃及人“正在重新弄清楚他们之间的关系，他们与自己一直居住但并非真正拥有的城市之间的关系——弄清楚如何为了自己既营造城市的政治和社会，又用砖块和砂浆创造那个城市”。有钱人占据了全新的摩天大楼，高楼大厦取代了以往穷人居住的破败失修的楼房，同时，在这座城市的一些区域，由非政府组织资助的项目正对破败地区进行某种绅士化改造。在开罗的另外一些区域，基层群体时而得到穆斯林兄弟会的帮助，时而没有；无论如何，他们都同心协力，改善

---

① 联合国人居署（UN Human Settlements Programme，简称UN Habitat）：1978年10月，联合国人居中心成立。2001年12月，联合国大会56/206号决议决定将联合国人居中心升级为联合国人居署。其宗旨是促进社会和环境的可持续性发展，实现为所有人提供合适居所的目标。——译者注

邻里社区，让贫穷的居民享受更舒适的住房。“开罗正在变化当中，”一位居民说，“我们只是还不知道它正在变成什么。”

对于许多埃及人和非洲其他的城市居民来说，这个问题的答案不可能在老城市里找到，而是远离海岸线，散布在许多人口不足50万的“中等”城市里（UN，2008）。我们已经知道，拉丁美洲已经发生了类似的变化，这种变化是北美和欧洲“城市体系”形成过程中重要的一步。就非洲来说，将城市化重新设定为一个“地区性”的现象，这在可预见的未来将成为非洲大陆发展的主题。

这种发展大部分不是由政府机构协调或许可的。利比亚的黎波里市就是如此。在那里，人口增长已经跨越了传统城市，进入城市周围的农业地区，其速度之快使不同的国家级、地区级的政府办事处均无法协调土地的重新分配。因此，财产的交易在政府正规的体系之外发生，一直驱动着城市的蔓延，这和埃及的情况如出一辙。

虽然今天非洲的小城市发展很快，我们已经注意到，非洲大部分主要城市都保持着首位城市的特征。撒哈拉沙漠以南的非洲地区尤其如此。和拉丁美洲以及亚洲发展较好的区域一样，首位城市在所在国大多数的生活领域里都具有支配地位。它们是人口和投资中心，是商贸和制造业中心，通常还是政府权力所在地。这些城市和周围相对落后的乡村地区相比，形成了鲜明的对照。不过，最近南非的城市将周围一些较远的地区发展成“市郊”，做得有声有色，或者比以往更好地将其纳入了更大的城市服务供给体系里。这属于我们已经提到的城市增长的地区模式。

这说明，在非洲大陆的不同区域，城市化开始的方式各异。联合国的报告说，北非的国家“利用改善工程和重新安居项目相结合的方式在提升城市、减少贫民窟人口数量方面已取得长足的进步”（UN，2008：9）。政府机构和商业部门之间的公私合作模式在这些变化发生的过程中起了重要的作用，这和较发达国家长期的做法是一样的。事实还远不止这些。

> 人们也付出了巨大的努力，鼓励参与公民团体（civil society）① 和非政府机构的活动。社区发展协会在邻里社区这个层面上正崭露头角，在发展和加强具有社区意识的事业里成为不可或缺的合作伙伴，常常得到国家级、地区级非政府组织的鼎力相助。（UN，2008：10）

西非、中非和东非的城市，和它们所在的国家一样，发展情况比不上北非。它们的典型特征是“毫无计划的、随意的……聚居点和大型贫民窟已变成邋遢的市中心，贫穷和人民的苦难使其雪上加霜”。联合国的报告说，这些“城市的聚集点”也正在“成为暴乱和政治危险的社会温床和孕育地”。人们无法每天都得到清洁的水和足够的食物。他们没有足够的钱过上体面、安全的生活，更不用说获得财产。污染普遍存在。没有资源去采取有效的建设和改革措施。

南部非洲的城市，比如开普敦和约翰内斯堡，致力于解决城市首位和种族不平等的传统所带来的一些最明显、最令人担忧的问题，已取得卓越的进步。它们的政府开始适应形势，也许有些缓慢，但是已开始适应。新的城市世界是这样的：管理经济、制订更具包容性的规章制度和方案，这些机会和责任并不仅属于白人殖民者的后裔，最终会落在全体人民的身上。

这一点可以在开普敦找到明显的证据。在开普敦，正如许多观察者所预测的，去工业化（deindustrialization）“没有产生由服务行业低工资的工人构成的庞大的黑人阶层”。相反，它造就了需要专业技术的工作以及管理领域的就业机会，这些工作待遇平等，“消除了种族观念”；同时也产生了失业的劳动力这一庞大的黑人阶层。欧文·克兰克

① 公民团体也译为“公民社会”，指围绕共同的利益、目的和价值的非强制性的行为集体。它既不属于政府，也不属于营利的私营经济，它通常包括那些为了社会的特定需要或公众的利益而结成的组织，比如慈善团体、非政府组织、社区组织、专业协会、工会等。——译者注

肖（Owen Crankshaw，2012：836）说："其后果是，城市正分化为多种族的中产阶层的邻里社区和工人阶层的黑人构成的高失业率的邻里社区。"

南非经历了政治动乱，在管理主要城市以及处理问题方面已经产生了更为复杂的但在某些方面更加"现代"的方法。同样的事情也在苏丹发生，这源于苏丹国内"非洲人"和"阿拉伯人"之间的斗争。苏丹的第二大城市尼亚拉（Nyala）在达尔富尔危机（the Darfur crisis）中为援助行动充当"后勤的神经中枢"发挥了巨大的作用，这个城市本身也经历了很大的发展。人们认为市中心的住房更加安全，因此房租价格急剧上涨，"充满商机的、对破败地区进行的绅士化改造"在苏丹史无前例，创造了巨额利益。在这里，"市场和服务有了新的种类，满足新涌入的人口的需要"。这包括在尼亚拉市中心的旅游餐馆，提供苏丹人不常吃的食物；还有市郊的土地，此时专用于种植蔬菜，"几乎专供救援人员"食用（Bartlett，Alix-Garcia & Saah，2012：165）。

联合国"没有'贫民窟'的城市"这个项目旨在促进西方投资人喜欢的城市风光的开发。在非洲的一些城市里，当地人民对联合国这个项目产生的反应有很大差异。"由社会活动家引领的、基于人权的各种新提案"，甚至是暂居贫民窟的财产拥有者们都一直"抵制、阻挠、干扰"清除"贫民窟"的行动（Bjorkman，2013：125～126）。这里和拉丁美洲一样，"非正规聚居点"的居民和财产拥有者向政府官员提出要求：如果想让他们搬走，必须严肃考虑他们提出的赔偿要求。

和世界其他发展中国家一样，非洲的棚户区也是城市的一个特色。它们容纳了三分之一的城市居民。从性别比例看，在这些地方男人和年轻人居多。可以理解，四处都是贫困。但是，尽管有诸多问题，穷人和新移民常常能够依赖种族、部落和家庭的纽带帮助自己转化为城市居民。他们获得了些许缓冲，因为城市的生活方式已渐渐地融入乡村，这使得向城市生活的转化容易很多。

人们不得不学习接纳很多重大的变化，其中就有妇女地位的变化。更多受过教育的妇女进入经济领域更加时新的部门，而受教育程度不高的妇女也在非正规的、个体经营的经济领域里取得一些进步。否则，她们有可能沦为妓女或者进入更加边缘化的经济活动里。总体上来说，随着家庭规模缩小，家庭作为经济单位的重要性降低，妇女的社会和经济地位逐步提高。这两者是世界发达地区城市生活的重要特征。

中东的城市包括非洲北部靠近海岸的城市以及沙特阿拉伯、伊拉克和伊朗的主要内陆城市。前者通过与欧洲和远东的贸易繁荣兴旺。这里的沿海城市在中世纪时已具有很高的影响力，但是一直到 19 世纪才真正取得实质性的发展。那时，欧洲人把它们视为商品的市场、原材料的源头、军事战略要地（Macionis & Parillo，2010：375）。在以穆斯林为主的国家，内陆城市使商人们能够在广袤、荒凉的地带做生意。伊斯兰世界的聚居地分成许多地区，常常因为宗教差异互相敌视。半开放的狭窄的街道保护人们免受沙尘暴的袭击和不受欢迎的外来人口的干扰；与之相对照的是，人们居住的、带围墙的聚居地向一处庭院敞开，此处则成为一个相对开阔的“公共”空间，用于社区集会或家庭聚会。

殖民强国从未尝试将这些国家变为殖民地，但是他们和这些中心地以外的人们进行贸易活动，以此方式最终削弱城市里历史悠久的传统集市。他们甚至还在“市郊”或者乡村地区设立工厂，以此方式暗中破坏传统的行会和他们的价格，破坏使传统得以延续的社会支撑力量（Macionis & Parillo，2010：377）。这里的传统模式还有一个有趣的变化，国际非政府组织（INGOs）大批的工作人员已经进入像达尔富尔地区的尼亚拉这样的一个地方，希望帮助当地人处理形形色色的问题。但是，他们的到来产生了“充满商机的、对破败地区进行的绅士化改造”，这极大地影响了物业的价值，影响了已定居的居民和住在旧城郊区的移民之间的关系（Bartlett，Alix-Garcia，& Saah，2012）。

亚洲的城市区域

亚洲是世界上第二个城市化程度较轻的地区，住在城市里的人口稍多于亚洲总人口的42%。两个世纪以前，亚洲的城市人口比世界任何一个地区都多，今天仍如此。但是，联合国的报告说，大约到2026年的某个时候，亚洲住在城市里的人口才能达到总人口的50%。与此同时，

> 超大城市（人口超过1 000万）的数量在增长，其中有一半（21个中的12个）现在位于亚太地区。另外，大型城区、城市走廊、城市区域反映了城市发展和经济活动新模式之间新产生的联系。（UN，2010：4）

当然，这种模式也有例外，值得注意。日本、澳大利亚和新西兰总体上是城市化的。它们的城市和大都市区域和西欧、北美非常类似。但是在亚洲，它们一直是例外，直到最近才有变化。

亚洲城市的位置和发展在某种程度上取决于它们是土生土长的城市还是殖民者的前哨基地。那些土生土长的亚洲城市远离海岸，城市的建设不是为了贸易，而是为了宗教和政治目的。殖民城市主要设在沿海地区，是为了管理殖民事务，监管国家原材料的出口，这在世界各地都是一样的。香港、新加坡、上海、加尔各答和孟买都曾以这种方式发展为外国控制的港口城市。

在当今亚洲的大部分地区，我们都能看到人们离开家乡，融入大城市原有的居民中。但是，亚洲城市大部分的发展依赖国内的乡村社区。城市移民经常在他们乡村的老家和城市新居所之间来回穿梭。就这一点，莱盖茨和休杜拉（LeGates & Hudulah，2013：5）描述的中国的情况，在亚洲其他的国家（例如印度尼西亚）显然都是确凿无疑的。

> [人们] 根据自己生活的循环（年轻时为找工作离开家乡，回到家乡的村子里只是为了一个月欢度春节的假期，为了结婚或开办企业，或者年纪太大不能再工作而过退休生活）、季节的变化

（回家播种或收获，剩下的时间在别处工作——可能是在一个遥远的城市）或者经济条件（工作机会丰富时在全球经济中工作，工作机会贫乏时回到乡村务农）在城市生活和乡村生活之间转换。

为数不多的国家会尝试强行限制移民的数量以及他们在城市里暂居的时间，其中有中国和越南。但是，我们已经看到，从国外移民进来已经更容易，更普遍，“从1960年大约2 800万增至2005年的5 300万”（UN，2010：7）。这里的推力因素（例如，自然灾害、战争、国内的冲突、长期的就业不充分）和拉力因素（例如，人身安全、更好的就业机会）和世界其他地方相比没有差异。

和拉丁美洲、非洲一样，“亚洲的城市群正演变成大型城区和城市走廊”。中小城市比附近的大城市发展更快，城区的人口也随之逐渐分散。实际上，“今天60%的亚洲城市人口住在人口不足100万的城区里”（UN，2010：8）。

人口的迁徙已经变成中国人生活中一个显著的、永恒的特色，因此为适应这一特色也出现了一系列新的生活格局。有“位于市郊的、属于私人的、经过总体规划的社区……进行过绅士化改造的邻里社区……假日集市、大型购物中心以及其他消费型的空间”，“新兴的资产阶级”在这里生活、聚集（Shen & Wu，2011：257）。即使是中国政府也已开发艺术庄园、宣传一些节日，视其为一种新的商业工具。“中产阶层”的租户购买了他们一直租住的公共住房单元（Zhang，2010）。住在特殊聚居地的移民找到立足之地，在非正规经济领域里有像样的收入。当然，更多边缘化的工人和移民只能居住在地下室或防空洞这样的城市空间。在中国不同的城市里，业主协会猛然出现，为他们的会员代言（Wu，2012），这不足为奇。中国各地的政府官员能容忍业主协会的活动（Yip & Jiang，2013），这也许更令人吃惊。

新加坡的管理近似独裁，但是它为亚洲发展较好的区域树立了一个现代城市发展的模型。例如，印度尼西亚的苏腊巴亚已开辟5 000英亩的“城中城”，尝试建设一些具有优势的、同样的基础设施，构建新加坡所崇尚的、闻名于世的、井然有序的那种生活。整洁、有序是印尼的官员和开发商一直追求的，是要在这块规划的聚居地构建的两个最重要的元素（Onishi，2010）。

在中国和新加坡这样的国家里，城市彰显了中央政府强有力的干预对吸收新移民等事宜的影响。这些城市正在迎接为大批移民腾挪空间的挑战，其成就还没有赶上它们期望给外人产生的印象。在印度，中央政府相对较弱，干预市政事务的历史较短，因此城市凸显了无监管的增长产生的后果。

印度历史较长的城市进一步证明了殖民时期城市的双轨焦点，这在非洲曾经实行过。正如麦休尼斯和帕里罗（Macionis & Parrillo，2010：378～381）曾说过的："在城市已经存在的地方，比如德里，英国人就在其旁边建立了第二个聚居点，比如新德里……这样就形成了本土的部分和英国化的部分这两者之间鲜明的对照。一个典型的区别是，旧城区是拥挤的城市中心，而在其附近是精心筹划的宽阔敞亮的城区。"另外，"旧城区……的外貌往往更像穆斯林的城市……许许多多的零售商店挤在一个中心市场里，销售各种各样的商品……市场的周围是一个居民区，严格地分成多个部分，将穆斯林和印度教徒分开，根据种姓地位将印度教徒再作区分"。印度种姓等级最高的婆罗门靠近中心地带居住，等级较低的种姓则远离中心。"城市中英国化的部分……在外观上是非常西方化的，有宽阔的街道，常常是网格状布局。中心地带是贸易和制造业所在的区域，由一条火车轨道通往市外。"

印度城市人口的迅猛增长，也可能没有掩盖这些差异或者使这些差异失去重要性。但是，它的确降低了这些差异的重要性。《纽约时报》曾指出（Polgreen，2010），现代的孟买"不能照顾自己的人民"，然而人们不断地"从生活更加糟糕的乡村涌进城市。这种移民方式……使乡村地区的劳动力资源枯竭，使城市庞大，无法运作"。如同英美那些经济受单一品种大工业控制的城市一样，孟买是印度纺织业的重要都市，因为它的周围是棉花种植区。它雇用了这个城市几乎一半的工人。"其他大多数工人都就业于丝绸、人工纤维、化学品和玻璃制品的生产中，或者在印染、漂白和印刷行业工作。”①

新德里这样的城市有许多不合法的地区和“未经许可的聚居区”。新德里1 700万的城市居民中几乎有三分之一在这类聚居区里生活、工作。这里不一定都是贫民窟，事实上，有许多中产阶层的邻里社区，“甚至还有为富人违法建设的若干聚居地”（Yardley，2013a）。

今天印度的城市面临许多问题，其中最普遍的、使成长中的中高阶层最为烦恼的是缺乏由政府资助的有效的基础设施。他们也许能在大型购物中心的专卖店里买到品牌服装，能够享受最现代化的通信技术、高尔夫球场和高档轿车，但是缺少正常运行的自来水和排污系统。政府部门陷入办事的繁文缛节的绝境。很明显，政府官员普遍腐败。企业不得不自己储水，自备柴油发电机，还要建立由公司管理的往返运输业务，让雇员在合理的时间内往返于工作单位和住处之间（Yardley，2011b）。

因为这些缘故，中产阶层的激进主义最近在孟买扎根，其形式就

① 印度的乡村居民迁移到城市里，他们所面临的诸多问题，更多详情可见2010年12月1日《纽约时报》的文章“印度的城市被新来者压垮（India's Cities Buckle Under the Strain of New Arrivals）”。在印度一些地区性的城市中心，比如孟买，城市生活中最有趣、最令人不安的特征之一是，它们已变成政治腐败的中心。说来奇怪，这使人联想到内战以后美国一些大城市里发生的事情。曾经管理城市的、种姓高的人群不再管理这些城市。种姓低的人群在政治上有了自主权，他们对这些地方的生活质量产生了惊人的、令人不安的影响。结果，人们依然按照自己的种姓进行选举。以往从政府腐败中受益的上层掌权者和专业人士的权力锐减，被下层的无赖和政治仆从取而代之。种姓高的家庭失去的不只是政治势力，还失去了对自己日常生活的控制。种姓低的政客和罪犯常常是一丘之貉，组织“绑架团伙”，“目标对准比较富有的、种姓高的人口居多的邻里社区”。第一批受害的家庭就是商人的家庭。后来，商人花重金收买政客、雇用更多卫士，绑架的矛头又转向医生、教师和工程师这样的专业人士。重要的行业里其他的专业人士因此提出抗议，若不释放受害者，他们就拒绝工作，到此时绑架案件才有所下降（Witsoe，2010：270～272）。

是新兴的“公民团体”。乔纳森·安贾里亚（Jonathan Anjaria，2009：391）说，“公民团体的各种组织”已经承担控制“不守规矩的”街道小贩这一责任，因为他们试图占有城市的许多街道和人行道。这些团体为城市带来了符合资产阶级情感的、一定程度的条理性。但是他们也压抑了缺乏监管的街边小贩的政治声音和诉求，因为他们认为小贩们在街上露面，其一举一动都是不堪入目的景象。

基于对有效的政府服务和公共基础设施的需求，在这种理念的驱使下，在孟买东南大约 130 英里处，拉瓦萨（Lavasa）这座崭新的城市落成了。它最终能够容纳 30 多万人口，成为软件公司、生物技术公司、电影和动画制作公司等行业的大本营。这些以知识为基础的行业对“新印度”的发展至关重要。也许更重要的是，整个实业已经建立，并由一个私有公司来管理。私有公司的投资者们指望一方面从所有入住的建筑物上获利，另一方面又通过与其他想在这里做生意的公司合作而获利（Kahn，2011）。为了缓解城市中心的过度拥挤并在西海岸拓展商业，印度政府承诺在未来五年内建设五座新城市，拉瓦萨即为其中的一座(Chandrashekar，Krishne，Sridhara，& Kumar，2013)。

在中国，未来的城市建设者和管理者将遭遇一个完全不同的问题。中国的城市已经得益于国家财政上巨大的支出，用以改善道路、电力服务、自来水供给和排污系统。但是，在印度，政府自上而下的管制已经限制了印度人民开始热情实践的种种政治表达，遏制了面临政府无能却依然引领印度发展的各种工商企业家的活动。

在过去，中国公民不时地因为开发商获得地产的问题对乡村地区的官员爆发抗议活动。城市里并不经常发生骚乱。不过，在 2010 年 6 月情况有所改变，当时近似骚乱的事件像浪潮一样波及全国许多城市。这些骚乱，中间显然没有互相协调，却持续了三个多星期。每座城市骚乱的起因各不相同，但是主要包括政府官员的腐败、开发商为谋取暴利强硬地征用土地、警察滥用职权等（Von Schirach，2011）。

官员们震惊了，他们采取强硬措施压制暴乱。倘若他们研究过 19 世纪欧洲和美国的历史，可能不会这么惊慌。在欧美，在相对短暂的时间里许多移民到来，这导致来自不同国家的人关系紧张。具体说到中国，是来自国内不同地区的人关系紧张。虽然中国的乡村人口依然超过总人口的60%，其城市居民的数量仍超过世界上任何一个国家的城市人口。更重要的是，近几十年城市居民的数量仍在大幅度增长。人们表达不满，这一现象不可能在短时间内消失。

直到20世纪70年代，中国最大的城市聚居点也是制造业和工业中心，都是西方曾控制过的港口城市。许多其他的城镇和城市聚居点是在20世纪末才发展壮大的。源于对快速的工业化和科技现代化有利的新政策，这些城市得以成长，这导致1亿多人口大规模地从乡村地区迁移到城市里。这种迁移在很大程度上使小城镇的数量增长（从2 000到20 000多），同时增加了城市的数量（从不及200到超过600）。

中国的城市人口在20年时间里从总人口的20%上升到大约43%（Jankowiak，2010）。今天，中国的官员为了限制乡村人口迁入城市，正尝试将工业重置于远离市中心的地区。公共政策一直致力于将未来的城市居民分散到中小型城市。但是，上海和香港曾经是制造业中心和殖民者的前哨基地，它们将在未来很长的时间里一直是中国的商业中心。①

---

① 和大多数国家一样，中国快速的城市化已经迫使人们改变对他人的看法和态度。有太多新到来的人出现在城市里，人们互不认识，甚至不知道对方从哪里来，属于哪个社会阶层，以前和邻居之间的礼貌交往被“冷漠”所替代。扬科维亚克（Jankowiak，2010：267）曾说，人们已经抛弃“邻里社区的责任”，崇尚其他形式的联系，比如基于校友关系、“工作接触、同乡关系、友谊、亲戚关系”等的纽带关系。秘密的团体、行业协会以及“共同的民族和（或）宗教联系”也变得愈加重要。在现代中国，“总的来说，族群性、宗教和同乡会是社会联系或亲属关系形成的至关重要的基础”（Jankowiak，2010：260～261）。在中国的城市里，城市的“亲属”关系也变得愈加复杂。扬科维亚克（Jankowiak，2010：262）解释说，“那些在正式的（比如双边的或父传子的）家谱以外的个人也常常从感情不深的朋友转化为亲密的、半亲属的关系”。随着中国独生子女政策的落实，更多父母需要在抚养孩子这一责任上得到帮助，因此，双边祖父母的关系也变得更加重要。但是，这种新出现的“双边多代的家庭是一个脆弱的体系”（Jankowiak，2010：265～266）。

中国政府一直试图使自己繁荣发展的城市秩序井然，为此限制入城找工作的乡村人的数量。如果乡村人选择进入城市，政府首先控制那些能获得等同于签证的许可证的人数。有了这样的许可证他们才能享受公共服务，比如孩子免费入学等（Mackenzie，2002）。当这一举措不起作用时，政府又为乡村来的移民设立中国版本的封闭式社区，至少在北京是这样。北京有 15 个地区用于容纳那些进京找工作、渴望过上好日子的人，寿宝庄就是其中的一个。寿宝庄是一片有围墙的、有守卫的楼群，能够给予比较贫穷的居民一些安全保障。当然，这也将他们和周围邻里社区比较富有的居民隔离开了（Gao，2010）。

新移民和已定居的市民之间的社会围墙和以往一样高，一样坚固，难以逾越。吴（Wu，2012：547）说，中国从乡下进城的移民“不认同他们居住的地方，也不积极参与社区的活动”。吴认为这不是巧合。这是“制度设计”造成的，结果就是使这些人成为“经济上的旅居者”，而不是事实上的城市居民。

无论这些策略多么具有新意，它们显然没有触及足够多的人，即使在触及的人们的生活中也没有产生足够大的影响。没有人预料到 2011 年的城市骚乱会使地方政府摇摇欲坠，但是中国官员不习惯普通的城市居民挑战他们的命令和做法。我们已经注意到，中国的领导人正在经历 19 世纪欧美飞速的城市发展所带来的一些令人不安的结果。

我们前面注意过，日本的城市故事是一个完全不同的版本。它有很强的城市传统，有很古老的城市。日本在发展中的特征之一是，它从未被殖民过。日本有都、道、府、县的行政划分，有许多地区性的重要城市，过去由全职的武士阶层守护。在这些城市里，相对富有、有权力的中产阶层发展起来，最终在 19 世纪 60 年代后期取代了武士阶层。那时中产阶层非常强大，足以抵制欧美想要对它进行殖民的企图。在 20 世纪早期，日本的工业化和城市化发展也很迅速（Macionis & Parillo，2010：384）。

尽管亚洲国家的城市化在性质和时间上存在着差异，这些国家都做好了充分的准备去利用不断壮大的国内市场以及国际贸易。几十年来，主要的城市都已经参与制造业，并且从以出口为主的贸易和涉外金融投资中获得收益。政府也投资改善城市的交通和通信技术。

这些城市的经济是多元化的，而且和生机勃勃的非正规经济和谐地融为一体，这也许并不令人惊奇。正如联合国所报道的（联合国人居署，2010：11～12），“非正规经济包括所有‘不规范的’有薪雇用关系……比如血汗工厂的生产、家庭佣工、合同工、临时工或短工以及黑工”。这些人与根基比较稳固的商业没有直接的联系，但是他们在“设备、工作地点以及成品的销售”方面显然依靠正规的经济领域。

欠发达国家城市“首位”和“过度城市化”产生的影响

殖民对亚洲欠发达国家产生的影响，无论怎么强调都不过分。殖民的后果是，落后的经济主要依靠出口原材料，这只能很好地服务于本土的掌权人士，对绝大多数百姓的财富积累和消费几乎没有促进作用。这些城市也没有开发所在国家的内陆地区。这些国家在20世纪获得独立时，它们在现代化最重要的指标上已远远落后于西方社会。唯有新加坡和日本的城市属于例外。

欠发达国家近期迅速的城市化，一个关键的因素是20世纪60年代才开始的农业生产的提高。我们在前面看到，人们因多种缘故自由地迁移到城市里。但是，即使用最乐观的眼光看，发展也一直是不平衡的，直到最近才有改观。它们的首位城市“扭曲”了投资方式，因为资本的投入服务于全球公司的需要而不是服务于本土人口的需要。即使城市的收入增加，首位城市的生活水准一直比乡村地区还要低（Gottdiener & Hutchison，2006：283）。然而，除了艾滋病的传播以外，几乎没有什么可以让欠发达国家城市人口的螺旋式上升慢下来。更糟糕的是，生育率一直攀高，21岁以下的人口比例可能超过50%，而且这个比例可能还在升高（Palen，2008：300）。

这些国家近几十年制造业的能力有所加强，但是制造业产生的就业机会仍不充分，上交的税款不足，无法保证自来水、排污、公共事业、警力、防火等许多基本的服务。在大多数城市群里，污染和贫困是生活的主要特征。在中心城市的周边地带尤为如此。在这些地带居住的主要是最贫穷的、最近迁至城区的移民，这和西方的许多城市一样。近些年，城市里贫富之间的鸿沟可能越来越大。本该拨给国内其他地区作为发展资金的款项被首位城市用于提供微不足道的公共服务项目。约翰·帕伦（John Palen，2008：304）指出，“即使墨西哥、哥伦比亚和智利三国的政府都在寻求更平衡的发展，墨西哥城、波哥大、圣地亚哥这几座城市都在不停地增长，其速度超过国民人口的增速”。

首位城市并非完全不好，或者说未必不好。大多数发展中国家没有足够的资源支撑多功能城市的诞生。30 年前，在几座大城市里集中发展经济，这具有良好的经济意义。霍利（Hawley，1971：299）认为，如果地区内部和地区之间缺乏有效的交通，那么“大城市群必然成为经济转变和发展所需的劳动力、资金、技术和其他资源集中的手段”。

国家未必总贫穷落后。在过去 25 年中，韩国、泰国、中国和印度有了巨大的发展。墨西哥和亚洲已经成为制造业设备的目的地，这些设备从更发达的国家转移到这里。有迹象显示，这里的人口出生率也是稳定的。首位城市继续增长，这些国家的政治运动也是从这些首位城市里爆发出来的，这说明这里的人敞开心胸，迎接变化（Palen，2008：299～304）。

欠发达国家为什么到目前为止依然是那样的发展方式？有不同的解释。受传统束缚的人们抵御来自外界的现代化的影响。据说，西方国家的代表使用政治和经济手段支配欠发达国家：他们首先反对进步，然后限制这些国家取得进步的机会。然而，在过去 125 年中，俄罗斯和日本拥有快速的城市发展和工业化，这说明欠发达国家能够冲破传统的掌权者和外国利益集团强加给他们的、严格的政治和经济限制（Light，1983：153～154）。

欠发达国家城市里的空间组织和社会组织

这些城市拥有共性，这些共性不会因时间的流逝和文化背景的差异而有所变化。早期本土的城市在空间上小而密集。城市的居民出门都靠步行，他们分享对空间、卫生设备的使用权，共享对美的感受。

社会“按照部落、种姓、血统或者以前居住的地方来划分人口”。城市“以居民区或聚居地的马赛克图案”呈现出来，是一种“蜂窝状”图案，一直到19世纪末才解体。它们和欧洲中世纪的大多数城市一样，“缺乏明显的特殊功能的集中”，比如中央商务区。居民区的安排模式是这样的：社会地位较低的人所居住的建筑物远离统治者的居所，远离宏伟的宗教建筑物（Hawley，1971：317～318）。

聚居地在某些方面等同于城市里的一个乡村村落，但是在其他方面并非如此。例如，风俗习惯、民族或部落关系、可讨价还价和议价的本地的集市、宗教建筑、村民协会、节日礼仪、友谊的纽带以及互相的帮助，所有这些在聚居地都是重新产生的。同时，这些关系可能是剥削性的，尤其是近期的移民进城找工作这种情况更是如此。而且，扭曲的年龄和性别结构、缺乏长者、缺乏家庭义务和正常的夫妻生活，这都使聚居地失去了小乡村所具有的社会凝聚力和道德监管。最终，当附近的居住区出现了与之匹敌的对手时，有些人对聚居地及其领导人感情依恋中的不情愿的情绪才得到缓解（Hawley，1971；319，321）。

乡村居民熟悉的自愿协会帮助移民适应进入城市所面对的环境。霍利说，印度城市里的几大种姓已经“为自己的成员开发了信贷业务、就业服务和教育上的帮助”（Hawley，1971：322，323）。拥有土地的世家已经“采用现代农村合作社运用的财务和管理程序的许多做法”。在拉丁美洲的棚户区和贫民窟，移植过来的乡村协会已经“使他们能够处理擅自占用城市土地的法律问题，已经找到了在市政事宜中自我表达的方式”。还有迹象表明，更新的协会正在诞生，这些协会是跨越民族界限的团体，比如政党和工会。

在中美洲和南美洲，许多自愿组织起源于与教会有关的活动。他们常从事的慈善工作、校舍和医院的修建也都如此。这些自愿组织随着成员的教育和职业地位的逐渐提升而“演变”为完全世俗的组织。但是，有一点值得注意：许多这样的自愿组织都是从不同的社会阶层吸收成员的，这样可以促进共识的达成，促进跨越阶层的通力合作。

在不同的国家，人们对自愿组织的参与也不同。比如，在亚洲的国家，据说有多达三分之一的成年人参与一至两个自愿协会。占主导地位的自愿组织可能是政治的或宗教的组织，抑或是来自具体学校的校友会。不同的国家情况不同。“身份的”或族裔的协会和劳动者权益团体、人权团体一样，都是普遍存在的。在亚洲，人们参与组织的动机可能是“情感”原因和“功能”原因的结合，这和西方国家的人民决定参与团体的动因一样。有些团体旨在使成员开心，充当纯正的社会发泄口。另一些组织旨在完成对成员或社区至关重要的实际任务。

在日本，在全国范围内运行的自愿组织并不多，但是，大多数家庭都深深地扎根于本地邻里社区的协会（van Houwelingen，2012）中。任何年龄的家庭成员都用相应的方式、通过社区团体资助的各种活动与他人交往。孩子、老人、妇女与其他成年人一样，都有自己的俱乐部。他们筹集基金美化邻里社区，集体参加体育运动，集体巡逻并做安全检查，尽心竭力地服务于各种文化活动。在某一具体的地方，有许多共同之处（比如性别和年龄）的人们有了这些团体，“人际的社会资本”就得以加强。这些团体并非替代家庭，但是它们的确增进了美好的感情，增加了人与人之间融为一体的机会，这也许正是家庭在发挥的作用。

和西方一样，家庭也发生了变化，它不再像过去乡村地区那样是一个生产单位。比如，在尼日利亚，几代同堂的大家庭“让年轻的成员师从于有经验的企业家”，“为家族企业提供资金”，这样就促进了企业家的培养。霍利（1971：323～324）从这一点得出结论，认为“工业化在某种程度上立足于家族体系”。虽然家庭不再是一个经济单位，它依然是“一个能独立发展的、互助的协会”。

古德（Goode，2010：189）也认为，“以姻亲关系或假想的姻亲关系为基础，在家庭与家庭之间形成的非正规的互助共享的网络对穷人的生存至关重要”。他因此总结说，一个家族能够“帮助与之有姻亲关系的、在困难中挣扎的家庭走出困境”，这甚至包括“短时期内住在同一屋檐下”。

男人失业或就业机会不足，再加上工作地点和住处距离遥远，这就产生了男女之间更灵活的“两相情愿的结合”，这与结婚、离婚相比，经济上的消耗要少得多。但是，这并没有消除男人在家庭中发挥的作用。只要时间允许，父亲就能和孩子在一起，一个女人的男性亲属也可替代父亲的角色。“生活贫困造就了以女性为户主的家庭”，“以女人为中心的共享网络是合情合理的”。要把“正规工作、地下经济和公共项目”中所得收入统筹在一起，这需要管理能力（Goode，2010：190～192），这就关系到管理者的组织技巧，尤其是参与管理的女人。

社会地位较低的人如果在“正规”经济中工作，他们中的许多人所做的都是服务性工作，比如邮递员、帮佣的工人、餐馆的服务员、体力劳动者。因此，生活在棚户区的人们常常在非正规经济领域里工作，与家庭其他成员甚至是没有姻亲关系但关系亲密的人一起共同承担大量的自助活动。这种“自给自足”包括生产粮食、制作衣服、修建房屋等。如果参与非正规经济的方式是贩毒、销售香烟或提供便民商店里销售的物品抑或从事色情活动，这也可能使人们接触不正当的或非法的经济活动。以物换物，这是生活在边缘的人们勉强糊口的另外一种方式（Gottdiener & Hutchison，2006：295）。

低收入人群的机会也许有限，但是他们能在非正规经济领域内工作，说明他们有适应和规划的能力，证明“穷人永远贫穷”这一文化观念是一个谬误。贩毒、在街头摆摊修理东西、自家生产食物、让孩子参与政府资助的工作项目，利用非正规的信用资金或者有组织的“预付订金”计划，自建房屋，在二手市场购买衣服，这一切不能使人富有，但是的确有助于他们生存下去（Goode，2010：188～189）。

从许多方面看，棚户区的生活可谓是“杂乱无章的”“毁灭性的”，而且有很多穷人住在里面。然而，如果我们再仔细地观察棚户区，会发现这里有一些非常强大和非常有效的自我调整因素，这包括家庭内的工作和互助以及更广泛的民族关系及姻亲纽带（Hutter，2007：456）。因此，棚户区成为“具有强大社会组织的生机勃勃的社区。对许多迁移到城市的乡村人来说，棚户区就成为过渡期间重要的目的地，是文化同化和文化渗透的第一站。它们还为城市工业提供了低廉的可随时使用的劳动力的源头”。

一些棚户区里住着工人阶层，已演变成所属城市的市郊。在这些地方，大多数居民都不富有，但这里有许多稳定的家庭，人们过着比以前更遵纪守法的生活。他们的领导人也是土生土长的，他们承诺要改善自来水的供给，改善排污系统，而且他们的决心更加可信，有效。光阴荏苒，政府对这些居民区的人民也怀着更加包容的态度（Hutter，2007：457）。

无论是在婚配、孩童抚养、与家人共享美餐还是在有偿的工作领域里，中产阶层的思维和社交方式均已形成。在西方，中产阶层从商业和工业中成长起来。而在欠发达国家，中产阶层一直是“以高等教育和政府部门的工作为基础的”。这意味着欠发达国家的中产阶层对“控制政府官僚体制的掌权人士”一直比较顺从。“此种性质的中产阶层不可能像立足于企业成就的中产阶层那样积极进取且有创造力，”阿莫斯·霍利（Amos Hawley，1981：326）如此预言。

随着时间的流逝，城市建设会在某种程度上消融族群之间的差异，改变各种机构（比如几代同堂的大家庭）对成员的服务方式。总体上来说，当人们接触其他人和其他观点，“无论在公共生活和私人生活中”，他们都获得了更广博的“市民责任感”，与此同时，他们自身的重要性就有所丧失（Hawley，1981：324～325）。这些变化可能产生的影响受制于依旧存在的、具有支配地位的聚居地和大家族的经济互动。但是前后这两种方式要达成一致也是可能的。霍利（1981：330）认为，“两种貌似不兼容的因素并置在一起”未必总是引发矛盾和混乱。他说：“人有一种幸福的天赋，能够相当舒适地容忍自己文化中矛盾的事物。”笼统地说，在欠发达国家城市化进程中出现的模式未必意味着移民的族群纽带和民族情感日益增长的重要性将会终结，更谈不上会立刻终结。当人们迁移到一个新的国家并试图在其中立足时尤其如此。西方国家的人们可以从他们国家的移民身上知道这一事实。

“总的说来，迁入城市的人为了立足而向亲戚和社区成员寻求帮助，这种以群体为导向的模式在发展中国家的部落移民和乡村移民中最为常见。”（Kemper，2010）移民们组织“自愿协会”来满足自己的需求。协会的成员通常来自同一族群，有时是同乡。他们发挥的作用，在许多方面和移民在乡村老家的亲属群体所起的作用一样。在一些方面，他们运作的模式类似前工业化城市的行会，让移民有归属感，在人们需要时提供资金上的帮助，组织娱乐活动。他们组织强有力的互助组，帮助移民融入城市社会。

有些国家有许多循环往返的移民或跨国迁移的移民，移民“即使在远离家乡的地方生活，他们也会和出生地的社区保持很强的联系”。他们是“延伸的社区”的一部分（Kemper，2010：283）。例如，中美和南美的许多社区都受益于移民美国的家庭成员提供的帮助。有人汇款到家里，这对单个的家庭肯定有帮助。同时，“同乡会”在美国许多城市已经涌现，当家乡有某种灾难时，同乡会就会提供慈善服务和资金。这些组织甚至会在家乡投资。这正是美国早期移民所做的事情（Stack，1979）。

有一点很清楚，在一段时间内，参加这些组织的成员一般来说都会受到激励，在政治上有更强的自我意识。他们动员起来，参与关乎自身利益的国家和本地的大小事务。比如，争取更好的住房条件和公共服务。他们也参加更多的工会活动，因为有更多的人在制造业务工（Gottdiener & Hutchison，2006：296）。“贫穷的白人妇女的联盟、黑人妇女的联盟、拉丁美洲妇女的联盟以及种族间的联盟已经超越家庭，参与多种多样的集体社会运动：寻找更好的工作……阻止当地消防站的拆迁，强化由积极分子构成的社区组织的作用……加强公共房屋租户的管理”，移民也模仿这些做法（Goode，2010：195）。

尽管许多新的城市居民最终会参与人权的倡议行动和政治运动，他们对官员推出的政策以及对自己为之大声疾呼的服务质量是否有很强的、更直接的影响，这并不清楚。至少在非洲，他们会更有效地激励人民更直接地参与政治而不是参与具体项目的落实。例如，埃及有各种各样的俱乐部、合作社、工会、自愿协会、政治团体和非政府新闻电视台，人民若要对任期已久的领导的替换问题表达自己的“心声”，毫无疑问有了许多渠道。绞尽脑汁和新组的政府打交道，这又是一个完全不同的话题。

结束语：发达国家和欠发达国家的城市化

我们已经注意到，世界欠发达地区的城市在很长一段时期内并没有享受什么变化。它们周围没有现成的中小型城市或城镇构成的网络，在它们自身开始急速增长的时候，周边也没有根基稳固的贸易体系。人们从乡村迁移到大城市，却没有机会居住在面积适中、相对体面的地方；如果大城市的光景不好，他们还没有机会找到工作。

在世界比较发达的地区，农业的发展产生了大量长久的食物盈余，也产生了许多背井离乡的工人。在欠发达地区，也有很多背井离乡的农民工，但是食物盈余是不可预测的。更糟糕的是，欠发达国家的制造业无法为那些离家的男女提供足够的工作机会。况且，这些国家无论城乡都在出生更多的婴儿。生育率在欠发达国家并非像在西方那样有所下降。

事实证明，在大多数发展中国家，要想获得资金以满足当前城市基本建设的需要，这几乎不可能。要管理这类资金，实实在在为人民造就有益的效果，这对欠发达国家的城市领导人来说也是一个非凡的挑战。说到腐败，市政官员可能和19世纪美国的市政官员一样，他们掌握的资金不多，无法使自己利用政府部门的职务获取利益，也无法满足人民对他们的要求。

在欠发达国家，城市的新老居民为了过上更安全的城市生活，他们也和西方城市居民一样带来了一些社会变化。他们可能没有带来别的变化或者他们带来的其他变化不够根深蒂固，因此没有引起社会学家和人类学家的关注。

看来，到目前为止，在所省去的内容中，最明显的是对城市领导者非常直接的关注。城市领导者需要做更多的工作，解决那些带着社会伤痕的穷人面对的截然不同的生活机会这一问题。当然，就这一点来说，可预测、可理解的阻力是，城市领导者为了让人民得到基本的服务而努力地进行城市基础建设，这已使他们伤透脑筋。将社会阶层、宗教信仰、族群或部落背景各不相同的人们团结起来，团结在类似工会的组织里，城市领导者在这方面付出的努力更加不明显了。

到目前为止，我们可以说，有望成为城市里新兴中产阶层骨干力量的商人阶层尚未产生。如果一个人一直在成长，在人们眼里，他就不会显得如此高大，如此有力量。但是，人们已经目睹的是，在政府部门工作的中产阶层的人数以及在经济服务领域工作的专业人士越来越多。这种状况堪比人们在美国所见的情况。在美国，一个庞大的、有明显特征的、绝非由工商企业人士构成的黑人中产阶层已经形成，其基础是受过专业培训的男女，他们在非营利组织和政府部门工作，已经拥有不错的职业。

重要的是，正如阿莫斯·霍利几十年前所说的，这些人不像商人那样每天在竞争激烈的世界里拼搏，他们没有在极具风险的事业里磨炼自己。他们也不具备开创大批私人组织的有利地位，而在西方，商人正是通过这些私人组织达成共同的世界观并形成自己乐意塑造世界的方式（Monti，1999）。

族裔群体已经出现，并且帮助移民在新的环境里安定下来。然而，这些族裔群体在多大程度上把同一背景、不同社会阶层的人团结在一个长期有效的社会联盟里，这一点还不清楚。说到人们在政治和更大的公共领域里对待他人的态度时，因宗教和部落或族裔背景的差异，这依然相当重要。另外，其他重要的社会机构（比如，家庭和学校）也发生了变化，正在帮助机构的成员适应他们所融入的城市生活，同时也塑造城市生活以满足自己的需要。

城市世界的这幅图景，和其他别的图景一样，不如我们期望的那么完整或清晰。但是，考虑到世界欠发达地区城市化的速度，我们也许应当对人们适应城市生活的速度感到惊喜。19世纪、20世纪的移民为成为完全的城市居民经历过艰苦的转变过程，发展中国家现代的移民也和他们一样，正在不完美的环境里学习适应城市的生活。

研讨题

1. 发达国家和欠发达国家的城市是在相当不同的经济和政治环境下出现的，其中有哪些比较重要的不同之处？

2. 欠发达国家的城市和城区在哪些方面开始模仿西方国家的发展模式？

3. 欠发达国家明显存在过度城市化和“城市首位”现象，西方的城市和都市区是否有这样的现象？

4. 在欠发达国家的城市里出现了哪种社会角色或社会团体帮助人民适应新的城市环境？

5. 西方的和欠发达国家的城市居民在社会生活上的自我管理方式有相似之处吗？

6. 是否存在一种与众不同的“城市生活方式”？在何种程度上说它是存在的？它的主要特征是什么？

网络资源

http：//www. thedialogue. org/PublicationFiles/central%20 american% 20 htas%20report. pdf

http：//press. princeton. edu/chapters/i7295. html

http：//www. historycooperative. org/cgi-bin/justtop. cgi？ act justtop&url

http：//www. historycooperative. org/journals/ahr/109. 1/br _ 104. html

http：//www. democracy-asia. org/countryteam/krishna/Civil%20Society

%20and%20Polotical%20Participation. pdf

http：//www. asiapacificphilanthropy. org/f/backgrounder _ india. pdf

http：//www. springerlink. com/content/l228x11m4551585r/

http：//perl. psc. isr. umich. edu/papers/voluntary. pdf

http：//www. asianbarometer. org/newenglish/publications/workingpapers/no. 38. pdf

http：//ipsnews. net/news. asp? idnews 46452

http：//www. dfid. gov. uk/R4D//PDF/Outputs/CentreOnCitizenship/ResSumOct08. pdf

http：//siteresources. worldbank. org/INTCPR/Resources/WP36 _ web. pdf

http：//academicjournals. org/AJPSIR/PDF/Pdf2009/Feb/Hassan. pdf

http：//www. postcolonialweb. org/africa/ronning2. html

http：//muse. jhu. edu/login? uri /journals/journal _ of _ democracy/v019/19. 1khrouz. pdf

http：//www. nai. uu. se/research/areas/collective _ organisation _ a/

第三章　美国的城市化过程

英国以颇具实力的商业本位与其他欧洲国家进行竞争，成功获得在北美的殖民霸权地位。这是美国城市化的根基，这种情况和加拿大一样。英国未能控制美国殖民地开拓者商业本位的野心，因此殖民的冲动遭到终止，而后又做出必要的让步，向澳大利亚输出人口，最终控制其四个主要城市。美国扩张、发展，最终成为今天一个卓越的世界强国，其发展的关键就是后来变成城市的那些城镇。

美国人建设城镇和城市时富有很强的创造力。英国在 17 世纪对美洲进行殖民活动，其动力背后整个的理念是建立城镇，让它们成就商业上的成功，为那些经济资助者带来利润。从那时开始，400 年持续不断的、有时几近疯狂的城镇、城市建设的积累效应可以简单地总结，但是其意义不容忽视。今天的美国有各色各样的大、中、小型城市聚居点，它们连接起来构成一个或多个地区性的商业网络。所有较大的城市，甚至是许多中型城市都直接参与全国和国际的商业贸易活动。美国复杂的通信和交通系统，不逊色于世界任何发达国家，极大地便利了贸易和投资活动。

这着实是一种浮夸的说法。但是，美国的城市化过程这一故事呈现的证据令人信服。它表明，城市聚居点的功能多么普遍和实用，既是人口中心又是经济、政治活动中心。本章我们将提供这个故事的缩略版本。但是，在此之前，为了向读者说明使美国真正走向城市化是一个多么了不起的成就，我们将从总体上展开美国在 21 世纪前 10 年城市和大都市的全景。

今天，近 80%的美国人都住在城市聚居点里，这个数字比西方国家平均水平高，但差别也不甚明显。美国不同地区的城市轮流快速增长，但是直到大约 1920 年，美国的人口才差不多在整体上城市化。要不是因为 1920 年之前和之后美国发生的事情，“1920”这个统计数字和年份也不会让人吃惊。这个日期之前是美国内战和第一次世界大战，之后是严重的经济危机以及接踵而至的第二次世界大战。

经济危机和第二次世界大战减缓了城市发展的速度，但是绝对没有使它停滞。在美国内战前后几十年里，城市人口实际上两度经历急剧增长。美国建设城镇和城市的动力极其强烈，它因此能承受两次世界大战的冲击、横跨欧美大陆的经济崩溃以及差点儿使这个国家走向毁灭的内战。

即使在光景最好时，城市建设和维护也是艰巨、昂贵的事业。我们可以想象，经济衰退和战争绝对不可能成为建设城市的因素。但是，颇具讽刺意味的是，若要理解美国的城市建设何以能够在困境中得以维持，乡村地区的独立发展能力则是关键的证据。在过去 200 年间，美国城市人口能够持续增长，这仅仅因为农民能够生产、储存并为国民运输更多的食物，同时还有许多剩余的食物销售到国外。这条链子接收的一端是美国的城市。城市经济有足够的活力，能够吸收美国本土以及来自国外的、离开家乡的农业工人。

美国城市化故事的另外一个重要情节是：不同地区多年来城市化的程度也有差异。今天美国的每一个地区都有超过 70%的居民（这意味着美国人口的绝大多数）住在城市聚居点里。然而，我们从世界欠发达地区那些国家的经历就可以知道，要达成这种地区性的平衡是何等艰难。

表 3.1　1790～2000 年间规模不同的城市和乡村聚居点的数量

年份	2000	1990	1970	1950	1930	1910	1890	1870	1850	1830	1810	1790
城市聚居点	9 063	8 510	6 433	4 307	3 183	2 266	1 348	663	237	90	46	24
>2 500												
≥100 万	9	8	6	5	5	3	3					
500 000～999 999	20	15	20	13	8	5	1	2	1			
250 000～499 999	38	41	30	23	24	11	7	5				
100 000～249 999	178	136	100	66	57	31	17	7	5	1		
50 000～99 999	419	355	240	126	98	60	30	11	4	3	2	
25 000～49 999	838	741	520	253	186	119	66	27	17	3	2	2
2 500～24 999	7 561	7 214	5 517	3 821	2 805	2 037	1 224	611	210	83	42	22
乡村聚居点	21 044	14 925	14 334	13 279	13 468	11 843	6 495					
<2 500												

美国人口统计局的人口和住房统计。数据来源于《2000 年城乡人口比例和聚居点的规模》：表 4；《城乡人口比例和聚居点的规模》：表 8。依据 1950～1990 年对 1950～1990 年间城市聚居点的定义以及 1950 年前对 1790～1950 年间的城市聚居点的定义。

要在美国实现这一点，也是举步维艰的。东北部是美国最早的殖民区，今天有超过 84%的人口住在城市聚居点里。它超过了 1880 年 50%的临界值。来自东北部的人们以进攻的方式在中西部安居下来，对其进行开发。美国中西部已有接近 75%的人口在城市聚居点生活，超过了 1920 年 50%的临界值，而正是在 1920 年，官方公布美国人口整体上城市化的特征已超过乡村特征。从历史上看，南方是美国城市化程度最轻的地区，如今也有约 73%的人口住在城市聚居点里。美国西部是最后一个开发的地区，然而，其城市化的速度超过其他三个地区，弥补了起步晚这一不足。今天西部有接近 87%的人口住在城市聚居点里。它和南方一样，超过了 1920 年 50%的临界值。①

我们在上面已经注意到，美国四个地区要达到近似的城市平衡，这个准备阶段就产生了一系列规模各异的聚居点。在我们的 9 座最大的城市中，没有哪一座在面积上接近墨西哥城、开罗、新德里或北京。相反，美国的城市化留给我们更多的城市聚居点——有服务于地区性市场的小型城市，有位于市郊的或大或小的自治镇，甚至还有面积中等的城镇——这比世界欠发达地区的国家拥有的城市聚居点还多。如表 3.2 中的数据所示，我们的城市人口均匀地分布于大中小各种类型的聚居点。② 我们的社区融入了城市、市郊和城镇构成的一个全国性的体系里。

表 3.2　1790～2000 年间不同规模的乡村聚居点和城市聚居点的人口比例

年份	2000	1990	1970	1950	1930	1910	1890	1870	1850	1830	1810	1790
城市聚居点 >2 500	79	68.50	65.60	59.60	56.10	45.60	35.10	25.70	15.40	8.80	7.30	5.10
≥100 万	8.20	8.00	9.20	11.50	12.20	9.20	5.80					
500 000～999 999	4.60	4.10	6.40	6.10	4.70	3.30	1.30	4.20	2.20			
250 000～499 999	4.90	5.90	5.10	5.40	6.50	4.30	3.90	4.00				
100 000～249 999	9.40	7.90	7.00	6.60	6.20	5.20	4.40	2.60	2.80	1.60		
50 000～99 999	10.10	9.70	8.20	6.00	5.30	4.60	3.20	2.00	1.20	1.70	2.10	

① 《城乡人口：最早时期至 2000 年的人口统计》：表 18。美国人口统计局的人口和住房统计，2000。

② 《2000 年城乡人口和聚居点的大小》：表 4；《在 1950～1990 年对城市定义的框架下 1950～1990 年间的城乡人口比例和聚居点的规模以及在 1950 年前对城市定义的框架下 1790～1950 年间的城乡人口比例和聚居点的规模》：表 8。美国人口统计局的人口和住房统计。

续 表

年份	2000	1990	1970	1950	1930	1910	1890	1870	1850	1830	1810	1790
25 000～49 999	10.30	10.30	*8.80*	6.50	5.20	4.40	3.60	2.40	2.80	0.80	1.10	1.60
2 500～24 999	22.40	22.70	20.90	20.30	16.10	14.60	12.90	10.50	6.40	4.70	4.10	3.50
乡村聚居点<2 500	21	31.50	34.40	40.40	43.90	54.40	64.90	74.30	84.60	91.20	92.70	94.90

美国人口统计局的人口和住房统计。数据来源于《2000 年城乡人口比例和聚居点的规模》：表 4；《城乡人口比例和聚居点的规模》：表 8。依据 1950～1990 年对 1950～1990 年间城市聚居点的定义以及 1950 年前对 1790～1950 年间的城市聚居点的定义。"城市聚居点"这一行显示的比例与每一列人口大于 2500 的聚居点的总数吻合。

这种史无前例的成就不是依据计划实现的，也不是偶然得来的。美国一些内陆城市得不到主要的水路运输，也没有特别宜人的气候，但依然发展、繁荣。另外一些聚居点看似具备有利的条件，也渴望有一天变成城市，但最终未能如愿，顶多变成一个面积尚好的城镇而已。哪些聚居点能变为城市，起决定作用的是运气和时机，没有丝毫的欺诈或弄虚作假。无论成功还是失败，都有一个共同点：城市的建设者和支持者立足于可能发展为城市的城镇来扩展这个国家，每开辟一个新的地方，就让人们在那里安家落户。

原工业化/殖民时期（1600～1780）的城市

欧洲的探险家到达美洲时，他们发现了城市聚居点和前工业化城市的残余部分。这些聚居点属于土著民族，他们最大的不幸就是无法阻碍蜂拥而来的欧洲移民。欧洲移民侵略他们，在他们的土地上安家落户，俨然那里是欧洲人的土地。土著民族建立的城市，比如，伊利诺伊州卡霍基亚（Cahokia）的印第安人的土墩，它就在圣路易斯城外，只是被视为遗迹，在美国城市化的故事里并没有显著的地位。他们的命运也预示了 18 世纪、19 世纪欧洲人出现在亚非大陆上时非洲和亚洲当地的民族遭遇的劫难。

美洲的殖民活动开始于原工业化晚期。尽管欧洲雄厚的资本瓜分了整个北美和墨西哥，17 世纪、18 世纪美洲的城市聚居点同样经历了欧洲原工业化城市聚居点曾经遭遇的兴衰沉浮。在英国、法国和西班牙主要参与的殖民的棋盘上，城镇和城市可能都是关键的棋子。但这些棋子没有从棋盘上挪下来而是被转手买卖，这对于在这里最先安顿下来的居民来说，要想兴旺发达就有了难度。

西班牙殖民者毁灭了西部和西南部印第安人的帝国，而印第安人的帝国曾经建立了城市，而且城市里居住着成千上万的人。西班牙人在他们最早的城镇里实施城市规划，引入一些城市建设的理念，比如围绕一个中心广场规划长方形、网格状的街道布局。西班牙人建设的美国早期的城市集商业、宗教和军事功能为一体。法国的探险家沿着北美洲边缘地带的水路航道建立了商业中心。这些带有城市性质的前哨基地为后来美国中西部的城市建设奠定了基础。

英国的探险者在东部沿海地区建立城镇，目的在于打着商业本位的经济旗帜促进社会和宗教的和谐。英国鼓励殖民者去“管理城镇并在城镇周围开拓农业和冶金工业”（Glaab & Brown，1976：1）。这些殖民者理应获得了利润，本身的持续发展用不上的一切东西理应都运到了英国。这部分利润在英国又转化为产品，在国内销售或者再运给殖民者。在英国人直接殖民的或者从他人手中夺取而来的土地上（例如，从荷兰人手中夺走曾经的新阿姆斯特丹，后来很快重新命名为纽约），出现了一种所谓的“法人团体的地方自治（corporate communalism）”，用以描绘英国人推行的城镇建设的商业和管理模式。

英国人建立的港口城镇之间迅速发展为自成一体的贸易体系，而且与加勒比海地区也有了贸易往来，补充了英国政府鼓励的、与祖国本身建立的贸易体系。这促进了各港口城镇之间的竞争，这种竞争对它们后来的发展，以及对整个国家的发展都至关重要。美国早期的城镇和内地的乡村地区有紧密的联系，善于利用它们的自然资源和农业盈余。这些城镇没有发展到现代的墨西哥城和秘鲁的利马的规模。那时墨西哥城和利马的居民都超过 5 万人，基本上是政治和行政中心。

即将成为美国城市的英国人的城镇当然满足了殖民监督者的政治和行政的需要。但是，正如我们在本章开始时所说的，这些城镇，首先而且最重要的是具有企业精神的商业冒险，为了成就商业的成功，带来长期的投资，给那些投资人带来丰厚的回报。

北美的殖民地和当初欧洲的城市一样，早期的城镇领导人来自于工匠和商人这个商业阶层。这些领导人制订了与商人和政治家有关的公私合作的一揽子协议，为各项事业的发展提供资金，增强实力。这些事业包括城镇的基础设施建设以及提供的社会服务（比如，排污系统、桥梁和道路建设方案、建筑条例、防火防疫方案）等。所有这些活动的发起皆因为城镇增大，越来越具备城市的外貌，而且问题也随之出现。

商业领袖和政治领袖费尽九牛二虎之力，用财产税为社会服务和建筑方案筹备了公共资金，而这些服务和建筑项目又可以提供除许可证费用和罚金以外更多可预测的收益流（revenue streams）。城市的领袖想向市民和企业征税，并为这一权力提出申诉，但是他们总觉得各州的立法机构不同情他们的申辩。他们只好以政府担保的债券的形式向投资者借钱，这样他们才能继续建设这个城市。或者他们采取前面提到的公私合作的方式，允许开发商承担项目，从中赢利，同时服务于公共利益，帮助城市的发展。

早期的城市领袖为谋求聚居点的发展所采取的措施并非只有这些。他们为了维持秩序、促进贸易，还组建了法庭和警察队伍。当事情的发展不能使殖民督察们如愿，或者后来当他们发现新移民不讨他们喜欢的时候，这些“拥有财产和地位的绅士们”也可能走在当地聚集的民众的前列，和美国革命时期的所作所为一样（Richards，1970）。

早期城镇的领袖们将政治自由和经济自由直接联系起来，为了能够实现自己的理想，他们愿意斗争，这一切都不是巧合。他们无法追求物质的利益和自己城镇的发展，所以被迫推行和加勒比海地区的非法贸易活动，同时向西拓展贸易，有时甚至牵涉到他们的法国敌人。这些非法的交易为后来美国的商业帝国奠定了基础。

殖民时期的美国领袖可能不喜欢所有那些试图在他们的城市落户的人们，但是他们很快知道，限制移民是不可行的，况且也不利于发展。因此，在城镇长期生活的居民，他们一方面竭力控制、“引导”新来的人，使他们不那么讨厌，另一方面刻意向更多的人敞开自己的城镇，接纳不同成分的人口。这些人持不同的宗教信仰，来自早期殖民者不喜欢的国度，他们的职业类似于目前城市居民已从事的职业，他们的社会背景甚至有些可疑，然而，他们最终都在城里住了下来。殖民时期美国城镇的领袖们也和欧洲城镇的领袖们一样，渐渐地向更多新来的人敞开大门，给予他们完全的市民身份。

在殖民时期的城镇里，可能不存在拥有土地的贵族来指引道路，但是当地的商业领袖毫不畏缩地站出来充当这个角色。他们开拓了一套复杂的、等级森严的社会阶层体系，让每个人明白自己在这个城市的权势等级中处于哪个具体的位置。这个时期，人们在阶层内部和阶层之间也有浮动，但是财富的差距总在增大。有些城市空间专门用来从事某些活动，专门向某些人而不是向另一些人开放，这样，比较富有的人和比较贫穷的人在生活机会上产生的差异就显而易见了。

这种经济和社会阶层化的体系非常严格，它鼓励人们前进，去偏远的西部开拓更新的城镇。妇女、儿童、奴隶，他们或者处于社会边缘地带，或者贫穷，抑或属于社群中最不流动的人群，他们没有选择。他们的社会地位和经济状况再过一个世纪也不会提高，即使在今天依然落后于他们周围其他许多的人。与此同时，城市的领导人努力让那些声誉不高、成就不大的居民挖掘潜力，超越自我。

市民们形成了一套风俗习惯和组织机构，比乡村的聚居点更加丰富多彩。许多风俗习惯强化了阶层和成就的差异。但也有一些时候，社会不同阶层的人们能聚在一起，平等相待。男人和女人活动在界限相当分明的各种社会圈子里，而城里的女人确实比乡村聚居点的女人获得了更多的财产权利，拥有更多政治、经济上的选择。酒馆不仅是受人欢迎的消遣和社交的场所，而且有些酒馆邀请各社会阶层的人来分享他们的设施，显然是“民主的”。奴隶们，尤其是北方城镇里的奴隶们，他们与再小一些的镇子上的奴隶相比，需要遵守的规矩和风俗更少，更灵活。

尽管这里的社会和文化生活相当有活力，而且取得了早期商业上的成功，有些聚居点成功，另外一些却没有。纽约和波士顿发展起来，甚为富有，人们能够将相当可观的资金投入到中西部和南部的商业活动里。像康涅狄格州的纽黑文和马里兰州的伦敦镇这样的城市聚居点最终发展得不太好。成功与失败，在很大程度上取决于某一个具体城镇的商人是否很好地被国际商贸网络吸引并参与其中。这些国际商贸网络很多都是非法的，遵循英国在美国革命以前制定的商业本位的规则。

美国早期城市的领导人从商业中获取利益。其中有一部分利益也用于修建见证商人成功的、有历史意义的建筑物，同时还资助本城及附近城市早期制造业的设施。进入 19 世纪时，可自由支配的投资很大一部分也用于基础设施的改善、建设以及房地产工程。这些活动和他们的商业利益更加一致。

在美国革命以前，城市化的地区差异已经显现。例如，在农业化程度较重的南方，城市聚居点数量少，规模小。他们依靠北方的资金来经营自己的农场和种植园，使用的许多成品都依靠北方的制造商。地区之间尽管有差异，城市地区和乡村地区之间的关系在该时期结束以前已良好就绪。较大的和较小的城市聚居点构成的体系已经形成，它们在地区性的贸易往来和互相的竞争中联系在一起。

原工业化晚期和工业化早期（1780～1870）的城市

在原工业化晚期，许多城市聚居点最终都经历了大幅度的增长。但是，这些聚居点在原工业化早期要保持现时的人口都很难，更谈不上发展。这是因为许多居民安定下来的时间并不长。人们途经这些业已形成的聚居点，然后到更新、更有吸引力的地方去。但是，到了 19 世纪早期，美国城市人口的增长率超过了美国人口的总体增长率。

大西洋沿岸地区城市之间的竞争导致了新城镇的激增，它们后来成为美国内陆的城市。像圣路易斯、路易斯维尔、辛辛那提和匹兹堡这些聚居点在 18 世纪末都已经稳定。由于汽轮以及后来的铁路等长途交通工具的发展，其他的城市也受到激励，开始崛起。然而，在短途交通获得同等程度的发展之前，城市周围的偏僻地区即使说不上是未开发的，至少一直比较落后。城镇和城市建设形成了蛙跳的模式，较大的城市聚居点之间留有很大的、无人居住的空间。在 19 世纪前 30 年，城市聚居点的这种格局为成熟的城市和即将诞生的城镇构成的全国性的网络打下了基础。

英国、沿海城镇和加勒比海地区构成的三角贸易模式在美国殖民时期早已形成。而在此时，贸易关系也复制了这种三角模式：美国内陆河岸城市、密西西比河河口和接近墨西哥湾的新奥尔良、诸如波士顿和纽约这样的东海岸城市。内陆城市继续吸纳移民，以军事基地、投资资本和来自东海岸的商品成品等形式接受公共投资。南方的城市小而且少，而内陆很快就朝着遥远的西部拓展了属于自己的贸易领土，而且一个适中的制造业基地已经形成。

向西部拓展对东海岸的城市至关重要，但是东海岸的城市所做的贸易主要是在相互之间完成的。南方的城市之间的贸易来往相对较少，因为它们种植同样的作物。它们与中西部的城市做贸易，从北部城市获得产品和资金，从而获得大部分的生活必需品或奢侈品。这使得南部的城市网络比较落后。其他像圣路易斯、辛辛那提、路易斯维尔等依赖河流运输或运河贸易的城市，没有成为铁路运输的中心，它们的发展最终黯然失色。

除了奴隶以外，内陆城市的社会和阶层体系相对来说比东部城市开放和灵活。许多人没有到纽约、波士顿和费城这样的城市去拼搏，而是到西部发展，西部城市的开放和灵活也是部分原因。在内陆的城镇和城市里，商人和财富较少但受过“专业”训练的人们位居城市社会阶梯的最高层。在他们之下的就是做各种工作挣工资的人们，这些人构成城镇居民人口的大多数，他们的经济状况也在某种程度上因是否具有熟练的技能而有所差异。

移民使中西部城市里技术半熟练、不熟练的劳动者队伍得以壮大。很多移民和在那里生活了很久的人们一起加入当地的组织和教会，参与城市的社会生活。西部有些移民，和东部地区的移民一样，还不能很好地融入城市井然有序的生活，偶尔需要当地慈善团体的帮助。奴隶和船夫、车夫这样的临时工都处于社会阶梯的最底层。人们也认为正是他们引起了这个时期城市里大部分的犯罪和暴力事件。

尽管不同的阶层之间有隔阂，内陆的城市生活也有一些领域能把不同类型的人凝聚在一起。理查德·韦德（Richard Wade，1976：129）这样写道："在教会、学校和为数众多的市民组织里，各个阶层都混在一起。另外，男人们至少分享着同样的娱乐方式——赛马、台球、饮酒，甚至是看戏，在这些活动中人人平等。"不同社会阶层的人"混合"在一起，在这一现象中起作用的还有学校和图书馆。

在美国内战前的东部城市里，在城市经济金字塔塔顶上的人们显然忙于巩固自己的社会地位和财富。他们为了达到这个目的，只参与某几种组织，购买更大的住宅，与社会地位逊于他们的人相比，他们使用的个人物品明显更昂贵。同时，他们还从事一些其他重大的、与众不同的事情。我们已经注意到，他们为了使自己的财富和财产多元化而参与制造业和道路的建设，同意负担耗资巨大的房地产和建筑项目的经费。这些项目就在他们生活的地区或者在国内的其他地区进行。

中产阶层或再低一点的阶层可能会获得财产，得到更好的工作，但是很难维持自己的地位，而且他们可能很容易失去自己的财产。由于耐用物品和不耐用物品的价格都在上涨，工人阶层的家庭如果只有一份工资是过不下去的。这些家庭的女人和孩子感到他们必须在离家较远的地方做工才能使家庭维持下去。比较而言，富裕家庭的妇女就受人尊重。这个社会阶层与工人和更低的阶层相比，男人和女人有更明显的、分开的社会圈子。不甚富有的人们无法奢侈地享受很多城市空间，因此也就不能拥有做事、储物的私人生活。

在奴隶和自由的黑人之间维持着更加严格的社会和法律的分界线。

北方的黑人有良好的能力结成与白人的机构相媲美的组织，能够实现些许经济上的稳定。在这一点上，他们表现得和美国以及发展中国家今天进入城市里的移民非常相像。

城市人口的增长和多样化对政府官员和民间领袖来说，是负担，也是挑战。犯罪、帮派、暴民的暴力行为，都有所增长，远远超过了殖民时期的同类案件。解决这些社会冲突，缓解城市里贫穷区域中出现的物质匮乏现象，这成了19世纪剩余的几十年里迫在眉睫的大事。诚然，在19世纪前三分之一的时间里，富人已经开始发起一系列道德和社会的改革运动，即使没有降低城市不同社会阶层之间物质不平等的程度，其宗旨也是要解决这些问题。

他们的改革项目涉及的地域面积和受影响的人数在整个19世纪一直到进入20世纪都有大幅度的增长。事实上，改革运动的资金来源不得不从民间转移到政府，因为富人没有足够的钱满足所有对资金援助的需求。为改革而付出努力的组织也增多了，项目管理者的专业素质也有所提升。我们应当注意，在这个时期，市政的警察部门和公立学校的体系已经稳固而且比以往强大。我们还会在本书的后面看到，对城市聚居点的修缮和对市民的管教已经成为需要各种组织同心协力的事业，这些组织的庞大和复杂程度不亚于生产市民所需的所有商品涉及的各种组织。

在这个时期，人们也发起了一种“积极的环境保护”运动。运动的支持者们关注的对象是如何对建筑环境做出改变（比如，改善道路、公园、住房；改善城市基础设施），从而改善城市居民的道德和社会生活。对城市基础设施最早的创新和添置可能首先是针对商业区和容纳更多富人的邻里社区。但是，很多基础设施的改进最终都普及到城市里穷人居住的区域。值得注意的是，与欧洲的城市相比，美国城市里不太富有的居民更早而且在更大程度上享受到了改善过的城市基础设施（Teaford，1984）。与此同时，城市基础设施的改善大大提高了城市公共债务的水平以及城市里政治腐败的程度。

工业化中期至晚期（1870～20世纪20年代）的城市化

工业化时期是美国历史上城市聚居点最大最持久的发展时期。1860至1910年间，城市居民人口每10年至少增长36%，曾经有两个10年涨幅超过50%。中小型城市的数量也有大幅度上升。

全国性的铁路系统以及最终形成的全国性的公路和航空系统将所有这些聚居点联系起来。像奥马哈、西雅图和旧金山这类城市已经成为交通枢纽。它们因为铁路的发展而获得非常突出的重要地位。其他的城市也因为铁路的发展和制造业的出现而更加富有，人口也迅速增多，比如波特兰、盐湖城和比尤特。

然而，正是最大的城市即那些已成为显赫的商业中心的城市把重工业置于它们的经济基地，而且一直是美国交通、资讯最发达的城市聚居点。南方的城市也有所发展，但是其整体的城市化速度仍然落后于美国其他地区。我们已经知道，1920年美国正式成为以城市为主的国家，然而到这个时候，南方的城市发展速度依然没有超过国内其他地区。

美国的城市所经历的人口增长大多来源于移民，他们来自美国的乡村地区，来自海外。这些来自乡村的移民有四分之一到三分之一来自美国本土。南北战争以后，农场和农业工人的数量有明显的下降。城市里大部分移民来自外国，他们也许和美国本土乡村居民迁往城市一样，有一些相同的原因。在两次世界大战之间的年月里，来自南方的黑人构成从乡村移民到城市的一股最大的力量。然而，他们和白人不同，在到达最终的目的地之前，他们没有在中小型城市里停顿下来。外国的移民也如此，他们更可能停留在已经很大的城市里，在工业领域里有更多的就业机会。

移民的到来使这些工业城市发生许多难以预料的变化。许多城市，尤其是东北部地区以外的城市，其网格状格局需要改善。城市不再用不同的土地使用方式将市民分散安置。不同阶层、不同群体的人们在以往因住房密集而缺乏个人空间的现象已不常见。

然而，最大的城市里的中心区域或者市中心发生的变化最为可观。戈德菲尔德和布劳内尔（Goldfield & Brownell，1990：268）曾经说过："新的市中心向外围、向空中扩展，将依依不舍的居住区推向中心以外，同时创造商业和金融标志性建筑鳞次栉比的空中轮廓线。市中心包括不同的区域——零售、公司和娱乐——每一个区域都吸引城市人口的不同群体。"这些就是我们所熟知的中央商务区以及在20世纪剩余的几十年里继续向外围（而且向空中）发展的中心区域。

建筑和基础设施（比如，钢梁，更好的桥梁、电梯、中心供暖系统，平板玻璃窗，电话，照明，路面材料，自来水净化和排污系统），还有短距离交通（比如，渡轮、无轨电车、地铁和有轨电车），在科技方面都取得了进步，这使得城市不仅向高空、向外围发展，甚至还向地面以下发展。然而，工作场所都挤在市中心附近，工人阶层和移民都挤在市中心附近的区域里，这提醒城市的领导人，有必要为人们创造更多日常休闲和娱乐的场所，以免他们行为不当。

在19世纪晚期，工业化程度最重的城市里人口密度可能达到了最高峰。虽然城市郊区化的普及尚需几十年的时间，有些中产阶层的工人已经开始往返于市区和离市区最近的位于郊区的住处。工人阶层，甚至是一些穷人，都能够住在远离市中心和工业区的地方。这些迁移激励了市区以外的二级商业区的开发，有利于分散人口。

当然，城市里不同群体的人仍然有许多来往和交流。但是，以族群性、阶层和肤色为基础的聚居地也成为美国城市居民生活的一个更重要的事实。大量外国移民到来，人们生活和工作地点之间的距离不断增大，由此产生了不同人群之间史无前例的空间距离。

这种筛选和分隔的最终结果是，城市在社会以及空间上成为碎片，这是19世纪的改革家所担忧但是显然不能或不愿意去遏制的。对于这些城市来说，无论人们还要再说什么，这一点已然显而易见。城市里的社会分化和社会隔离在工业化晚期时已达到日常生活和法律的极限。

黑人比其他新到达城市的移民所承受的压力更大，他们也许被迫住进被隔离的区域，但是他们最终会在城市里找到其他区域居住下来。与此同时，白人们，哪怕是自己的财富稍微优于同族群的其他一些人，都开始迁移到城市的外缘，有些人还会迁至市郊的内环。这样，如此多的人在市郊重新安家或者逃往市郊，使得市郊不同族群在日常生活和法律上隔离的极限在后工业化时期受到严峻的考验。

说到城市里移民的社会参与问题，移民的人口和移民的聚居地使本土机构也增强了容纳他们的能力。移民在参与许多本地的组织时，尤其在参与富人的组织时受到阻碍，他们就成立自己相应的组织，以增强适应能力。在各族群的大混合中，移民有了适合自己独特品味和需要的报纸、民族组织、教堂、旅社、俱乐部、银行、慈善协会、商店和其他的业务。

很多家庭都接纳没有亲属关系的同胞来家里寄宿，这有助于缓解压力，使移民更好地融入美国社会。移民也努力去获得来自学校（通常是夜校）的正规培训。

在工业化时期，政府部门的管理工作成为全职工作。市政府逐渐由具有敬业精神的专业人士而不是由兼职的志愿者来管理。城市的正常运作需要一些专门的管理活动，最终，有些人就得到培训，获得资格，成为某一管理领域的专家。

尽管城市的体系一直在升级，工作人员越来越专业，要管理迅速发展的城市，市政府依然力不从心。市政府还没有正式的权力去征税，就无法用税收更有效地应对城市的发展。为了解决政府对城市的管理问题，规模或大或小、持续时间或长或短的政治机器竭力在日益庞大的人口所产生的需求和所在州的立法机关的限制之间保持平衡。州立法机关千方百计地限制“领袖们”能够获得或偷走的公共资金的数量。政治领袖们的委托人和他们的密友并不都是穷人，他们也不全是那些为争取更多更好的服务大声疾呼的移民。他们也是商人，想从公共建筑和当地政府提供的服务中赚得一笔。

后来由所谓的“改革家”或“进步人士”发起的反制运动试图抑制这些政治机器的权力。他们将地方政府的控制权集中于最高行政长官和各政府部门领导人手里，削减较低的社会阶层和移民用政治支持换来的资助，使合约的签署更有效，更诚信。这还不是改革家们想要实现的唯一目的。他们还致力于更好地组织慈善活动和城市规划事业。改革家们提倡“科学管理”的原则和信息，坚持通过利用其他手段（比如公共事业的公有制）来提供现代服务。他们还努力地引进改革的新科技、新方法，尤其是针对公共健康、教育和住房这些领域。所推广的这一整套综合性改革措施旨在改善城市的面貌，通过缓解贫穷的影响来降低社会动乱的可能性。

但是，进步时期的改革最直接的受益者可能是城市里第一批“技术官僚”。他们实际上掌握着这个时期诞生的所有公共机构。相对来说，他们的专长和官僚基础使他们不受党派的攻击，但是这不能防止他们学习政治游戏，变成政治游戏的厉害玩家。

南方的地方政治和政府运作方式不同，因为南方的城市“没有真正经历过为政治机器负担经济责任的三大因素——移民、工业化和普遍的特许经营权”（Monkkonen，1990：120）。边境城市孟菲斯可能是一个例外，因为它有自己的领袖克伦普（Boss Crump）。但是，总的来说，南方城市的政治领袖一直是商人和土地拥有者，这种情况持续到 20 世纪中叶。

小城市和成长中的郊区城镇的政治历史不同于大中型城市。它拒绝接受那种商业精英让权于专业政治家的发展趋势。南方这些小一些的城市聚居点没有足够的移民和公共资金的注入，无法支撑政治机器。况且，这些社区的领袖们保持着对早些年代怀旧的思想。在过去，“商业和城市利益的一致性”更清楚，而且更经常地得到明确的表达（Monkkonen，1990：125）。

较大的城市，因为服务于周遭地区的其他城市而使自身庞大起来，它们的商业领袖把自己的视野扩大到其他地区甚至是外国。重要的商业不再像以往那样与本城市的经济命脉休戚相关。因此，他们更乐意让别人引领城市的政治命运。我们在第一章里知道，工业化时期就播下了种子，孕育着今天的“全球城市”。

在这个时期，联邦政府在城市建设中的作用发生了变化。联邦政府曾在许多城市的建立中发挥作用，它协助港湾和河流的疏浚，提供军事基地，资助铁路的扩建。在经济危机时期，联邦政府会对地方政府的活动有更大、更直接的干预。从那时开始，联邦政府基于各种理由为地方政府提供的项目和资金已变成城市预算的一个固定成分。我们现在提到这一点是为了强调，倘若没有持续的发展以及发展带来的持续、额外的税收，地方政府能够依赖的外来帮助多么微乎其微。

从17世纪到19世纪，地方市政的开支集中在对基础设施（例如，市场、码头和街道）的资本投资和对穷人的帮助。到了19世纪，当地方政府的角色从监管者转换为服务的提供者时，预算就越来越大，支出也更多样化（例如，防火、警力、学校、公共健康、公共事业、政府大楼和社会福利）。如果当地政府在设立新的税收项目上能力受到严格的限制，他们就借很多钱来为项目提供资金。在这一点上，他们的行为仿佛公司一样，在一个州获得特许证，在别的州借贷。对市政债务的限制到19世纪末才出台，因此，在工业化时期，市政债务迅猛增长。

市政府的效率从来不会特别高，而且太容易腐败。但是，随着时间的流逝，市政委员会的委员们对预算的事宜有了发言权，削弱了市政的政策。这些委员基本上都是小商人，都是兼职的，他们服务于市政的时间不长，无法在全市范围内产生很大的影响，常常在自己的圈子里奋斗。另外，居民还会为了利益、为了实现自己的愿望而投靠政府中的一些人。

制定并落实全市的政策，这责任逐渐交给了行政领导（即市长、审计官以及市长控制下的部门领导）和任命的委员会、董事会，他们监督各种重要的、准公共性①的活动。大型商业组织的领导人和富人有时候被本州任命来管理这些机构的工作。但是，即使他们是被地方

① 准公共性（quasi-public）：指属于公共性质但是归私人所有。——译者注

官员任命的，当他们监管公园、图书馆、学校、警察以及市政基金的投资时，他们往往还是独立地秉公办事，这使得地方的政治家们有些懊恼。

一个州的代表和参议员不一定来自城市，他们会进一步削弱地方政府对市政事务的控制。可以肯定，在许多影响城市的特殊的法律法规诸事宜上，这些人会受到劝诱、怂恿、贿赂，从而听从市一级的代表们。但是，城市的代表们不是由酒馆的老板或最大的商人构成的，而是来源于这两个阶层之间，不是特别地有才华，有能力。受州政府强制实施的地方自治请愿活动和行政监管董事会进一步削弱了城市立法者在州立法机关中使法案获得通过的能力。

所有这一切发展到了这样的地步：随着科学技术越来越复杂，受过良好训练的专家实际上有能力管理项目、决定政策的内容，这是不可避免的。他们获得独立做决定的权威，管理越来越复杂的公共机构。其他非政府部门的专家（例如，医生、雕塑家、火灾保险商、建筑商、建筑设计师、房地产开发商等）以及有稳定的组织但显然不具备优势地位的市民团体（例如，工会、有轨电车和公共事业公司等）也竭力通过自己专业化的组织来影响政策。

美国的城市局面混乱，资金持续短缺，腐败，但它们比同时期欧洲的城市拥有更多、更现代的服务。我们在前面知道，高消费阶层所在的区域可能首先得到这些服务。不过，不太富有的邻里社区最终也得到了。进入19世纪时，许多郊区乐意融入城市，这也是部分原因，因为他们能享受更好的服务（Teaford，1984：217～281）。

工业化晚期和后工业化时期（20世纪20年代～2010）的城市化

20世纪，大都市区域迅猛增长，跨越几百平方英里，覆盖很多个县。对城市的总体影响是：公路主干道和火车轨道之间许多的空旷地带，以往只是把城市居民引向相对遥远的郊区，而今这些地带都住满了人。短途交通取得进展，制造业、批发和零售业的工作机会流入郊区，购房者可得到更多信贷和比较长期的低息抵押贷款，这一切在城市居民迁入郊区的过程中肯定起了很重要的作用。但是，中心城市的通信、金融、管理、文书工作以及专业的服务工作激增，这迫使城市将市中心一些最有价值的房地产腾空，重新装修。

在20世纪以前，美国的城市郊区化一直是城市生活的一个特色，城市和市郊人口增长的平衡到第二次世界大战以后才发生惊人的变化。这一变化的发生如此迅速。1950年，在全国20个最大的、拥有地铁的区域中，城市的人口比例在10年内从58%下降到49%。在同一个时期，汽车的登记增长了180%（Teaford，1993：98～99）。城市和郊区财富上的变化使美国城市化较轻的地区（尤其是南方）在竞争中迎头赶上，与本地区以及美国其他地区的城市保持更好的联系。

中心城市利用这个机会，用不同的方式重建并重新定义自己。东北部和中西部的城市和郊区选择走一条道路，南方和西部的城市区域选择了另外一条道路。大都市区域的时代成为城市和市郊之间关系的一个决定性因素。东北部和中西部历史比较悠久的城市不能再纳入额外的土地，它们的郊区已经勾勒了明显的种族、经济和族群的分界线。在南方和西部比较新兴的城市里，即使居民和工作机会都远远地离开市中心，这些城市还是在继续纳入周围的土地。

这个时期，联邦政府在市政和都市事务中发挥了越来越大的作用，这是显而易见的。“联邦政府对战时经济的干预激励地方的居民朝着郊区迁移，全国的居民朝着阳光地带①迁移。”在第二次世界大战期间及其以后，联邦政府的建设使美国经济“地区化”。其实现的方式是，军

① 阳光地带（the Sunbelt）：是美国南部和西南部诸州的俗称，通常指从弗吉尼亚州到加利福尼亚州这一地带。阳光地带气候温暖，有新的工作机会，越来越多的人纷纷从多雪地带（the Snowbelt）和铁锈地带（the Rustbelt）迁移至此，于是自20世纪60年代以来，这一地区的经济、政治力量不断增强。——译者注

事设施和航空工业在地点的选择上使南方和西部的城市受惠。同时，当所谓的“阳光地带”的城市正在享受联邦政府史无前例的资金涌入时，“北方城市几十年前因资本投资而欠下的”债务还在清偿之中（Chudacoff & Smith，1988：262～263）。

公共工程署（Public Works Administration）在经济危机期间另外又花费了大约25亿美元的联邦资金，这些资金用于建设桥梁、机场、公共建筑物、自来水和排污设施。第二次世界大战后，联邦政府投资建设公路，为抵押贷款提供保险，其在资助城市郊区化方面所起的作用是确凿无疑的。这种作用对于南方和西部的城市来说尤其真实，因为这些城市在汽车成为大都市区域有效的短途交通工具以后方才得以飞速地发展。

这些经费和迁移到郊区的激励措施，明显地导致中心城市失去许多白人居民。少数民族最终也跟随白人迁入郊区，使得今天的郊区各个种族更和谐地相处；少数民族还成为许多城市的主要人口。外国移民于20世纪晚期、21世纪的前10年涌入美国，这至少有助于推动一些城市成为少数民族占据主要人口的城市。

即使少数民族成为许多城市居民人口的越来越庞大的一部分，中央商务区和附近的邻里社区也正在重新开发和升级，旨在吸引现代化的公司，引诱中产阶层的白人回来。政治家、建筑商、工会和主要的“商业利益集团”都支持市中心区域的“重建”和扩建。这一理念旨在使历史比较悠久的中心城市的商业中心恢复元气，吸引不同阶层的人成为这里全天候的城市居民。

有些邻里社区清除了许多比较旧的楼房和居民，通常是少数民族和穷人。这些大块的土地常常空置很多年，等待私人开发商来开发。与此同时，那些离开原住所的居民和搬离原址的生意必须寻找合适的场所，重新安居，但几乎得不到帮助。比较贫穷的少数民族居民常常迁移到市中心周围高楼林立的公共房屋里。早期这些重建城市的措施对许多邻里社区产生了毁灭性的后果，其实这些社区独立发展的能力往往比全力清理他们的那些官僚和政治家所想象的要强得多。

最终，市中心的区域确实成为更多的公司、高档宾馆、大型购物中心、体育场和会议中心的所在地。支持重新开发的人们想把那些中产阶层和中上层居民吸引到市中心，这些阶层的许多人的确都回来了。后来对许多内城的一些区域的改善和重建主要集中于修复而不是拆毁建筑物，至少留住了一些长期居住的市民。

有些学者将1992至2007年间视为“新的城市重建”时期。该时期，高楼林立的公共房屋被拆除，低收入的少数民族要从可重新开发的成熟社区迁移出来，再次失去家园（Hyra，2012）。诸如黑人聚居区那样的邻里社区实际上已有很长的历史，如今在“重建”观念的驱使下要重新开发。它们得到了“绅士化的改造”，因为这里有许多富有的黑人以及黑人文化的庆典活动中心和旅游中心。

考虑到美国大都市区域在过去半个世纪经历的所有变化，我们最好还要思考与城市和大都市区的未来息息相关的几个问题。

城市正在回归吗？

对于与美国城市化相关的许多问题，简短的答案都是：“视情况而定。”同理，“城市正在回归吗？”要回答这个问题，要看你说的是哪个地区，还要看对美国不同地区的城市来说，你对“回归”的定义是什么。

一开始我们需要注意，美国开始拥有“特大都市（megapolitan）”区，这和拉丁美洲、亚洲出现的特大都市区如出一辙。美国最显著的一个特大都市区从靠近海岸的缅因州一直延伸到弗吉尼亚州的南端，包括新英格兰和美国东岸中部各州的所有主要城市。其他的特大都市区将覆盖南北卡罗来纳州、佐治亚州、佛罗里达州和中西部的北面。单单德克萨斯州就有三个特大都市区，加利福尼亚州有两个更大的，沿着俄勒冈和华盛顿这条海岸还有一个。科罗拉多州、内华达州和亚利桑那州各有一个。中西部、南部和西南部拥有重要城市的一些州不会成为“城市走廊”的一部分（Nelson & Lang，2011）。我们从中得到的启示是，美国将比世界发展中的地区拥有更多的“特大都市”区，它们比拉丁美洲和亚洲的特大都市区和第二位的城市中心联系更紧密。

有些城市比它们的郊区发展快一些（即在 2010 年至 2011 年之间从 0.1%到 3%不等）。其他的城市则比周围的郊区发展慢一点（即从 0.1%到 0.9%不等）。① 我们从下面描述的原因可见，城市和郊区的增长整体上已经缓慢。

总体上来说，西部和南部（尤其是德克萨斯州）的大都市区比中西部和东北部的大都市区发展得更快。西部和南部大型（即人口超过 20 万）、中型（即人口在 10 万至 20 万之间）的中心城市正快速地发展（即正增长 10%）。西部城市的发展则是最快的。

毫无疑问，纳入新土地和人口是南部和西部城市发展的助推因素。尤其是西部中心城市的人口，其增长速度超过了整个大都市区人口的增速。在中西部，大都市的增长相对慢一些（即低于 10%），而这里城市的增长也不太大，可能在 3%至 5%之间或者更低。东北部的大中型城市都在失去人口。总的来说，以制造业为主的地方增长比较慢，而那些拥有更多有文化的劳动力和大量移民的地方发展得更好。

历史悠久的工业城市基本上都位于东北部和中西部，它们在 20 世纪 90 年代时的确有所好转。或者说，它们人口流失的速度有所下降。例如，像圣路易斯这类城市，它们千方百计让人口流失更缓慢，人口流失变为一条细流，因此这类城市仍能在市中心区域保留全天候的居民。

南部和西部大中型城市的人口总体上仍在增长。即使如此，繁荣与衰退的情景也是复杂的。南部和西部大城市的中心区域人口流失，西部中型城市的中心区也一样。比较而言，即使当中西部大中型中心城市的中心区域人口在缩减时，东北部大中型中心城市中心区域的人口实际上仍有所增长。总体而言，在中心城市里，过去10年增速最快

① http：//www.theatlanticcities.com/neighborhoods/2012/06/urban-or-suburban-growth-us-metros/2419/

的区域就是那些围绕中心城市中心区域的邻里社区。

在1990年至2010年间，大型都市区和其中的城市的人口都从白人居多转为“少数民族居大多数”。在人口增长较快的地区，黑人人口剧增，南方尤其明显。在西部，亚裔和西班牙裔人口增长较快。在人口增长较慢的地区，白人人口减少，有时候黑人人口也减少。在那些发展缓慢或者没有发展、可能被称为“正在衰退”的地区，少数民族的人口增长比较大，这是意料之中的事。

总体上看，在最近几十年，美国城市区域种族隔离的程度一直在降低。曼哈顿研究所（the Manhattan Institute）的爱德华·格拉泽（Edward Glaser）和雅各布·维戈多（Jacob Vigdor）最近发表了一份基于人口调查数据的报告，可以证明这一说法。① 他们发现，如果用居民隔离最规范的评判标准去判断，今天的美国城市即使说不上是种族完全的大融合和社会的和谐统一，种族之间比一个世纪以前也更加融合，平等（Pfeiffer，2012）。在近几十年，只有白人居住的城市或郊区的社区数量急剧下降。同时，只有黑人居住的城市社区的数量也在继续下降。

格拉泽和维戈多赶紧补充说明：种族隔离终结了，经济不平等并没有终结。事实上，美国的所有城市都有这样的人口普查区（census tract），它们依然有很高的人口流失率和贫苦的集中化。许多这些区域的居民主要是黑人。同时，大批西班牙裔移民流入许多城市，在他们占据多数人口的人口普查区里，贫穷的程度也有所加剧。无论美国的城市在经济拓展和重新开发方面取得多大进步，它终归要触及到这些区域。有许多的郊区地带已经有不同程度的贫穷集中化，而这种集中化在过去只会出现在市中心的贫民窟里。将穷人迁移到有望在经济上

① http：//www.theatlanticcities.com/neighborhoods/2012/06/watch-these-us-cities-segregate-even-they-diversify/2346/； http：//www.theatlanticcities.com/housing/2012/07/how-suburbs-gave-birth-americas-most-diverse-neighborhoods/2647/#

得以改善的区域，这并没有改革家们想象得那么有效（Sampson，2012）。

在南方和西部，夫妻带着孩子的家庭数量增多，而在中西部和东北部则呈下降趋势。但是现在情况变了，郊区里没有婚姻或子女的家庭数量超过了夫妻和孩子共同生活的家庭数量。有很多移民的大都市区的城市也逐渐形成同样的“郊区家庭”模式，而在发展速度较慢的地区，城郊的家庭模式变得更“城市化”。

居住在城市中心区的主要是单身人士、无亲属关系而同居的个体以及没有孩子的家庭。城市中心区的青年人和大学毕业生的数量也增多了。在所有的城市中心区，拥有住房的居民多了，种族和民族也更加多样化。城市中心区里比较富裕的家庭和比较贫穷的家庭在数量上都有所增长。

毋庸置疑，美国经济衰退的持续影响也使得居民的迁移总体上下降到了 3.5%左右（Frey，2011）。“在 1995 到 2000 年之间，有 46%的美国居民换过地址”（Berube，Katz，& Lang，2005：5～6），这个数字可用于比较。新来的外国居民的数量也下降了。但是，那些进入美国的人们往往朝着沿海岸的、更大的都市区迁移。国内的移民更可能迁至属于阳光地带的聚居点。在那些对国内和外国移民都具有吸引力的地区，外国移民走入城市的中心而国内移民总体上在更加开阔的郊区安家落户。最近，外国移民走向南方更新的“门户”城市，或者奔向那些到目前为止移民数量相对较少的大都市区，甚至也去一些郊区的聚居点。国内的黑人移民也一直向南方的城市迁移。

所有的市郊都在发展吗？

从总体上看，是的。美国的郊区正在发展，但是这种发展不均衡，实际上有些郊区人口正在减少。在南方，郊区的发展速度是中心城市的三倍。西部的郊区和中心城市并驾齐驱。人口下降的城市的市郊在发展速度上只有迅猛发展的城市的市郊的三分之一。这意味着东北部和中西部的郊区不如南部和西部的郊区发展得快。

在1990年至2000年间，在全国35个最大的都市区里，只有大约三分之二的市郊社区有所发展。在未经特许成为城市的地区以及新的郊区，人口的增长最快。人口减少的郊区往往位于东北部和中西部的大都市区，距离中心城市更近。南方和西部人口减少的情况不多，零星分散于大都市区。

1990年以来，描述郊区发展的最显著的术语是“边缘城（edge cities）”（Garreau，1991）和“繁荣郊区城（Boomburbs）”（Lang & Simmons，2001）。这两者之间究竟有多少重叠，着实难以判断。但是，这两个术语都指代人口足够多（即常常在10万或10万以上）的郊区聚居点，本身有资格称得上是一座中心城市。这些聚居点距离所在的大都市区的主要中心城市有一段距离，其存在归功于汽车。它们没有人口稠密的市中心，是围绕着公路的交叉口、大型购物中心和办公楼群而建成的。

在53个国家认可的“繁荣郊区城”里，只有一个不在南部或西部。在过去几十年里，它们的发展速度几乎都是两位数。大多数仍在以那样的速度发展，有个别开始下滑。那些在发展上呈下滑趋势的“繁荣郊区城”都在内陆，不能继续扩展，或者没有变成移民聚居点的中心。那些仍然蒸蒸日上的“繁荣郊区城”更像有规划的社区，它们具有封闭式社区所拥有的一些社会、经济特征。这意味着它们是相当排外的居民聚居区，少数民族的居民不多；即使有穷人或收入不高的居民，数量也很少。

“边缘城”是没有规划的聚居点，美国许多地区都有。其最突出的特征可能是，它们是围绕着公路的交通枢纽而兴起的。虽然边缘城缺少与传统城市相媲美的中心商业区，它们也有许多办公和零售的空间，也吸引了大型购物中心，正如拖车式活动房屋停车场仿佛会吸引龙卷风一样①。

少数民族究竟有多少人在“繁荣郊区城”和“边缘城”安家落户，这很难说。但是，在过去几十年里，少数民族已经成为美国郊区居民人口一个越来越显著的特征。毫无疑问，这一转变使许多专家吃惊，也引起了媒体的广泛关注（Medina，2013）。

在 2000 年 102 个人口最稠密的大都市区里，少数族裔或少数民族的居民占郊区人口的 27%。这个数字在 1990 年是 19%。事实上，少数群体已构成郊区人口增长的主要力量。在这些少数群体中，亚裔美国人是最彻底郊区化的。目前，大约有一半的西班牙裔美国人和 40%的黑人已成为郊区居民。

少数群体郊区化，程度最高的出现在南方和西部的大都市区里，部分原因是它们已经展现了人口密度低、郊区风格的发展模式。在南方和西部大都市区的市郊区域，只有白人居民这样的人口普查区几乎不存在。20 世纪 90 年代，人口统计局密切关注的 291 个都市区中有 270 多个在种族隔离的程度方面下降了 5%以上。种族隔离的程度在中西部和东北部往往较高一些，但是随着时间推移已经有所降低。这种变化基本上是因为黑人迁入了以前全部是白人居住的区域。

西班牙裔和亚裔人口陡增的一些地区，种族隔离的程度相当高。在其中 10 个最大的都市区里，到 2000 年时“邻里社区有 42%的西班牙裔人口和 30%的亚裔人口，他们至少构成总人口的 50%（而且黑人只占 10%的人口）”（Fasenfest，Booza，& Metzger，2006：110）。虽然有更多的少数族群移民美国，全面降低了居民隔离的程度，但少数

① 在美国文化中，拖车式活动房屋停车场好像会“吸引”龙卷风，这是一个笑话。美国印第安纳州普渡大学（Purdue University）的科学家发现龙卷风更容易袭击拖车式活动房屋停车场，其原因是它们经常位于城市的郊区，在没有房屋的空旷地带，遭遇龙卷风的几率也比较大，而且这些可移动的房屋质量非常低劣，很容易遭到毁坏。http：//thevane. gawker. com/study-trailer-parks-really-are-tornado-magnets-1567702160——译者注

群体的隔离程度在郊区实际上有所升高。这意味着少数群体，尤其是黑人以外的少数群体，往往会迁入与自己背景相同的人居住的郊区。穷人生活的邻里社区所在的郊区数量也有相应的增长（布鲁金斯学会，2012 年 3 月 7 日；Johnston，Poulsen，& Forrest，2007）。

对黑人来说，生活场所和工作地点之间明显存在空间上的失配。1990 年至 2000 年间，黑人和白人在空间上失配的差异适度下降了 3.2%，但是两个黑人中仍有一个为了到就业地点获取平等的工作机会而不得不搬家。白人在空间上的失配是最低的，每四个或五个白人中只有一个为了平等地获得就业地点的工作机会需要搬家。西班牙裔和亚裔居民的状况处于白人和黑人之间。

东北部和中西部的黑人离工作地点更远。黑人在南方离工作地点最近。在黑人和白人种族隔离不严重的大都市区，黑人生活和工作地点的失配率就比较低。然而，如果说，对于受过良好教育或拥有良好工作的黑人来说失配率较低，那么境况不佳的黑人在空间上失配会更加严峻（Raphael & Stoll，2006：135）。

城市和郊区会愈来愈相像吗？

从全国范围看，城市和郊区之间收入的差距已经稳定下来，但是在中西部和东北部，城市和郊区之间收入的差距很大，而且越来越大。另一方面，在南部和西部的都市区，城市和郊区之间的收入差距则比较小，而且还在缩小。今天有很多人生活在中等收入的郊区地带，但是他们在人口中的比例在缩小，因为有更多的人生活在特别富有的或者特别贫穷的区域。越来越大的贫富差距“不是因为最贫穷的郊区人们的收入下滑，而是因为富有的郊区在收入上远远高于其他郊区”，还有，越来越多中等收入的人居住的郊区已经比以往更加富裕（Swanstrom，Dreier，Casey，& Flack，2006：155，157）。

城市的贫穷率依然是郊区的两倍，但是城市和郊区的穷人数量已经差不多对等。东北部和中西部的贫穷率上升了，而在南部和西部则下降。“在高度贫穷的邻里社区（贫穷率超过40%），穷人占总人口的比例在20世纪70年代和80年代翻了一番，但是在90年代却下降了大约25%——这在中西部和南部的内城里非常显著。”（Swanstrom等，2006：155）贫穷越来越集中在西部的城市和郊区，尤其在城市的近郊以及在西班牙裔这个群体里。

在这些郊区的社区里，从经济和种族上来说，各种人口越来越融合为一体，他们将如何应对这些变化，人人都想知道。例如，这些人将对市政的税收和学校所产生的影响可能相当可观。2008年的经济衰退和房地产泡沫的破灭进一步加剧了这些临近市中心的郊区短期内面临的各种问题。不过，从长期看，也许有一线光明。搬离中心城市的人和生活在郊区的人现在如果感到回归市中心是适宜的，那么近郊就有可能享受到某种程度的复兴，就是20世纪90年代老的中心城市所经历的那种复兴。

这些变化不会在短期内改变居民区的外貌。可以肯定，在过去几十年里，白人和黑人之间居民隔离的趋势已经下降，这变化不太大，但是真实存在。然而，白人和西班牙裔族群、白人和亚裔人群之间隔离的下降趋势还不明显。事实正好相反，当西班牙裔和亚裔移民越来越集中于中心城市和郊区时，这些人群之间的距离越来越远了。

与此同时，受过良好教育、收入较高的居民与没有此类重要资源的居民之间的隔离也更加严重（Rothwell & Domina，2009：87～88）。威廉·朱利叶斯·威尔逊（1980）说，决定黑人生活机会的一个重要因素不是肤色，而是社会阶层。他这么说也许是对的。只是这种变化正在缓慢地发生，而且这一点仿佛有迹象佐证，这些迹象就是：富有的居民和贫穷的居民之间隔离越来越大（Adleman，2004）。

再看美国和欠发达国家的城市化

在评价美国这样一个西方国家的城市化所具有的相对优势和缺点时，我们应当回想它与欠发达国家城市建设过程的差异之处。这些国家的城市直到最近一直被定性为缺乏中小型城市聚居点构成的体系。他们的农业体系解决不了果腹的需求，更谈不上出口食物。他们的制造业也是成长中的制造业，还没有强大到可以容纳所有的非熟练工人。还有，政府没有足够的资金跟上人民迫在眉睫的需求，更谈不上把他们的工业基础设施现代化。美国的城市化无论展现了怎样的缺点和不均衡，当它们和欠发达国家一系列的问题比较时，就是小巫见大巫。

东北部和中西部的城市在制造业这一基础以及人口上遭受了巨大的损失，它们的一些特征和我们在“过度城市化”的国家可能看见的特征极其相似，令人生疑。它们不能给人口众多的城市居民提供足够的房屋或工作机会。今天，在社会和经济上边缘化的妇女、儿童和少数民族的生活机会和一个世纪以前一样困难重重。对于那些长久地需要特别保护的居民，市政府显然没有能力满足他们的需求。也许像美国这样的西方国家的城市将永远没有资源去改善所有这些人的生活机会。倘若如此，这一失败的事实应当成为另外一个警示，告诫欠发达国家的城市：什么可能实现，什么不可能实现。

研讨题

1. 美国东北部、中西部的城市和都市区与南部和西部相比，在发展方式上有哪些异同之处？

2. 城市总是获取一个国家的剩余财富，然后用这笔财富来赞颂城市里的人和生活方式。根据这一事实，美国的郊区是美国城市建设最大的成就还是最大的失败？

3. 20 世纪后半叶，去工业化使美国的城市经历了大量的人口流失和经济上的投资减缩。美国的城市曾经不是工业中心，请回顾那个时代，然后回答：你认为美国的城市未来会在经济上取得成功吗？

4. 请描述各级政府对美国城市建设和城市郊区化过程产生影响的方式。

第四章　城市理论的种子

关于城市和社区的经典论述

欧洲和北美最早的城市和它们今天的面貌非常不同。我们往往和城市联想在一起的事物——摩天大楼、地铁，甚至是铺砌的马路——都是 20 世纪城市生活的一部分。但是，我们又不能臆断今天的城市和过去的城市完全不同。正如我们在前面三章所看到的，几个世纪以前已然埋下今天的城市的种子。在过去的 150 年里，城市发展取得了巨大的成就，看上去几乎是自然生长的，这些种子显然不是比喻，而是实实在在的种子。巴黎的埃菲尔铁塔、纽约的帝国大厦抑或迪拜的哈利法塔（the Burj Khalifa）仿佛是早期城市开发者的梦想不可遏制地开花结果了。但是，这些城市并没有按照预定的计划成长，或者说，并没有自然地成长。它们是由人们建设起来的，这些人有各种层次的权力，受到社会环境的制约，利用他们可以运筹的经济和政治资源。他们为何、如何以自己独特的方式建设城市？为何、如何以自己独特的方式在城市里生活？这是我们在接下来的两章里要讨论的重要问题。

虽然建筑物和其他空间结构已经变化，19 世纪城市生活的动态与今天有许多相似的地方，也有其他一些发生很大变化的地方。对于我们来说，幸运的是，眼光老练的观察家们留意 19 世纪的城市生活，往往依据他们的城市以及他们自己正在经历的巨大变化，构思理论，总结这些变化潜在的结果。我们会在本书中看到，在我们探索城市、市郊和城镇时，与这些早期的城市理论家有关的许多细节依然处于举足轻重的地位。

19世纪的城市蒸蒸日上，那些观察城市、勾画城市理论的人们主要关注新的城市世界与许多人珍视的乡村传统之间的差异之处。他们对蓬勃发展的城市中心产生莫大的恐惧，这恐惧仿佛让他们透不过气；他们怀念乡村的生活方式。我们会在下一章看到，早期理论家们悲观和反城市的思想已经编织在这门学科的组织结构之中，而且编织得非常细密，所有织物的一丝一线都安然无恙。当然，城市也有自己的支持者。我们在这里要做的是更详细地揭示、展现这两种理论倾向（Lees，1985）。我们不打算用新的、天真的乐观主义代替悲观主义。正如本书所展示的，我们的目标就是帮助那些研究城市生活的学生描绘城市及其周围聚居点的图景，这图景未必最灿烂，但是最为清晰。

在探讨城市问题时，19世纪、20世纪早期的理论家会在几点上达成一致。社会组织从一个形式转向另一个形式（比如，从乡村到城市、从极权主义到民主主义、从封建主义到资本主义、从宗教到世俗、从简单到复杂），这是不可避免的，是演化的，转好和转坏，转坏即是破坏性的。他们的观察和阐释为我们提供了所需的第一批工具，我们从此开始理解城市世界的社会生活，它尚属新的领域，但是发展极为迅速。

亚历克西斯·德·托克维尔（1805～1859）：对文化和社区的观察

亚历克西斯·德·托克维尔（Alexis de Tocqueville）在法国革命前是一个贵族，一生中扮演了多个角色——历史学家、政治家、旅行者和社会观察家，但是多数情况下被视为政治理论家。他的思想可谓硕果累累。政治思想家们，无论是自由的还是保守的，都经常引述他的观点；当代对城市、市郊、城镇的社区所做的研究都受到托克维尔的思想的影响（Monti，1999，2012；McLean，Schultz，& Steger，2002；Macgregor，2010）。

本书认为托克维尔是一个经典的城市规划专家，主要因为他将19世纪城市聚居点迅速发展的社会视为人类组织的一种新形式。他对城市社会学意义重大，这至少来源于其思想形成过程中两种显著的、颇具影响力的特征：他敏锐地观察日常生活；有能力比较不同文化背景（比如法国、英国、阿尔及利亚和美国）下的社会发明。社会学家们常常提及的用以理解社会和社会组织的那种历史的、比较的方法，托克维尔就是这一方法的大师。

托克维尔在国家内部、国与国之间寻找模式，他辨别权威和社会机构的新形式（比如民主），辨别这些新形式对人类的价值标准产生的结果（比如自由和社区）。至于城市以及城市对个人自主权、对人们自我驾驭的能力所产生的影响，托克维尔和自己同时代的许多人一样，没有十足的把握。这个时期他对城市和城市生活的评价是犹豫不决的。他的评价可以用他游览英国曼彻斯特之后所做的如下论述来总结：

> 人类工业最大的河流从污浊的下水道涌出，肥沃了全世界。从这肮脏的污水管里流出真金。在这里，人类实现了最圆满的发展，也实现了最粗野的兽性；在这里文明创造了奇迹，文明人几乎变成了野蛮人。（Tocqueville，1982：306）

托克维尔和许多理论家一样，对城市存在着两种清晰的看法："污浊的下水道"和"肮脏的污水管"以某种方式创造、释放"人类工业最大的河流"和"真金"。请注意，城市的居民如何既"文明"又"野蛮"。

但是，对于当代研究城市、城郊和城镇的学生来说，托克维尔所贡献的远不止那些具有诗意的、言简意赅的箴言。他将第一手细致的观察与他对城市兴衰的了解结合起来，为我们理解和研究城市的文化与社区提供了有用的方法。

托克维尔极负盛名、被人引用最多的作品是《美国的民主》(*Democracy in America*)。他在19世纪30年代初和自己的密友古斯塔夫·德·博蒙特(Gustave de Beaumont)一起游历年轻的美国，之后撰写了这部巨著。他们最初的目的是研究美国的刑罚制度，但在旅途中他们走进了大约50个新兴的城市和城镇。这些地方并非一直处于民主的实践之中，但它们是在由民主原则定义的“新”国家里发展起来的。在《美国的民主》这部两卷的著作里，托克维尔提出了一套含蓄的理论，说明文化在机构的形成及维持、在个人自主权或“个性”中所起的作用。他特别关注文化的三个方面：

> 我一直认为，美国这个民主共和国得以维持，可归结为三个方面的原因：第一，上帝安置美国人的这一特别的、偶然的环境；第二，法律；第三，风俗习惯和道德观念。(Tocqueville，1982：77)

托克维尔说，具体的文化习惯、性情和信仰在造就和维持社会机构的过程中都是必需的，而这些机构一旦确立下来，又反过来塑造了居民的看法和信仰。

谈到城市生活，我们看见托克维尔认为空间布局、管理方法和人们的文化最终决定一个国家“社会的健康”。对托克维尔来说，也许最重要的是，民族文化以习惯、风俗和信仰的形式体现出来，它影响着个人在世上的生活以及与他人交往的方式。

在托克维尔看来，有一种“习惯”是民主社会一种重要的生活方式，那就是参加社团。他把美国描述为一个“社团”国家，人们常常为了公益而结成规模和目的各异的协会。托克维尔发现许多美国人自愿加入**公民协会**(civic associations)，而不是退缩在个性化的、私人的世界里。在一个人人平等的社会里，这样的私人世界是一个潜在的危险。公民协会是因着不同的利益和目标自发组织的。这些协会可能是知识分子的团体，比如你参与其中的一个读书俱乐部甚或是你选择阅读某本书时所代表的那个社会阶层；这些协会还可能是宗教团体、教堂的会众或者政治组织，比如你们学校的民主党青年部（the Young Democrats）或共和党青年部（the Young Republicans）。这些协会在过去和现在代表不同的利益，并“承担责任”。尽管如此，参加这些协会的深层含义让托克维尔也让我们获得重要的启示：当过去的社会纽带断裂时，个体往往会找到新的方式和其他人联系起来，融为一体。

新的城市世界会割断人们之间的传统联系，这一担忧影响了托克维尔以及你会在后面看到的其他传统的城市理论家。公民协会至少提供了一种方式，使个人学会创造新型的联系方式和一种新的人人平等的生活方式，这种生活方式与民主和城市的发展休戚相关。托克维尔展示了公民协会如何增强个体之间的纽带，而这些个体直接参与一个更大的社会，并为之建立沟通的桥梁。托克维尔的观察以多种方式预见了城市亚文化和族群聚居地的兴起，这两者都可以而且已经被称为“城市村”（见 Gans，1962；Monti，1999）。同时，托克维尔也发现，在多民族、多种族、多种观念、风俗迥异的更大的社会里，一些组织能够促进类型相同的人互相接触。

你会看到，其他的理论家将新的“利益团体”的创立视为分裂、隔离和冲突的证据。在卡尔·马克思（Karl Marx）和弗里德里希·恩格斯（Friedrich Engels）看来，经济和物质利益是定义这些团体的首要因素。严格说来，在工业资本主义的条件和逻辑之下，这些团体势必互相对立。尽管这产生了社会和空间的弊病，若以宏观的眼光看待历史，这些矛盾未必是不好的。马克思和恩格斯阐释了其中的原因。

卡尔·马克思（1818～1883）和弗里德里希·恩格斯（1820～1895）：对资本主义和工人阶级的担忧

自卡尔·马克思的主要著作问世后，150 年以来他一直是学术界受到最广泛讨论的思想家之一。他敦促我们不仅要解释世界，还要改变世界，这一点闻名遐迩。对一些城市社会学家来说，马克思一直是一个颇具感召力的人物，因为他目光敏锐，描写了 19 世纪资本主义的驱动过程。另外，就如何处理与资本主义有关的不平等、如何最终颠覆 19 世纪欧洲城市建设与管理的政治经济制度，马克思也提出了举世闻名的解决办法。对其他的城市社会学家来说，马克思及其追随者代表了一种针对社会和政治变化的、以失败告终的、教条的思维方式。无论如何，我们都知道，马克思强调阶级关系，因为他目睹了欧洲 19 世纪繁荣发展的工业化城市里的社会变化。但是，值得注意的是，马克思对城市生活的分析直到 20 世纪 60 年代才流行起来。我们现在首先深入探究马克思的思想，再来思考他的“同志”弗里德里希·恩格斯的观点。

在马克思看来，资本主义的兴起和城市的发展是密切相关的。资本主义是工业化地区占据支配地位的生产模式，它依赖资本积累；而城市化依赖人口积累。马克思认为，当劳动力成为一种商品，当乡村的农民不再能为自己工作而是不得不将自己的时间和精力卖给他人时，资本主义的生产模式才得以发展。这些人工作（即出卖劳力），换取金钱为生（有时勉强为生）。

马克思把出卖劳动力的人称为无产阶级，把雇用他人工作的人称为资产阶级。资产阶级常常拥有土地，拥有生产商品、在自由市场销售商品所需的技术。根据资本主义的逻辑，资产阶级利用商品生产所需的劳动力价格和商品在自由市场的价格这两者之间的差额。根据马克思的观察，在所有成功的——即赢利的——工业里，劳动力的价格均低于所生产的商品的价格。这种差额称为“剩余价值”，是资本家获得利润的主要源泉，而利润又可以重新投资于新技术、生产新商品，这就意味着需要更多的工人。严格说来，随着工业（即帮助城市大规模建设的工业）的发展和利润的增长，被剥削的工人的数量也在上升。

依据马克思的理论，人与人之间的社会关系变成物与物之间的关系。工人仅仅是机器齿轮中的轮齿而已。（参考查理·卓别林［Charlie Chaplin］的无声电影《摩登时代》［*Modern Times*］，就可以看到对这个比喻赤裸裸的视觉体现。）工人与他们生产的成品是隔离的，陌生的。工人们制造的产品不属于工人，属于生产方式的拥有者。工人一无所有——既无生产工具又无商品成品。马克思认为，创造能力和建设能力是人性的本质。另外，因为新的工厂里工作任务持续的专业化，工人之间也是隔离的。因此，工人们最终和他们生产的商品、和他们自身、和其他人都是隔离的。他们和以前的生活方式也是隔离的。新工厂装配线上的许多工人以前都是乡村居民。他们曾经在城市的市场上销售自己的物品，依赖城市的市场和工业生活，后来，他们离开村庄，成为工业劳动者。

在马克思的思想中，值得注意的是，他认为不同阶级之间矛盾的发生，产生冲突的关键因素都是基于城市的。随着工业城市的发展，资产阶级开始为市场生产产品，为了挣钱而挣钱。工人们在比喻意义上变成了商品，那么，根据马克思的说法，他们最终不可避免地丧失人的一些属性。这就在工业城市吞没乡村生活的同时导致了社会关系和人际关系上最具毁灭性的变化。

> 生产的不断变革，社会状况不停的动荡，长久的不安定和骚动，这使资产阶级时代明显区别于过去一切的时代。所有固定的僵化的关系以及与之相适应的素被尊崇的观念和见解都被消除了，一切新形成的关系等不到固定下来就陈旧了。一切坚固的东西都已烟消云散，一切神圣的东西都遭到亵渎，人们终于不得不用冷静的眼光来看待他们真正的生活状况以及与他人之间的相互关系［加重语气］。(Marx & Engels，1848/1978：476)

很容易看出，马克思不喜欢工业化的城市。但是，从事实看，马克思反而因为城市化带来的麻烦而欢迎城市化，这很矛盾。工人们没有散落在穷乡僻壤而是集中在城市里。他们可以动员起来，先组织工会抵抗资产阶级，然后，马克思希望他们作为广大的群众随时准备反抗资本主义统治阶级。然而现代历史并没有这样演绎。当然，工会在争取和支持工人权利（比如最低工资法、童工法、工作环境法）、缓解“利益最大化、成本最小化”的资本主义逻辑等方面确实发挥了重要的作用。

马克思关于城市的许多论述都是含蓄的，而且常常相当抽象。与其说马克思论述了工业资本主义的逻辑如何在城市里最明显、最痛苦地展现出来，还不如说他论述了工业资本主义的罪恶。他的同志、合作撰稿人、资助人弗里德里希·恩格斯充实完善了马克思在著作中隐晦表达的内容。恩格斯就资本主义和城市生活之间严峻的关系提供了丰富、详细的描述。

恩格斯本身也是工业家的儿子，他在英国的曼彻斯特做“实地考察”，因为当资本主义遍及英国的同时，这个城市也成长起来了。他针对城市空间的利用和滥用以及居民之间的隔离做了评论：

> 一个人在这么狭小的空间内活动、呼吸如此少量的空气（这狭小空间内的空气）、跟人共享那么一丁点儿的文明，他居然还能活着。如果你想看个究竟，你只需到这儿来。说实话，这是老镇（the Old Town）。每当有人提起这座人间地狱可怕的状况时，曼彻斯特的人民都强调说这是老镇。但是，这能证明什么呢？在这里，引起恐惧和愤怒的一切都是最近诞生的，均属于工业化时期。（Engels，1845/1999：67）

恩格斯认为，所有新生的工业城市都拥有极其相似的模式和社会关系，其规律都遵循一套墨守成规的逻辑。他观察到富人和穷人在工作、生活环境上的巨大差异。他将这些差异归因于资本主义的生产模式，因为它需要可分配的劳动力的后备军，呼之即来挥之即去。工资过低的工人（今天我们称之为“穷忙族”）生活在条件凄惨的房屋里。当资产阶级的中层、高层人士穿梭于中心商业区、拥有并经营商业、拥有仓库、打理豪华的房屋和花园别墅、居住在城市的郊区时，他们常常看不见这样的工人。（在下一章，当你读到欧内斯特·伯吉斯

[Ernest Burgess] 和芝加哥学派的“城市生态”模式时，你就会了解这种城市区域划分的模式。)

> 每座大城市都新增一种贫民窟，工人阶级在这里拥挤地生活着…… 一般来说，城市已经单独划分一片土地，位于幸福阶级的人们的视线以外，它挣扎着尽力维持下去。英国所有的大城镇里都设有这样的贫民窟，是城镇里最糟糕的区域里最糟糕的房屋 …… 街道的路面总体上都未加铺设，坑坑洼洼，肮脏邋遢，到处是腐烂的蔬菜和动物的粪便，没有排污管道或排水沟，只有污浊不堪、不流动的臭水塘。另外，通风状况也因该区域建设时使用的方法混乱、不合理而严重受阻。(Engels，1845/1999：70～71)

上面引述中的最后一句仿佛暗示，恩格斯支持新的城市规划方案以解决这些住房的问题。但事实并非如此。恩格斯相信，解决“住房问题”唯一的方法是解除资产阶级土地拥有者对房地产的拥有权，况且他们最终也会受益于城市状况的改善。事实上，这些改善 (1) 会使工人阶级感到厌腻，(2) 会提升土地的价格，最终将穷人从重新翻修的房屋里赶出去。

恩格斯担心，城市使劳苦大众愈加容易受到雇主的剥削，贫穷的工作、生活状况使他们愈加容易生病。但是恩格斯确实看到了一丝希望。他像马克思那样深信，受剥削的工人人口愈来愈庞大，他们最终会反抗。恩格斯还认可机械化劳动具有的解放潜能。新科技能减轻劳动负荷，缩短工作日，使工人们腾出时间丰富知识，增加智慧。这就可能产生繁荣昌盛、生机勃勃的城市文化 (Merrifield，2002：44)。然而，关键词是“可能”，通常后面要跟上“如果”。在“可能”和“如果”上花太多时间，这就在关于城市世界的理论和世界本身两者之间造成一片空白。

大体上看，**马克思和恩格斯都论证说，城市创造了一种特殊的生**

活方式，以界限分明的社会阶层之间的隔离和冲突为特征。他们认为，要治愈新的工业城市里症状越来越明显的“城市疾病”，唯一的方法是用社会主义这一新的生产方式代替资本主义。马克思和恩格斯对于该时期重要的理论问题所提供的答案充满美好的憧憬和希冀。针对一种不同的城市文化所怀抱的这些鼓舞人心的希望，一部分原因是将城市生活与乡村生活相比，在情感上认为城市生活方式更复杂、更具毁灭性。受浪漫的怀旧情绪的驱使，因而看见城市生活和乡村生活之间巨大的鸿沟，此类情况不只限于马克思和恩格斯。斐迪南·藤尼斯（Ferdinand Tönnies）构建了最持久的二分法，虽然他对现代城市世界里终将逝去的社区流露出明显怀旧的哀悼之情，他的理论依然影响着研究城市社区的学生们。

斐迪南·藤尼斯（1855～1936）：城乡差异的后果

无论是在独立撰写或者合作撰写的著作里，马克思和恩格斯都厌恶在城市里看见的一切，竭力解释问题的根源，呈现不同版本的未来的城市面貌。斐迪南·藤尼斯选取了一个不同的角度，然而也许和他的两位德国同胞一样悲观。藤尼斯主要关注如何定义大批民众从乡村涌向城市的后果。他和托克维尔一样关注在新兴的城市社会秩序下的社会关系。但是，他比托克维尔更加怀旧。不过，也许最重要的是，藤尼斯的分析更系统。他提出的类型学为研究城市、市郊、城镇中社会关系的学子们提供了灵感和辩论的源泉。

现代城市代表传统的乡村生活的对立面，这一思想和藤尼斯的著作《礼俗社会与法理社会》（*Gemeinschaft und Gesellschaft*，1887）紧密相关，他在书中列出了社会关系和社会机构的两个基本的组织原则。他把这两个组织原则同它们出现的地方类型（即城镇和城市）连结起来。（我们以后会讨论“物质决定论［physical determinism］”，另外，城市规划者描述改善城市的方式时如何使用这一观点的变体，请注意这其中的差别。）

藤尼斯的类型学可以理解为一个演化的理论，它展示了人类社会从一个阶段到另一个阶段的发展。第一个阶段是礼俗社会(*Gemeinschaft*)或者“共同的社团（communal association）”。这是传统的小型社区，人们互相知道姓名和职业。我们赞同20世纪80年代风靡一时的情景喜剧《欢乐酒店》（*Cheers*），愿意将其称为“规范的典范（Norm norm）”（Borer &Monti，2006）。在小镇和村子里，人们因亲属关系和家庭纽带而团结在一起，为共同的利益一起工作，人际关系是亲密的，永久的。邻里社区和教会是帮助维持社会控制的主导性机构，这是一种通用的交际方式。

这一范畴的另一端，或者说是人类社会发展的另一个阶段，是法理社会（*Gesellschaft*）或“社会社团（society association）”。这是现代城市，其特征是击垮社区利益的极端个人主义。人际关系不再是公共道德制约的、由亲情结成的纽带，更多的是由公共法律制约的、精于算计的商业交换。藤尼斯对礼俗社会和法理社会的区分将前工业化/工业化的差异与城乡差异合并起来。工业化和城市化这两种力量与削弱了的社会纽带以及家庭性质的变化联系在一起。在藤尼斯看来，家庭单位是一个健康社会最重要的基础。藤尼斯强烈谴责妇女、儿童成为劳动力所产生的后果。在工业城市里，童工和女工都是常见的。这两种情况都可能削弱家庭的力量和重要性。

从礼俗社会向法理社会的转变源于工业化程度的加重和资本主义的兴起。城市新的社会规则服务于商人的利益，商人销售商品依据合同而不是亲属或朋友关系。当人与人之间大多数的交易都依靠没有人情味的金钱交易时，人与人之间的交往也随之丧失了人情味。藤尼斯担心这会使个人的自我利益置于对公共利益的关注或关心之上。

藤尼斯对乡村和城市特性的描述与马克思和恩格斯的思想有相同的主题。但是，藤尼斯热切渴望的是具有浪漫色彩的过去，而不是经过革命行动去改变的未来。然而，他这种亲乡村/反城市的情感一直是一个重复出现的主题，贯穿了20世纪大部分的时间，并进入21世纪。不过，今天持异议者比19世纪多一些。我们会在埃米尔·涂尔干

(Emile Durkheim) 的著作里遇见一位早期持不同意见的人。涂尔干将不同种类的社会秩序进行比较，构建了自己的二分法，和藤尼斯的二分法有相似之处。但是，对藤尼斯来说，一种社会秩序必然好于另一种。礼俗社会被视为是自然的，而法理社会被视为是人为的。对涂尔干来说，这两种类型都是社会组织的自然形式，每一种都有自己的问题和优势。那么，重要的是弄清楚每一种社会组织的运行方式，也许还要尽力使其以可能实现的最佳方式服务于大多数人。

埃米尔·涂尔干（1858～1917）：从劳动分工到城市意象

健康的社区只能在乡村找到，不可能存在于城市，这一思想取决于我们对"健康"的定义。我们在本章和这本书的其他地方都认为，健康有许多形式，有些形式存在于藤尼斯传统的礼俗社会的环境以外。埃米尔·涂尔干和藤尼斯一样，关注从礼俗社会到法理社会的转变，但是他详细阐述了一种迥异的社会模式，得出截然不同的结论。涂尔干在自己开创性的著作《社会分工论》（*The Division of Labour in Society*）（1893/1947）里着手呈现社会变化——特别是工作的专业化——是如何影响社会凝聚力和社会团结的。当工业化迫使工人的技能和兴趣走向专业化，社会上就流行一种解释，强调专业化带来的负面后果（比如隔离）。涂尔干则提出了独一无二的反阐释。

> 针对这一重要议题，涂尔干提出的问题是：专业化是否具有道德功能？与他同时代的人（比如藤尼斯）认为，专业化促使更大的社会秩序解体。涂尔干的回答是，凡是道德的，都促进团结和社会健康的连续性。在他看来，社会分工就有这个功能。(Karp，Stone，& Yoels，1991：13)

涂尔干认为，一种类型的社会团结未必优于另外一种。事实上，它们只是不同而已，因此具备不同的缔造社会关系的条件。

传统的乡村生活呈现的是基于同质性的社会凝聚的一种特殊形式，涂尔干称之为机械团结（mechanical solidarity）。社会关系立足于共同的信仰、风俗、礼仪、日常生活和符号象征。社会凝聚力源于个体均参与相似的活动，分担共同的义务。责任和义务互相交错，将不同的个体联系在一起。把小规模的、前工业的社会描述为“机械的”，这也许显得奇怪，甚至有点落后。但是，涂尔干使用这个术语传递的信息是，大多数人都是相似的，所以他们事实上就像一台机器上可以互换的零件。

在当今的工业城市里，异质性起主导作用，个体之间往往差异很大。他们形形色色，千姿百态，宗教信仰、政治派别、民族背景和种族成分均不相同。他们做不同种类的工作，过着迥异的日常生活，甚至连兴趣爱好都是互相矛盾的。差异之处有很多，而且如此多不同类型的人在同一个地方工作、生活，就会产生社会问题。但是，涂尔干没有断言说这些城市居民之间没有任何凝聚力，他只是认为出现了一种新的社会关系，他称之为有机团结（organic solidarity）。

人们之间的差异并没有使他们四分五裂或者使他们完全按照自己的利益行事为人。相反，不同的个体事实上因为他们的差异以及对他人专业技能的需要而团结在一起。城市中的社会关系以专业化和互相依赖为基础。以有机团结为特征的社会既有更强的整体性也有更强的个性，这似乎是自相矛盾的。你就读的大学在体制上也能说明这一点。去你学校的网站看看各种行政人员和各种部门的活动，再看看教师队伍。劳动分工不仅为个体造就专业化的任务，也造就专业化的知识。每个员工都要依靠他人才能完成自己的工作。再看看你上课的教室，座位、课桌不是坐在你两旁的同学制作的。你走进的教学大楼、你进入教室时开启的那扇门绝对不是你的教授建成的；如果这位教授的专业是社会学，他（她）承担的就不是化学课或文学课。这种复杂的分工象征了我们在现代城市社会所看见的一种团结形式，它依赖高层次的专业知识和技能。你就读的学校只有拥有这样复杂的分工方式，教育学生这一核心任务才能完成。

这种团结出现并存在于工业城市里，但涂尔干仍称其为“有机的”，因为他认为专业化个体的独立性和一个生物体各组成部分的独立性是一脉相承的。我们会在下一章看到，为了理解城市生活而利用与生命过程有关的比喻，这一直是城市理论发展中一个重要而具有争议的主题。

在涂尔干看来，机械团结和有机团结都是社会组织的自然形式。这两种团结都蕴含着社会凝聚力，只是方式不同而已。乡村和城镇共同的道德观所促进的统一性随着岁月流逝而逐步演变。取而代之的是一种新的社会凝聚力，它源自工业化城市中专业化所引起的互相依赖。但是，应该注意，涂尔干表现了自己的道德主义，他相信专业化的道德价值实际上并没有在现代城市里得以实现。他得出的结论是，这和劳动分工本身关系不大，主要原因是人们专门从事某些种类的劳动时机会不平等。有些人，比如穷人，没有足够的资源可以让他们从事自己原本喜欢的专业。

涂尔干对机械团结和有机团结的区别，在大多数学者看来，是他对城市理论的唯一贡献。他对道德规范的兴趣激发他深入研究宗教信仰，将主要观点呈现于自己的名作《宗教生活的初级形式》（*Elementary Forms of the Religious Life*）（1912/1965）之中。涂尔干用独特的方式看待人对神圣与世俗的划分，他的观点对后人理解人与不同的城市、市郊和城镇中各种地方之间的关系有借鉴作用。有些地方俨然有“神圣”之特征，在人们心目中比别处更具价值。当然，一个群体视为神圣的地方在另一个群体看来未必神圣。因此，哪些建筑物应该保存，哪些应该拆毁，常常有激烈的争论（Borer，2008）。

另外，涂尔干在讨论中认为图腾是特定的人和地方的“符号象征”，这一思想可用来说明城市意象的重要意义。人们常常将城市和某种形象联系起来，比如纽约空中轮廓线或者拉斯维加斯大道，这些形象能够影响人们对特定城市中社会关系的理解，也会影响日常生活、政策制定、社会改革。我们会在第五章讨论城市意象的重要性。我们现在要接着讨论另外一个理论家马克斯·韦伯（Max Weber）。韦伯和涂尔干不同，他写了一篇关于城市化的经典论文“城市（The City）”，这标题说不上有创意，但恰到好处。我们会看到，韦伯的思想将他置于两位德国同胞（即卡尔·马克思和格奥尔格·西美尔［Georg Simmel］）之间，因为他关注两种结构特征，比如他关注市场，还关注日常生活，例如人们赋予他们的社会行为和社会交往的意义。

马克斯·韦伯（1864～1920）：城市的本质和体制

马克斯·韦伯对社会学领域有巨大的贡献。研究城市的学者们使用韦伯笼统的城市思想来解读城市生活的方方面面。韦伯对城市最直接的讨论主要涉及城市化，与城市性关系不大。他为了论证“城市的性质”，采用一种比较框架，讨论西方世界以外以及各历史时期形形色色的城市。韦伯告诉我们，既然中世纪时期的许多城镇居民人口很多却依然缺乏足够的经济和政治自治，那么城市不能单用一个特征（比如人口）来定义。韦伯认为，一座城市可视为拥有牢固的经济和政治体系的一个聚居点。

韦伯（1958）强调一座城市应该有市场、有管理权，他提出了具有“城市”称谓的聚居点应该达到的标准。

> 一个聚居点要构成一个圆满的城市社区，它必须呈现贸易、商业关系相对主导的地位。聚居点从总体上看具有这些特征：(1) 一套防御工事；(2) 一座市场；(3) 属于自己的法庭和至少半自治的法律；(4) 一种相应的结社形式；(5) 至少是半自治的……而且市民都参与行政官员的选举。(80～81)

我们可以从这段引语里获得几点精辟的见解，这些见解和韦伯有关现代性的理论以及其他学者对于城市生活的理论都有关联。

首先，城市是一个多维度的聚居点。也就是说，一座城市是自治体系的综合。它拥有一处规模宏大、商品丰富的市场，有益于生产和销售。城市“居民不依赖农业而主要依靠商业和贸易为生”（Weber，1958：66）。城市还必须拥有强有力的政治、法治和行政机构，拥有属于自己的武装守卫（解读：警力）。

城市的政治和经济均依赖客观的官僚原则所决定的理性法律和规章制度，这种不掺杂个人感情的官僚原则和“庄园主”“传统的”权威有极大差异。越来越多地运用理性，成为城市化和城市性不可或缺的特征。在韦伯关于现代性的思想中，这是一个不断出现的主题。但是，理性的影响在全世界范围内各不相同。“理性化”的过程在西方世界比在东方势头更加强劲。韦伯认为，“东方”过分地沉湎于“魔幻般的信仰”，因此无法受益于理性，而理性是必不可少的，因为理性有助于发展自治体系并在自治体系中缔造各种联系。在韦伯的著作中，标题为“东方城市发展的魔幻障碍（Magical Barrier to Oriental Civic Development）”（Weber，1958：99）的这一部分内容值得重视。“韦伯的城市研究和他的宗教研究对他探索资本主义的发展都至关重要”（Mellor，1977：191）。韦伯对工业化城市的崛起和宗教的衰落所做的分析与现代世界的理性化和启蒙过程有紧密的联系。

第二，韦伯使用“城市社区（urban community）”这个术语，仿佛与藤尼斯看法不同。把“城市”和“社区”关联起来，会让藤尼斯吃惊。但是，再仔细看就会发现，韦伯和藤尼斯的思想实质上是一致的。韦伯描写的那种城市社区不像礼俗社会那种依赖共同的传统、血缘和亲属关系凝聚的个体之间的关系。这种新形式的社区更像一个“网络”（这在现代城市研究中已经是一个广受欢迎的术语）。这个网络里有个体，也有诸如商会、公司或者“公民协会”这样的集体，一切由城市和国家的法律凝聚在一起。

那么，城市本身就是一个开放的协会，个体——当然还不是所有的个体——可以选择参与其中。新的政治社区具有协会的民主性质，依赖一个新生的阶层：城市资产阶级。资产阶级在城市里占主导地位，在中世纪的城市就出现的世俗的、理性的、个人主义的以及以市场为中心的社区圈子保证他们的经济利益。个体家庭经济的独立就产生了商人和工匠这样的新阶层。理性的、法律体系的发展使个体脱离了传统的团体，转而培养了他们自己的个性。

> 在新兴的市民阶层里，家道殷实的市民［中产阶层的商人］以个体形式拥有市民资格。个体宣誓成为市民。在城市这一本地的协会里，保证一个人作为市民的合法地位依靠的是市民资格而不是群体或部落的亲属关系。（Weber，1958：102）

马克思和恩格斯对资产阶级持极其负面的看法，韦伯则不然，他认为，这个新兴阶层的活动，他们作为生产者和消费者所起的作用，能够鼓励创新，促进个性化，对可持续发展的城市文化至关重要。当然，韦伯也承认，个性化有其黑暗的一面。

对于城市生活来说，身份地位传统标志的缺失会产生极其矛盾的后果。前面说过，城市是一个赋予人自由的空间，因为它使生活摆脱了传统的束缚，而这些传统在以往常常把人们限制在特定的社会角色或身份里。当然，斩断这些束缚，再加上个性特征的丧失，这其中就会产生危险。

韦伯写道，一座城市就是“一个密集的聚居点，住宅形成一片很大的聚居区，人与人之间缺乏互相了解”［着重强调］（1958：65）。这一观察使人想起马克思对隔离的看法，而且我们在下一个部分也会看到格奥尔格·西美尔对城市社会心理特征的描述。虽然韦伯主要论述城市的体制结构，但他承认，“人与人之间互相了解”的缺失会导致孤独感，使人缺乏归属感。西美尔的著作详细地分析了城市的传统，分析了城市如何冲击主观的感情和社会交往。韦伯阅读了西美尔的著作，熟悉其中的内容。

格奥尔格·西美尔（1858～1916）：城市生活的传统

在我们讨论的所有理论家中，格奥尔格·西美尔可能是最全心全意撰写城市生活的一位理论家。这一评价他当之无愧，因为他的著作涉及各种话题：城市生活心理学、艺术、食物、时尚、观念、性，甚至还有唱腔。这些话题中，有许多在最近几十年已经发展成社会学的分支（当然，还没有人开拓唱腔的社会学）。

在日常生活中，人们在城市公共场所和空间里互相往来。如果学生对此感兴趣，就会发现西美尔对城市生活的阐释尤其具有启发性。西美尔的出发点是，城市里的居民一定和陌生人交往。在城市里，成千上万的个人在空间上距离很近，在情感和文化上距离却很遥远。试想，人们乘坐拥挤的公共汽车或火车上下班，乘客之间距离很近，但是他们也许根本没有眼神的交流，更谈不上任何一种富有意义的联系。西美尔说："正是这种近与远的结合构成了陌生人正式的地位。"（1971b：404）因此，一个城市的陌生人在同一时间里既近又远，营造了一种有趣的社会动态，这对于那些习惯了乡村或小城镇生活的人们来说，可能会造成困扰。

与陌生人频繁接触，这为城市居民带来了独特的问题。"大都市与精神生活（The Metropolis and the Mental Life）"是西美尔最初发表于1903年的影响深远的一篇文章。他在文中论述道，城市的规模和城市中陌生人的数量，这两方面意味着个人必须保护自己，避免在感官上应接不暇。在城市出现之前，人们不需要在精神上做出这样的调整。在乡村的环境里，生活节奏较慢，人与人之间的交往是习惯性的，节奏分明。但是，城市"内在和外在的刺激快速、连续地交替"（1971a：325），这需要个人在心理上适应城市环境。而且，这对现代城市世界人们之间相处的方式产生了深刻的影响。

西美尔认为，现代的城市环境使个人（即"大都市类型"）很容易在与他人相处时变得矜持。

> 因此这种大都市类型——自然具有1 000种个人的适应方式——为其本身创造了一种防护器官，抵御根深蒂固的混乱，抵御外部环境的剧烈波动和突变所产生的威胁。大都市类型不是以

情感的方式而主要以理性的方式做出反应，因此通过意识的强化产生一种精神优势，而精神优势又反过来产生意识的强化。（1971a：326）

为了过滤在城市里遭遇的各种刺激，一个人必须参与智化（intellectualization）过程来应付城市的社会和建筑环境。托克维尔曾观察到从“心灵的习惯”到大脑的习惯这一转变。西美尔的观点与之相似：个人在与他人交往时不得不形成算计和被算计的心态。这一过程与一种独特的城市生活的三个重要特征息息相关。

第一，这种“防护器官”的产生源自一种“漠视的态度”，即对其他人的漠视，对构成城市环境的声、色、味等不和谐因素的漠视。西美尔认为，“漠视的态度”是必需的，因为一个人不可能对自己遭遇的一切刺激进行理解，阐释，反应。试着回忆或试着想想你走在城市繁忙的大街上。想象一下，你能和每一个路过的人打招呼甚至进行眼神的交流吗？不可能！你的心理会极度疲惫，你永远也到不了你要去的地方，也办不成起初你要办的那件事。也许更重要的是，在某些城市的某些地方，最终会有人对准你的嘴巴给你一拳。

第二，对他人采取一种理性、算计、不掺杂个人感情的态度，这是以金钱交换为基础的经济的原因和结果。物物交换不再是有效、高效的生意手段。一种不掺杂个人感情的“金钱经济”取代了传统，影响了各种形式的社会关系。包括人在内的一切都用元、分（或者国家特定的货币形式）来衡量。在这个意义上，人们自始至终用经济价值来评估他人，结果陌生人之间互相成为竞争对象。更有甚者，“都市类型”的算计心态依赖于一张意义明确的时间表，它协调时间和合乎时宜的活动。在城市里，守时具有至高的重要性。西美尔如此写道：“倘若柏林所有的钟表突然因不同方式坏了哪怕一个小时，它的整个经济和商业生活就要受到一段时间的破坏。”（1971a：328）如此说来，西美尔也这样暗示：即使一切都不掺杂个人感情，个体之间的理性行为也创造了一种形式的社会秩序，抵御大都市潜在的混乱。

第三，这种不掺杂个人情感、算计的心态使城市比传统的乡村和小城镇更具个性化。西美尔呈现了与城市居民的自由有关的、一种健康的模糊性。传统的情感纽带断裂，加上对他人的冷漠的反应，这会导致隔离的感觉和自我价值的缺失。“在一些情况下，人们在大都市拥挤的人群里会感到从未有过的孤独和寂寞。”（1971a：334）对于那些能够适应城市环境的人来说，城市缺乏传统的社会控制会导致更大程度的个性化和创造性。涂尔干对现代城市复杂的专业化社会分工产生的积极后果所做的阐释，西美尔是接受的。城市里的个体既不让众人消灭自己，又要“使自己鹤立鸡群”（1971a：336），为此他们必须发挥颇具创造性的想象力。这些创造性的行为齐心协力，使这座城市成为革新和社会变化潜在的场所。

说到这里，我们应当清晰地知道，西美尔目光敏锐，他观察了一种独特的城市生活方式及其特征。他还告诉我们，一种理性的、精于算计的心态取代了传统的人际交往形式。按照他的估量，要在现代城市里生存，必须拥有这种理性的、精于算计的心态。罗伯特·E. 帕克（Robert E. Park）参加了西美尔在德国的一系列讲座（下一章会有更详细的信息），所以西美尔对芝加哥学派有直接的影响。但是在 20 世纪 90 年代以前，大多数城市社会学家几乎遗忘了西美尔。西美尔是一位温文尔雅的城市学者，他的著作在过去这个世纪受到的关注还不够，理当获得更多青睐。杜波依斯（W. E. B. Du Bois）也是如此，他的思想在他那个时代就没有受到同行社会学家的重视。杜波依斯研究种族主义，事实上，他也是种族主义的受害者。

W. E. B. 杜波依斯（1868～1963）：种族的结构和经历

在大多数情况下，人们都熟知 W. E. B. 杜波依斯是一个散文家、诗人和社会活动家，其实他还是一个杰出的知识分子的精英。他是首位从哈佛大学获得社会学博士学位的美国黑人。哈佛大学在 1896 年出版了他的博士论文“1638～1870 年间美国对贩卖非洲奴隶的查禁

(The Suppression of the African Slave Trade in the United States of America，1638～1870）”，他后来在一生中又出版了 15 本著作、2 部自传、3 本历史小说、2 部虚构的文学著作。他的抒情著作——比如《黑人的灵魂》（*The Souls of Black Folk*）（1903/2007）——遮挡了他在经典城市社会学中的先锋地位，这说不上是福还是祸。但是，他一个多世纪都无法走进城市社会学的课本，是源于另一个罪魁祸首。正如劳伦斯·博博（Lawrence Bobo）所说，“倘若不是种族主义如此彻底地排挤他，使他无法就职于研究院的中心机构，他很可能在地位上与马克斯·韦伯或埃米尔·涂尔干媲美”（2000：187）。和韦伯、涂尔干以及我们讨论过的其他理论家一样，杜波依斯也关注现代城市生活和传统乡村生活之间的差异。但是，从很多方面来看，杜波依斯对费城美国黑人社区的研究都是对欧洲城市理论的延伸。确切地说，《费城黑人》（*The Philadelphia Negro*，1899）是美国城市社会学的起点。

虽然《费城黑人》（1899/1996）并没有对城市社会学或城市政策产生应有的影响，但是就学者们调查、阐释城市和种族关系在方法上所取得的一些最重要的进展来说，杜波依斯的这部作品算得上是遥遥领先。这部作品背后的动机是：他深信知识就是力量。他相信，无论是外来者（即白人资产阶级）强加给他们的难题，还是日复一日的奴役产生的负面的自我形象所深化的问题，依靠对非洲裔美国人精准的科学知识，这些问题都能“治愈”。他的目标是通过社会科学分析推翻 19 世纪末占主导地位的种族理论，比如，优生学或测颅学（见 Gould，1981），因为这些理论倾向于将社会地位的高低归因于生理和遗传特征的优劣。

杜波依斯开始理解“黑人”的困境，探寻这一特殊群体为何难以“融入”费城和美国其他主要城市的主流文化。

> 这本身并非不寻常；还有其他未同化的群体：犹太人、意大利人，甚至是美洲人；而且，就黑人来说，隔离更加明显，肉眼都能看见，与之纠缠在一起的是一个漫长的历史演化过程，还有

> 无知、犯罪、苦力这些甚为紧迫的问题，因此黑人问题在科学吸引力和社会重要性方面远远超越了其他大多数的种族问题和阶级问题。(Du Bois，1996：5)

为了给自己提出的“黑人问题”找到答案，杜波依斯使用各种方法去探索费城，主要是居住在第七区的非洲裔美国人的生活状况和动态。

他的实证研究以一种创造性的方式将城市生态学和城市人种论(这两者均成为芝加哥学派分析的主要模式)结合起来。他对这个地区的大约1万人进行访谈，运用描述性的统计数据以及从访谈中获得的信息。统计数据帮助他辨认总趋势，对第七区的调查结果则提供了居民的出生地、婚姻状况、家庭结构、教育、就业（或失业)、教会的角色、住房状况、政治信仰、政治行为（比如选举行为）等方面更精确的信息。杜波依斯搜集了人种学的数据，弥补与犯罪活动和偏见、歧视等经历有关的空白。《费城黑人》提供了一种“可供思考的描述”，详细地描绘了美国一座有影响力的城市里非洲裔美国人的文化。

杜波依斯的研究广度在他那个时代来说是非常罕见的。即使在今天做这样的研究，他肯定也会获得致力于不同理论范式的学者们的赞赏。论及歧视和偏见时，他能够将结构问题（今天人们所说的“机构性种族主义［institutional racism］”）与经验的或者社会心理的问题结合起来。杜波依斯没有把这些问题视为城市生活截然分开的领域，而是洞察到它们如何紧密地联系在一起。贫穷、犯罪和偏见与社会结构、社会交往均有着错综复杂的联系。

在论及职业和就业状况时，杜波依斯讨论了许多非洲裔美国人在努力得到并守住自己的工作时所面对的困难。纵然受聘，他们往往处于最低的职位；若遇解聘，他们首当其冲。这种情况导致下述两个严重的后果，常常加重城市的社会不平等。

首先，杜波依斯将商业主视为培训、雇用非洲裔美国人潜在的改革者。黑人若没有机会从事“合法的”工作，常常为了养家糊口去从事犯罪活动。值得注意的是，和大多数传统的理论家一样，杜波依斯也只是讨论了男性工人。他说："在这座城市里，只有三种职业向黑人女性敞开大门：家政服务、缝纫、婚姻生活。"（1996：322）但是，黑人男性的处境并非优越于女人。杜波依斯认为，倘若非洲裔美国工人受到更好的培训，更加健康，白人雇主会从中受益。这俨然是具有理性资本主义经济的理性选择。但是，杜波依斯发现，在人们视为理性的环境里依然存在着非理性的观念（比如种族主义）。

> 此时，如果一个仁慈的专制君主看见［种族歧视对黑人就业产生的影响］越来越严重，他会立刻寻求解决办法，弥补黑人的地位引发的真正的缺憾（即他缺乏培训）；因为歧视迫使人们将那些靠劳动为生的工人视为罪犯，这位君主会扫除这种歧视。他会做出特殊的努力，培训黑人男孩适应工业生活，让他们拥有和最优秀的白人工人平等竞争的机会；他会认为，从长久看，这对一切都是最好的，因为提高黑人的技能和生活标准，就能使他们成为高效率的工人和竞争者，当然也会具有体面的收入水平。这位君主会严厉压制对黑人工人有组织的或秘密的敌对势力。**但是，让黑人持守所学的技能、给他们提供再学习的机会**［着重强调］**从而激励他们，如此仁慈的专制君主、慈善家、有远见卓识的实业领头人是不存在的**。（1996：127）

如果没有"仁慈的专制君主"力挽狂澜，黑人的就业率就会很低。即使他们受到雇用，白人工人也不会信任他们，而是虐待他们。恶劣的种族关系挫败工人的团结性，使人际间的隔离雪上加霜。在杜波依斯对费城的描述中，种族主义的非理性比"阶级意识"和经济私利更严重。

结构性的种族主义和受歧视的经历这之间的联系产生了第二个严重后果：它加剧了黑人社区**内部**的隔离。第七区内部并非整齐划一。相反，杜波依斯发现邻里社区中不同的街区之间地位等级相当森严。种族——更确切地说，"肤色"——虽然常常和社会阶层息息相关，但它毕竟是一个更具影响力的因素。杜波依斯将其中的区别（这往往暗示了自浅至深的肤色）用四个等级呈现出来：

第一等级：体面的家庭，有足够的收入，生活富裕；
第二等级：体面的工人阶层，工作和收入稳定；
第三等级：贫穷，无稳定收入；
第四等级：罪犯、娼妓和“游手好闲者”。

杜波依斯认为，非洲裔美国人中的“上等阶层”有责任“拉起”那些地位不如他们的人。这一点明确说明，现代世界中族裔群体是由不同社会阶层的人构成的（Smith，1985）。我们从上述内容可见，杜波依斯在看待白人和非洲裔美国人之间的关系时也持同样的观点。最后，杜波依斯指着白人和黑人这两个群体，号召他们一致努力，根除偏见和歧视。他宣告，“这无疑就是一座文明城市的首要职责”（1996：396）。杜波依斯对“一座文明城市”满怀憧憬，今天非营利性组织、社区组织和具有政治意识的社会运动均见证了这种憧憬依然生机勃勃。

结论

综上所述，最重要的、传统的城市生活理论家和观察家都关注城市这一人类聚居点和人类组织的新兴方式是如何影响并且持续影响社会关系的。在这些理论家们各自的著作里，我们很容易看见他们总体上对城市——无论是什么城市——有悲观的情绪。但是，他们展望未来、审视过去的方式依然有所不同。图 4.1 旨在描绘每一位理论家的心态倾向（悲观或乐观）和关注点（城市化或城市性）。

托克维尔看见城市的美好前景，它诞生于民主价值观，条件是城市的居民能够用新类型的协会代替旧的类型。说到资本主义对现代工业城市的发展和经历所产生的影响，最出类拔萃的大理论家是马克思，而助他一臂之力的是他的同志恩格斯。恩格斯对城市社会阶层之间的关系和冲突做了详细的实证分析，从而展现了马克思深邃的见解。马克思和恩格斯都看出城市生活的问题，但是他们愉快地接受这些问题，因为被隔离的工人这一集中的群体会扮演一个潜在的角色，进行他们理想中的革命。藤尼斯也关注城市问题，但是他希望出现一场革命或者至少是一系列的改革，不是向前行进，而是遏制城市化，让人们过着以城市人口同质性而不是异质性为基础的、更加传统的田园式生活。涂尔干则欣然接受异质性，认为劳动和兴趣的专业化很重要，会促进基于互相依赖的、崭新的协会类型。西美尔担心城市的环境可能影响人们的思维方式以及待人的态度，但是他接受城市化潜在的解放能力，这种解放能力可能带来个人的自由和创造性。杜波依斯对城市生活的分析和西美尔的分析有一些共同之处，因为他们都试图将社会结构和城市生活的真实体验结合起来。但是，杜波依斯主要关注与种族和族裔分歧有关的社会问题。他还展望了这种可能性：倘若人们能够以民主、平等的姿态表达自己的心声，即使是社会最底层的人也能够摆脱遭人蔑视的社会地位，能够享受一座城市可能拥有的光明前景。

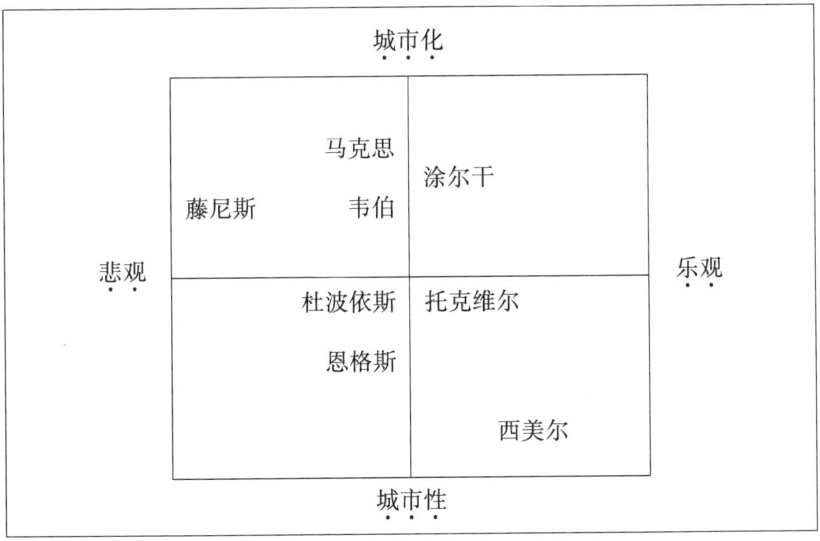

图 4.1　传统理论家对城市发展和城市文化的感受

这些理论家类似于学生可能感兴趣的许多同时代的人物——从亨利·萨姆纳（Henry Sumner）和古斯塔夫·勒邦（Gustave Le Bon）这样的学者到沃尔特·惠特曼（Walt Whitman）、查尔斯·狄更斯（Charles Dickens）这样的诗人和小说家，他们阐释城市生活的方式与他们审视过去、想象未来的方式息息相关。乔治·赫伯特·米德（George Herbert Mead）（1932）恰如其分地说："对过去的每一次想象都是立足于当前的要务和需求而推断的。"（32）严格说来，所有的社会理论都深深地扎根于具体的历史、社会和文化环境里，认识这一点至关重要。就你来说，将他们的传统的城市、市郊和城镇理论与前几章所讨论的城市化和城市性的历史结合起来，这也很重要。这同样适用于第五章里要呈现的理论家和"思想流派"。我们会看到 20 世纪和 21 世纪的理论和理论家如何立足于传统思想家所奠定的基础之上，他们的思想如何回应了城市不断成长和变化的状况、市民内心的愿望以及城市人口统计的数据。

研讨题

1. 思考本章讨论的每一位理论家，想象他们可能如何评价诸如洛杉矶或拉斯维加斯这样的现代城市。这些城市如何改变这些理论家的阐释，又如何支持他们的观点？

2. 根据你在阅读过程中对这些传统理论家的了解，他们为现代和未来研究城市、市郊和城镇的学者提供了什么理论"种子"或实证问题？你对哪些"种子"或问题更感兴趣？为什么？

3. 阅读上述某一位学者的传记，你认为他们的个人生活以及所处的社会环境如何影响他们对城市和社区的解读？

第五章　城市理论的成果

观察城市和社区的现代视角

如果社会学的根基是在19世纪奠定的，这一新成立的学科并不像“郊区”一座单门独户的房子，更像市中心的一栋公寓楼。建造城市的砖块和砂浆也同样是构建社会学的材料。工业化和城市化对城市的改造过程使社会学在本质上成为一件非常“城市的”事。城市社会学成为社会学一个明确的学科分支，在该学科宏伟的建筑物里拥有自己的一层楼。在这个学科里，人们关注的事物很多。总体上看，对城市的关注极其强烈，这是确定无疑的。

在过去的这个世纪，在城市社会学这层楼里，主要的房客一直变化着。每位房客都重新装饰走廊、楼梯、电梯，翻修这层楼的套房。在前一章里，我们讨论的19世纪的理论家们都关注一种社会聚居点（即传统的、同质的乡村或小城镇）向另一种社会聚居点（即现代的、异质的、工业化的城市）的转化。无论从实际意义还是从比喻意义上看，这些理论家闲逛着走进城市，和他们在城市里看见的其他许多理论家一样，都消失在芸芸众生之中。隔离，这一现象主宰一切。

到了20世纪，城市已是美国无可争辩的事实。虽然城市一直在成长，变化，但它们已然基本定型。描述和阐释城市的各种学派——而不是重要的、独立的思想家——勃然兴起，占领了城市社会学这层楼的不同房间。这些思想家和他们竭力描绘的市民不无两样，他们本身未必能够融洽相处，有时候干脆拒绝互相认可。但是，他们对城市和市民的看法总体上看都是消极悲观的，这是他们唯一的共同之处。

每一个学派的成员为了讲述本学派的城市故事、研究与城市生活相关的社会病症，仍借助于19世纪的理论家，只是方式和重点不同而已。这些理论家为自己的故事版本加了特别的转折点，有时候否定其他学派的重要性。随着城市的规模和影响在整个20世纪不断增长，新的时代需要新的理论，因此新理论随之跃跃欲试，试图替代旧理论。然而，每一个新理论或思想派别仍要追溯过去，从传统的城市规划专家那里挑选种子。因此，这些学派最终呈现出来的样貌和声音都是相像的，当然他们不应如此，他们也不屑于承认这一点。城市理论和我们生活中的许多其他元素一样，“一切新事又变成旧事”。我们不是全盘否定过去，相反，我们立足于过去。

本章将概述20世纪影响城市和社区研究的主要的理论范式。我们会清楚地论述历史悠久的芝加哥学派，还要论述新马克思主义或城市政治经济的方法、后现代洛杉矶学派和城市文化视角（the Urban Cultural Perspective）。尽管每个“学派”都依据并更新过去的思想，前面三个学派倾向于将“社会的解组”视为城市的组织原则和解释的框架。他们无论把城市描述为居民和种族“超级隔离的”（Massey & Denton，1993）、“社会世界的一个马赛克图案”（Park，1925/1967），还是描述为一个酷似基诺纸牌的拼贴画（Dear，2002），这都不重要。他们都认为，城市有缝隙，四分五裂，也许这种状况根本无法避免。严格说来，我们会看见，研究城市和社区生活的许多学者都遵循了欧洲前辈们的思路。城市文化视角——诚然，这是我们喜欢的研究方法——受益于早期的理论学派，但是并没有被他们对城市和城市生活狭窄的目光所捆绑。城市文化视角这一方法使用更多的归纳法，归根结底更加乐观，在理论和方法上更具灵活性（Borer，2006）。

过分注意“社会的解组”，往往是因为从总体上误解了城市、市郊和城镇之间的关系。我们坚持认为，过分注意“社会的解组”，只能讲述现代城市社会关系的一种故事。不讲述其他故事，这对市民不公平。市民的日常生活是最重要的故事情节，等待我们去发现。虽然城市社会学家所居住的这层楼仍需一些主要的翻修工程，但是那些在一个世纪前奠定的、不断移动的地基上建设承重墙的社会学家们，我们向他们致以崇高的敬意。

城市社会学的芝加哥学派

芝加哥大学的社会学系是由阿尔比恩·斯莫尔（Albion Small）于1892年成立的，是美国的第一个社会学系。城市里可感知的不公正和不平等，芝加哥的社会学家们身临其中。他们在斯莫尔和 W. I. 托马斯（W. I. Thomas）早期的引领下（他们号召人们去研究社会参与者的视角或“对形势的理解”，这一口号也是我们的格言之一），在研究城市中这些不公正和不平等时采取“进步的”/“革新的”立场。他们对芝加哥形形色色的邻里社区、舞厅这类社会场所以及各阶层市民进行了深入的研究，使“城市是一个研究实验室”这一理念得以诞生。在现代世界里，芝加哥可能是文字记载最丰富的城市，如此评价绝对不勉强。

仅数字本身就使这座城市成为一座大实验室。芝加哥的人口从1880年约50万飞速增长到1910年约200万。由于人口激增，那些不谙熟城市新兴文化生活的欧洲移民和美国乡村移民开始互相交往。

城市在相对短暂的时期内发生如此剧烈的变化，因此与社会不稳定、社会隔离和“社会道德沦丧”有关的思想就会影响他们的研究，这不奇怪。这正如莫里斯·斯坦（Maurice Stein，1964）在书中所言：

> 涂尔干在分析自杀现象时表明，社会的阶层化是怎样将人从群体纽带和道德束缚中解脱出来，结果使人与外界隔离，失去了能给生活赋予意义的价值观。这一分析构成了城市社会学家进行

> 理论推定的基础。……难怪芝加哥的社会学家关注城市中诸多地区都缺乏稳定的机构模式这一现象。他们强调说，邻里社区成长、变化的速度如此快，唯一恒定不变的特征显然就是流动性……因此“解组”伴随着“流动性”。(16，18)

他们亲眼目睹的流动性的种类和频率，与他们中一些人儿时经历的传统乡村生活在地域上的稳定性相比，与他们的家人或知识分子老前辈（即19世纪理论家）所讲述的传统乡村生活在地域上的稳定性相比，形成了鲜明的对照。

芝加哥的社会学家批评“纸上谈兵的理论推理”，他们着手提供实证研究法去观察和理解城市生活。一些人开始挖掘移民的故事，另一些人费尽心机呈现市民居住和使用土地的方式，勾勒城市包罗万象的生态结构。罗伯特·帕克是芝加哥学派早期的一位成员，他曾经是一位新闻记者，曾经是格奥尔格·西美尔非全日制的学生，他明白在城市环境里亲身经历、直接观察是重要的。他鼓励自己的学生和同事把城市当作一个社会实验室去深入探索：

> 有人要你去图书馆查资料，你就会积累一堆笔记，你会沾一身的灰尘。有人要你选择一些难题，为解决这些问题，你找到一堆堆发霉的、以琐碎的日常事务为基础的常规记录。这些记录有贵族们留下的，有寻求帮助的、极不情愿的申请人填写的，或者是过于讲究的、想做好事的人抑或是冷漠的职员填写的。真可谓要“在真正的研究中弄脏双手”。那些为你提供专业咨询的人都是有智慧的，值得尊敬的：他们陈述的理由极有价值。但是还有一件事必不可少：直接去观察。去坐在豪华旅馆的休息厅里，坐在廉价旅馆的门阶上，坐在高级住宅的长沙发上，坐在贫民窟的地铺上，坐在演奏管弦乐的音乐厅里，坐在低俗的滑稽歌舞杂剧院里。先生们，总之，你们要在真正的研究中坐脏你们的裤子。(引自 McKinney，1966：71)

帕克和他的同事以及学生受这种学术的“战斗号召”的驱使，开始挖掘芝加哥这座城市错综复杂的细节。他们齐心协力地进行人种学的现场调查，研究城市性（城市的生活方式）。他们还试图借助用以量化的数据以及生态学的假设来说明城市化（城市的发展和成长）的力量。他们一致努力，希望能展现芝加哥万花筒式的城市生活中独特的细节，又能呈现维系“自然”成分的外部框架。

尽管个人的研究兴趣有差异，芝加哥学派所有成员的研究都立足于这个假设：城市就像一个活生生的有机体那样运行着。这个有机体由两个分开的层面构成，它们“用独特的方式互动，互相塑造，互相调整”（Park，1925/1967：4）。它们分别是“生物的”层面和“文化的”层面。居民为稀缺资源而竞争，因此生物的或共生的层面决定了城市的结构。文化的层面是由交流和共识驱动的。因此，文化是对周遭所发生的变化所产生的适应性反应。在生物层面出现的结构变化（比如，人口的增长）迫使文化发生变化去适应城市新的社会环境。我们会在下面两个部分分别讨论他们思考、研究城市生活的两种方式。但是，值得注意的是，用科学的语言来说，这个体系中的文化是一个“从属的变量”，不是一个“独立的变量”。人们周遭发生着更大的经济和人口的变化，他们显然对这些变化无法控制，文化则是这些变化的结果而不是原因。

城市人种论：城市性是一种生活方式

在芝加哥学派中，关注城市性的成员们遵循这样一个总则：整个城市的许多组成部分（即邻里社区、聚居地、亚文化群体）都需要描述和解释。没有哪一种生活方式或文化是包罗万象的，是每个人或大多数人或大多数阶层、种族等都愿意认同并欣然接受的。相反，有不同的“亚文化群体”，而且，每一个“亚文化群体”都是独特的。

研究人种论的学者们走上街头，调查这些互不相关的社会世界对城市环境做出的各种适应性反应。每一个社会世界都因民族、种族和阶层的主要特征而被分隔开来，它有在城市生存的、属于自己的经验和教训。况且，城市依赖高度专业化的劳动分工，因此学者们研究各行各业，呈现市民如何在世人看来严酷无情的环境中学习谋生。帕克（1925/1967）列举了下列主流的和“反常的”职业，供研究人种论的学者们去研究：

> 因此，劳动分工作为一种制度，即作为塑造人格的一种方式，它所产生的后果可以通过职业类型来进行最好的研究。这些职业类型可作为有趣的研究对象：女售货员、男警察、流动小贩、出租车司机、守夜人、拥有通灵术的人、歌舞杂耍演员、江湖郎中、酒吧招待、选区的领袖、工贼、劳工积极分子、教师、记者、证券经纪人、典当商人。所有这些职业类型是城市各种境况的典型产物，每一个类型都有特别的经历、洞察力和见解，决定了每一个职业群体甚至是整座城市的个性特征［着重强调］。(14)

在这里，我们已经能看到关于文化适应的理论、关于城市劳动分工影响城市文化这一理论，两个理论均得以发展。构成城市万花筒的那些小小的世界，每一个小世界都有自己的适应方式和专门化的职业，增添了城市生活总体上的多样性。而且，每一个小世界都值得研究。

帕克的同事和学生兢兢业业地承担了这个任务。自 20 世纪 20 年代开始，芝加哥学派就对城市各种社会世界做了大量的、源自亲身体验的报道，这项工作一直持续了几十年。有些社会世界，比如你可能在族群聚居地看到的那些小世界，都因为在所处位置和空间上比邻而受束缚。另一些社会世界则要面对与不同职业类型和社会地位（比如赌徒、职业舞女等）有关的、具体的“社会病症”。这个时期，学者们撰写并发表了大量的论文，出版了许多著作（都是由颇富名望的芝加哥大学出版社出版的）。这些文章和著作一炮打响，即刻成为城市社会学和犯罪学、偏常行为学、民族和种族关系等其他分支学科的经典之作。这些出版物的代表性著作展示了在芝加哥可供研究的一系列话题：

> 内尔斯·安德森（Nels Anderson）的《无业游民》（*The Hobo*，1923）；弗雷德里克·M. 思拉舍（Frederick M. Thrasher）的《黑帮》(*The Gang*，1927)；路易斯·沃思（Louis Wirth）的《犹太人聚居区》（*The* [*Jewish*] *Ghetto*）；鲁思·S. 卡万（Ruth S. Cavan）的《自杀》(*Suicide*，1928)；克利福德·S. 肖（Clifford S. Shaw）的《街头扒手》(*The Jack-Roller*，1930)；哈维·W. 佐尔博（Harvey W. Zorbaugh）的《高级住宅区和贫民窟》(*The Gold Coast and the Slum*，1929)；E. 富兰克林·弗雷泽（E. Franklin Frazier）的《芝加哥的黑人家庭》（*The Negro Family in Chicago*，1932)；保罗·G. 克雷西（Paul G. Cressey）的《舞女伴舞的舞厅》(*The Taxi-Dance Hall*，1932)；沃尔特·C. 雷克利斯（Walter C. Reckless）的《芝加哥城里的恶行》(*Vice in Chicago*，1933)；诺曼·海纳（Norman Hayner）的《旅馆生活》（*Hotel Life*，1936)；圣克莱尔·德雷克（St. Clair Drake）和霍勒斯·R. 凯顿（Horace R. Cayton）合著的《黑色大都市》(*Black Metropolis*，1945)。

每一项研究都考察了“一个截然不同的世界，它拥有独特的行为、言语和思考方式”（Cressey，1969：31)。但是，这些研究融为一体时则展现了非常重要的见解，反映了芝加哥日益增多的人口的多样性。乌尔夫·汉纳兹（Ulf Hannerz，1980）将芝加哥人种论学者所有的研究称为“合作的人种论…… [一项] 值得注意的成就，因为它几乎与世无双”(54)。这些研究支撑了帕克（1925/1967）开创性的见解：一座城市是“由社会世界构成的马赛克图案，这些世界互为毗连却没有互相渗透”(40)。虽然芝加哥学派夸大了这些社会世界之间缺乏的交叠和联系，但是这些研究为城市生活的异质性提供了丰富的证据。

异质性成为定义城市人口结构的一个重要成分。路易斯·沃思

(1938) 所著的文章“城市性是一种生活方式”，影响极其深远，是芝加哥学派有关社会解组的城市理论所发出的最直截了当的声明。沃思在文章中认为，异质性、规模和密度是城市生活的三个最重要的决定性因素。

> 城市社会学家要处理的中心问题是：在由众多异质的个体所构成的，相对固定、密集的聚居点里，去发现其中出现的典型的社会行为和组织形式。我们还必须这样推断：城市性会拥有自己最典型、最极端的形式，因为与之相符合的条件是存在的。因此，一个社区越大、人口越密集、异质性越强，与城市性有关的特征就越突出。(9)

在沃思看来，规模、密度和异质性，这些独立的变量决定或自动产生人们在城市里行为、言语和思考的方式。而且沃思认为，这些方式对个人心理和社会关系均有不良的影响。

沃思依据这三个决定性的变量提出了许多假设，说明城市如何诞生一种独特的文化。但是沃思对城市性的诠释基于一种悲观主义，这种悲观主义是从过往理论家的著作里传承的。最令人瞩目的是，沃思传承了西美尔看待城市匿名化（urban anonymity）的观点，成为他描绘城市性的中心观点。他认为，从最基本的社会关系（比如，家庭纽带）过渡到次要的社会关系（比如，工会和大型的公司），这对人的事务具有根本的毁灭性。虽然沃思对城市做了简明、概括的定义，并包含了得到考验的假设（且多数假设经过考验显示是不正确的），但是，他并没有确切地说明城市性“作为一种生活方式”是如何运行的。但是，这一批评可能指向芝加哥学派那些城市化思想比较“宏观”的学者们。他们没有尝试理解市民的行为、言语和思考方式，这值得尊重。他们只是力求了解城市这个整体，目的是为了理解它作为一个单个的、有生命的、勉强呼吸的个体是如何运行的。

城市生态学：人和植物

芝加哥的人种学学者们在研究聚居地和亚文化群体时弄脏了双手、磨破了鞋，此时他们那些研究生态学的兄弟们正就城市的结构和形式提出其他的问题。但是，他们对问题的答案为人种学学者们提供了至关重要的逻辑依据，使他们的研究能够跨越城市自然区域，聚焦于分隔开的地带中那些独特的社会世界。生态学家想理解城市的成长和人口多样性背后的自然力量。他们热衷于发现人口分布的自然规律以及决定能否成功地适应城市环境的自然过程。请注意，把自然加重点号处理是为了突出说明芝加哥学派强调人和植物的类比关系。他们相信，城市是一个超个体（superorganism），其中“适者”才能为了空间参与竞争。这当然不考虑其他有形（比如财富）或无形（比如感情）的因素。但是，我们这里先将“城市生态的”视角摆出来，再来仔细分析它。使用一个生物学的比喻，主要充当探索的策略，或者用于代替更精确或更合适的术语，这样做是很有价值的。

先有了罗德里克·麦肯齐（Roderick McKenzie）的著作，然后又有欧内斯特·伯吉斯和阿莫斯·霍利详细的阐述，城市生态学家们表达了这一观点：人类社区生活的功能和其他生物群落一样。人和其他有机体一样，必须适应环境，躲避潜在的危险。生物为生存而弱肉强食，这和旨在夺取空间的经济竞争是密切相关的。那些没有竞争力的人就落入历史的最深处，更确切地说，是城市的最深处。最成功的社区或人民会占领城市“最好的”区域，拥有更高的生存几率。芝加哥的生态学家也关注城市居民如何为共同生存、为抵御潮水般涌来的移民的“侵略”而通力合作。强调自然的竞争与合作，这说明城市的空间结构是人的参与和管理无法触及的自然变化过程所产生的一个结果。

芝加哥学派的生态学家们留下了最持久的财富，即一个理想化的城市模型得以建立，用以直观地描绘创造整座城市及城市各部分的生物过程。欧内斯特·伯吉斯的“同心地带模型（concentric-zone model）”（1925：47～62）表明，土地的使用模式反映了各阶段前赴后继的侵入和占领。其结果就是出现了一系列同心圆或同心地带，而中央商务区牢牢地设在圆心。这是城市经济活动的中心，服务于城市经济活动。最高的土地价值就在这个地带。中央商务区由一个“过渡带”包围着，逐渐向外拓展，因为经济利益愈来愈重的商业和工业不断地侵入，无休止地威胁这个“过渡带”。能够离开这个脆弱地区的人们都离开了。但是，那些没有能力离开的人，没有经济能力搬家的人，只好继续生活在这个地区。这个地带本身容纳了诸如移民、罪犯、精神病人等边缘人口，贫穷，多恶行，声名狼藉。犹太人聚居区、意大利移民聚居区（Little Sicily）、唐人街、部分黑人聚居区都位于这个地带。

在下一个地带居住的就是在文化上已同化、社会地位正在上升的群体，比如移民的后代。伯吉斯把这个地带称为“工人之家的地带（zone of workingmen's homes）”。居住于这个地带的第二代移民和工厂的工人并不贫穷，但是也没有购买土地或房屋的足够财富。相反，“居住地带（residential zone）”的人口都是中产阶层，大部分是白领员工、小企业主和经理人。他们居住在较新的、至少是翻修过的公寓和单门独户里。这个地带的犯罪率远低于工人阶层的自然区域，而工人阶层的自然区域犯罪率又低于中央商务区外面的“过渡带”。最后也是最远的地带就是大多数人所指的郊区。这里是“通勤地带（commuters' zone）”，这里的居民在城里就业，经济比较富裕，能够住在城市比较安全的边远地区。

伯吉斯的城市模型，带有某种明显的、应对密歇根湖（湖水自北向南将这些地带一分为二）所需的不拘一格的艺术手法，非常准确地描绘了芝加哥居住区的隔离状况。但是其主旨不仅仅是为了描绘芝加哥，其目的在于呈现人们在所有工业城市里都能看到的社会模式。伯吉斯在描绘自己的模型时笔触粗犷，很容易招致批评，其他人——包括他自己的同事——随之提出改良的城市布局。

最有名的是霍默·霍伊特（Homer Hoyt）的“扇形模型（sector

model）”（1939），还有昌西·哈里斯（Chauncy Harris）和爱德华·厄尔曼（Edward Ullman）的“多核心模型（multiple nuclei model）”（1945）。霍伊特的“扇形模型”所依据的理念是：城市的成长模式依赖交通干线。交通走廊会产生对周围土地和房地产高度竞争的模式。“城市被描绘得更像海星或者轮辐式车轮”（Karp等，1991：55），与同心地带不一样。哈里斯和厄尔曼对这两种布局都不认同。他们的“多核心模型”支持城市去中心化的观点，不强调中央商务区的重要性。从他们的模型看，那些专业化的活动和设施（比如，制造业、购物或者教育）特别集中的地区就会形成多个核心。

因为这些模型依赖生物学的类比或者试图用极简形式描绘复杂的社会现实，它们依然遭受批评。许多依据实证研究的批评都是有效的（也就是说，城市不是按照完全一样的模式布局的）。与此同时，这些批评家往往低估了那些模型建造者的独创性，因为这些建造者在人类历史上首次尝试通过视觉的方式呈现、解释城市在空间上的分区模式。人们不认同生态学家对复杂的城市形式“以一概全”的模型建立法，然而这些模型本身一直具有很高的教学和研究价值。

芝加哥学派的人种论和生态学研究中一个主要问题是，没有将文化视为一种生产力。他们常常认为文化是反对变革的（前面提到的因变量）。从土地竞争中诞生的更强大的自然力量塑造了人与人之间的关系。因此，在芝加哥学派的分析中，人的能动性或人的行为没有得到充分的阐述。

倘若人的能动性不属于城市生活模型或理论的一个部分，那么社会改革怎么可能发生？城市政治经济学家试图回答这个问题。他们关注强者的政治、经济利益，弥补城市理论中缺乏人的能动性这一不足。但是，他们仍把文化视为次要的因素。现在，我们看看城市政治经济视角如何挑战并最终替代芝加哥学派在城市社会学领域的统治地位。

城市政治经济和“新的”城市社会学

20 世纪 60 年代末和 70 年代初，城市区域的社会和政治动荡日益严重，部分原因是愈加严重的种族分化和政府政策的约束性。研究城市的学者们急切地寻找新方法去理解城市生活中这些新出现的社会现实（Walton，1993：302；Kleniewski，1997：35）。为了解释芝加哥学派的生物决定论不能解释的问题，城市学者们采用了新的城市分析方式。他们参考马克斯·韦伯的著作，重新挖掘卡尔·马克思著作中的观点（对弗里德里希·恩格斯也有少许参考）。新产生的研究视角有不同的名称，由直接挑战芝加哥学派研究方法的几个基本假设联系在一起（Kleniewski，1997：37）。尤为重要的一个观点是：一座城市的形式和成长不是“自然过程”产生的结果，而是取决于控制财富和其他关键资源的人和组织所做的决定。因此，为城市环境负责的不是某些进化论的理论，而是城市里掌权的决策者。这一视角总体上被视为城市政治经济学视角，它强调了掌权的社会参与者，因此很快成为而且可能一直是城市社会学占主导地位的理论范式。

人们拥有权力，其程度超出芝加哥学派的想象，而且有些人出让的权力足以使一些人受益，使另外一些人受害。社会参与者中的关键人物影响社会物资的分配，韦伯对这一影响的方式所持的观点，为社会学家探索这些社会参与者如何控制城市财富和土地市场提供了理论和历史依据。在这些掌权的个人和组织中，有房地产投资人和代理商、城市规划者、住房管理者、警察、政策制定者、抵押贷款的放款人、金融家。这些个体或集体能够决定哪些社会团体和人群有权利用具体的财产市场。

在最初采用这个新视角探讨此类问题的书籍里，有一本书名曰《谁的城市？以及其他社会学及城市规划的论文》（*Whose City? and Other Essays on Sociology and Planning*），其中雷·帕尔（Ray Pahl，1970）这样说：

> 真正的城市社会学应当将人们利用稀缺城市资源和设施时所受的社会和空间上的限制视为因变量；而城市体系的经理人或控制者，我视其为自变量。(221)

人的能动性，资源分配引起的冲突，这两者之间有着复杂的联系。这些冲突又反过来影响城市的形式和社会组织。关注这种不平等，人们就不会认为住房和土地市场向“自由”的市场竞争或生物的合作敞开大门。但是，这也给那些把这一范式引入经济决定论的人贴了标签。团结和合作是不可能的，因为城市迫使人们将别人视为各种角色的扮演者或城市“成长机器”的轮齿（Logan & Molotch，1987；Gottdeiner & Feagin，1988）。因此，倘若城市的成长和维持依靠资本，在这种情况下，社会团结就被视为一个无法实现的目标，不具有真实性。

所以，“新的”城市社会学旨在将城市解释为一个更伟大的故事的一部分，与阶级冲突、资本积累和意识形态的控制有关。像戴维·哈维（David Harvey）、曼纽尔·卡斯特尔（Manuel Castells）、亨利·列斐伏尔（Henri Lefebvre）这些直接受马克思主义理论启发的城市理论家将“邪恶、贪婪的资本主义体系”（Harvey，1973：133）的理论彻底转化为对城市空间竞争的阐释。

哈维认为，对城市一些区域（也就是说，*并不是*那些开发需求最高的区域）无休止的重新开发是利欲熏心的资本家造成的。地方政府和联邦政府将自由赋予投机商和开发商，他们可以随心所欲地在他们乐意的领域、群体和地方投资，政府不干预，有时候还予以帮助。哈维认为，这往往使富有的白人受益，那些难以获得贷款去买房的贫穷的黑人或其他少数民族则受到伤害。哈维（1973）从这个视角看，强调了建筑环境作为商品、作为收益或损失的源头所起的作用。

> 资本主义制度下存在着一种永恒的斗争：资方在某个具体时刻建造了适合自身条件的物质景观，结果在后来的某个时刻，通

> 常在危机出现的过程中又必须拆毁这个物质景观。只能用这样的过程来理解建筑环境上的投资在时间和地理上的兴衰起伏。资本主义内部矛盾所产生的后果，在建筑环境的固定或流动投资的具体状况中折射出来，因此这些后果在所造就的景观历史地理学中是显而易见的。(124)

城市的景观受制于权力集团投资、撤资这互为矛盾的冲动。权力集团为了避免上层阶级和劳工阶层二者之间潜在的冲突而渴望分开他们的住宅区，因此在投资、撤资这互相矛盾的冲动中挣扎。住宅上的隔离反过来造就了环境开发的不均衡。这种不均衡是由土地价值的高低引起的，它以“下层社会”为代价使资产阶级受益。

从城市政治经济学的视角看，城市就是一个谋利的机器，基本上，只要产生收益，对建筑环境的重建和重新开发就等于为这台机器加油。曼纽尔·卡斯特尔（1977）将马克思主义的理论应用于城市研究，阐释了城市既是一个生产单位（类似于哈维的思想），又是一个社会再生产的中心，具有双重功能。个人对衣、食等的消费，集体对房屋以及其他社会服务（比如，医院、学校和公园）的消费，这两者再次产生不均衡、不平等的社会关系。卡斯特尔认为，国家就是富人的一个工具。因此，城市之所以存在，是因为只有这样，国家方可以最低成本、提供最少的社会服务和设施去再生产并维持一个灵活的、受过些许教育的、大体上健康的劳动力队伍。这包括提供政府资助的、往往价格低廉的、低品质的房屋。卡斯特尔认为这样的房屋是不合乎标准的。

卡斯特尔强调，城市的空间形式重现了马克思多年前列举的、体现巨大贫富悬殊的资本主义的矛盾。在卡斯特尔（2000）看来，资本主义进一步证实了这一理念：“必须在社会转变的大环境里去理解空间转变：**空间并不反映社会，它表达社会，它是社会的一个基本维度**。”（293，着重强调）他因此批评了芝加哥学派以及其他远离现实、视城市为独特生态环境的学者们，因为他们认为，在超越城市边界的资本主义的大体系之外，城市以某种方式独立存在。卡斯特尔（1977）认为有必要对城市进行所谓的“结构性的”解读：

> 这需要超越对活动与场所之间关系机制的描述，去发现所研究的空间形式在产生及功能中的结构规律……无需某一具体的空间理论，而只是单纯地运用并具体说明社会结构的理论，这样做是为了解释具体的社会形式和空间的特征，解释它用历史所赋予的其他形式和过程所表达的内涵［着重强调］。(124)

卡斯特尔对城市进行结构上的阐释，旨在纠正“城市空间是由市民的知识和行为塑造的”这一观点。但是，这一所谓的矫正法把卡斯特尔和其他有马克思主义倾向的理论家抛向了另外一个极端：城市的空间形式是由普通百姓无法控制的力量决定的。

“有城市社会学吗?”卡斯特尔的回答是否定的。他继续走着寻找城市基本的、定义性的特征和轮廓这一传统而漫长的道路。卡斯特尔坚持认为，城市产生的社会过程不是城市独有的，而是资本主义社会普遍存在的。因此，他对“城市问题”不同凡响的看法使整个城市研究领域感到震惊。

约翰·沃尔顿（John Walton，1993）认为卡斯特尔对“新的”城市社会学（明显与马克思主义对资本主义的评论有联系）的发展起着中流砥柱的作用，他如此写道：

> 简言之，卡斯特尔认为，城市社会学没有“真正的”或具体的目标，因为“城市的”只是模糊地指“非乡村的”，并非指一些具体的现象。而且，城市社会学（或“思想体系”）关注的是一些活动，比如构成社区，造就亚文化，避免社会道德沦丧的社会群体，而这些无论哪一项本质上都不单单属于城市。……缺乏独特的属于城市的理论目标，卡斯特尔对此假装感到“震惊”，他后来将这个研究领域描绘成“思想体系的”，这些只不过是他用于说理的一个强有力的修辞手段而已。他和以前的以及后来的学者一

样想说明，倘若研究一系列特别的问题，而且从某一优先考虑的理论观点出发又易于解释这些问题，那么城市社会学就会更富于逻辑。(304～305)

当初，芝加哥学派诚恳地响应帕克的“战斗号召”，走出家门，走向街头，探索城市中各种截然不同的社会世界。如今，新一代的城市学者深受卡斯特尔的影响，着手研究塑造城市的首要的制度（经济和政治）产生的过程及结果。对于这些学者来说，最根本的假设是：城市是资本主义威力的产品，因此受全球政治经济的影响，是全球政治经济的一部分。这一主张促使人们针对世界体系理论（world-systems theory）（Wallerstein，1979；Smith & Timberlake，1995）、全球化（Short，2004）和“全球城市”（Sassen，2001，2002，2010）做了大量的研究。

城市政治经济学家做了许多研究，他们使城市摆脱自身的边界，在全球更广阔的环境里看待城市，因此展现了一个全新的视角。这些研究远远不同于芝加哥学派为挖掘城市中千差万别和独特的社会世界所做的努力。不过他们仍然乐意相信，尽管城市的存在是一个单独的实体，它只是越来越大的跨国网络的一个节点，“社会解组”仍是城市生活的主导原则。城市政治经济学家不接受传统的芝加哥学派的城市社会学，但是他们依然相信“社会解组”。与城市生活有关的新观点和旧思想的结合是所谓的后现代研究方法的一个部分。在下一部分，我们对洛杉矶进行短期访问，就会知道这一切是如何实现的。

后现代主义和洛杉矶学派

在20世纪最后25年里，随着城市及其周围世界的变化，理论家们也在寻找新方式去理解城市生活。后现代主义跨越许多领域和学科，在20世纪80年代开始时髦起来，而且势头越来越猛，因为它是一个故意裂成碎片的视角。因为这个世界就是碎片状的，不稳定的，因此不能用一个单一的“大叙事（grand narrative）”来理解，后现代理论也是如此。后现代城市理论借助于不同历史时期、跨越不同学科的文献，反映了所谓的后现代城市大杂烩的、不协调的空间形式。以往用工业化和生产定义现代城市，如今用以定义后现代城市的是消费、模拟和“视觉的快感（thrill of spectacle）”（Hannigan，1998：4）。后现代城市的社会生活是由消费者的怪念头支配的。正如沙伦·佐金（Sharon Zukin，1991）所说，这些消费者们渴望被迪士尼那种想象的、幻觉的乐园来抚慰。后现代的城市规划专家们认为，“恣意的消费和快速的满足是后现代城市生活的主题”（Borer，2006：178），最大程度地代表这些想法的地方就是洛杉矶。

地理学家爱德华·苏贾（Edward Soja，1989）是给洛杉矶贴上“典型后现代城市”这一标签的第一人，他认为它是今天和未来城市的先驱。“洛杉矶是一个‘所有元素汇聚在一起’的地方”……我们可能把蔓延的城市区域称为“范式区域（paradigmatic place）”（191）。他描述了洛杉矶市中心融为一体的多样化世界，为城市新形式的碎片化提供了一些指标。

> 在内城分区细致的光冕里，有许多耀眼的地点：正在重建的唐人街里有越南商店和香港式住宅；在小东京历史悠久、顽固的遗迹里有大东京资助重建的现代化建筑；艺术家的阁楼和画廊这种人工的、仿工作场所……极其不合时代的批发市场……无家可归者在贫民区流落街头；巨大的、壁画似的西班牙裔聚居区向洛杉矶东部蔓延……南方公园故意雅皮士化的重建区域靠近有些肮脏的会议中心，邦克山那些带来巨大税收收益的宝塔和堡垒。（239～240）

如果你觉得苏贾对洛杉矶的描述让人迷惑，令人晕头转向，那么他实际上所做的工作就成功了，因为他想让读者看到这个描述时体会洛杉矶给人的感受。

相信或参与后现代主义的学者竭尽全力地有意使用不精确的、比喻的语言来分析现代城市生活。当然，使用比喻是解释复杂问题时的一种有效的、有时也是必须的修辞手段。在城市社会学家看待和理解城市的方式里，比喻一直发挥着重要的作用："城市"是集市、丛林、有机体、机器等（见 Langer，1984）。但是后现代主义者的比喻故意不追溯任何在社会和道德上意义重大的事情，因为他们认为，"真实"只是一个表征，"和任何现实毫无瓜葛：它就是自己单纯的幻影"（Baudrillard，1983：11）。珍妮特·沃尔夫（Janet Wolff）认为，后现代城市研究旨在以无法挽回的方式瓦解、拆毁"真实的城市"和"话语的城市"之间的界限（553）。从这个角度看，"我们所讨论的"和"我们正在讨论的"，这二者之间没有区别。

迈克尔·迪尔（Michael Dear）和其他几位学者，为了讨论洛杉矶这样的后现代城市破裂如碎片般的本质，他们共同撰写了各种"宣言"式的文章，试图为讨论后现代的城市性开拓一种新语言。例如，他们使用"基诺资本主义（Keno capitalism）"（Dear & Flusty，1998；Dear，2002）描述洛杉矶空间结构随意的栅格模式，与芝加哥这类传统的现代城市大不相同。迪尔和弗拉斯提（Flusty，1998）针对现代性看似崭新的社会环境引入了一些崭新的语言：

> 城市化过程是由全球重组驱动的，而一系列网络对全球的重组进行封锁，渗透，分裂；人口在社会和文化方面都是异质的，在政治和经济方面是两极化的；市民都受过教育和熏陶，愿意享受幻景，即使是最穷的人也被托付给了监狱一样的城市；城市的建筑环境反映了这些过程，包括边缘城市、私托邦（privatopias）等；城市的自然环境也反映了这些过程，已被抹杀到了不宜居住的地步。（59～60）

所谓的洛杉矶学派，仿佛仅在名义上存在，部分原因当然是它"非理智地反领导（pathologically antileadership）"（Dear & Flusty，

2002：11)。它有意呈现与芝加哥学派的生态模式有所区分的一个模式。

然而，与破碎有关的所有讨论最终都只是对起源于芝加哥的“社会解组”命题的重申。而且，无论迪尔和其他学者如何拥护后现在主义对大叙事的厌恶态度（即对人的行为所做的宏观结构的解释），他们都依赖那些支持现代主义城市的解释（例如，经济决定论）。凯文·福克斯·戈塞姆（Kevin Fox Gotham，2001）准确地发现洛杉矶学派和政治经济学家之间的相似之处。“尽管［后现代主义者的］分析和结论不同，其研究仍然扎根于马克思主义理论，强调了经济和物质过程在文化分析中的主导地位”（66）。因此，很难发现有什么新的内容。这很遗憾，因为洛杉矶和西部其他“阳光地带”的城市（比如，凤凰城、休斯敦和拉斯维加斯）都和芝加哥不一样。重要的是，这些城市之间的差异不算很大，还不需要创造新词语来理解它们。

一旦剥去深奥的新词所指的和反面乌托邦忧郁的意象（见 Davis，1998，2002），就很难发现城市和城市里的人。洛杉矶学派受后现代主义“建筑决定论”的标志物的阻碍（Lees，1994：446），忽略了城市研究最重要的部分：在我们所研究的城市里生活、工作和玩乐的人们。彼得·杰克逊（Peter Jackson，1999）对迪尔和弗拉斯提（1998）的思想做出了反馈，他准确地找到了洛杉矶学派“人种学的空白”。他发现，“迪尔和弗拉斯提在对洛杉矶进行现代研究综述时没有包含任何人种学的成分，也没有提及未来研究日程上要做这类工作。相反，他们的文章里充满了与社会两极分化和碎片化有关的时髦抽象的概念”（401）。他们无法了解人们如何实践城市性，也就不能评估人们的实践能起多大作用。

芝加哥学派有周密的人种学研究计划，使诸位学者走进芝加哥不同的社会世界。尽管如此，他们仍然视文化为反应性的（reactive）而不是积极主动的（proactive）（也就是说，是因变量而不是自变量）。生态过程驱动人们出入城市的不同区域，无论是个人还是群体都被迫对这些生态过程产生反应。城市政治经济学家同意这一点，但是他们坚持认为，这种驱动不是“自然的”，而是对掌权者为追求商业利益所做的决定产生的反应。后现代主义者持同样的观点，但是看不到好的结局。从很多方面看，他们就是没有革命的马克思主义者。因此，对文化来说，就人们为维持和/或重建城市世界所付出的努力来说，这三个学派都缺乏足够的、全面的了解或理解。杰拉尔德·萨特尔斯（Gerald Suttles，1984：283）说：“几乎每个人都短暂地注意过本地的思想和文化，但是通常仅此而已。”这话在30年后仍然是真实的。

如果忽视文化，对城市性和市民日常生活的理解就会不足。我们把自己的研究方法简单地在下一节呈现出来，并在整本书里以例证说明。这一方法的重心是城市化和城市性之间的联系。我们将详细地阐释城市性，即人们构建、实践城市文化和社区生活的方式。

城市文化视角

符号互动论者（symbolic interactionist）对城市日常生活的描述（如Karp，Stone，& Yoels，1991；Lofland，1998）以及文化社会学家分析“意义建构（meaning-making）”（如Spillman，2002）的动力，都对城市文化视角产生了影响。城市文化视角关注城市文化和社区建设的活动和过程。城市文化学者详细地研究人和地方之间的象征性关系以及地方如何被赋予意义和价值。城市建筑环境的开发和重建被视为理解文化价值、观念和活动的一种方式（Monti，1990；Bridger，1996；Lofland，1998；Milligan，1998，2003；Borer，2008）。首要的目标是了解市民如何以不同的程度、出于不同的原因为城市的社会生活做出贡献。因此，城市可视为集体的成就。

城市文化视角是基于地方而不是基于城市的。也就是说，我们并不认为一座城市会像洛杉矶、迈阿密（Nijman，2000）或纽约（Halle，2003；Halle & Beveridge，2011）那样的城市由现代学者呈现出来，绝对代表21世纪的城市性。基于城市的理论是有争议的，因为它们不仅缺乏对城市（以及对城市、市郊和城镇）进行比较的要点，而且正如罗伯特·博勒加德（Robert Beauregard，2003，2011）成功论证的，它们往往偏向于学者们所在的特定的城市和学派。博勒加德（2011）对基于城市的理论持怀疑态度，因为这些理论往往具有排斥性，会破坏城市研究的实用性。

> 另外，基于城市的理论激增，强调城市根本上的独特性，轻视城市的共性，否认一座“普通”城市可以给城市理论增添价值。相反，一些城市有理论价值，另外一些城市却没有。后者接受理论；前者创造理论。因此，需要一种酝酿怀疑态度的批判精神，而不是去接受基于城市的城市理论。(199)

城市文化视角坚持这种怀疑态度。研究城市内部现象的著作，有几部是开创性的。这些现象包括城市文化（Monti，1999，2012）、公共场所的交往活动（Lofland，1998）、破败区域的绅士化改造（Brown-Saracino，2009）。除此以外，从这一视角出发的许多研究都依据具体的个案。不管怎样，这些学者都非常敏锐地意识到一些地方为何变得独一无二或者普普通通。事实上，“地方的塑造”成为研究的对象（Borer，2010）。

许多城市社会学家从一个社会问题或社会现象着手，然后寻找这一问题或现象发生或曾经发生的城市或者城市里的某些地方。城市文化视角鼓励学者从一个地方着手，问一个开放的、归纳的问题：“这儿发生了什么事?”从一个地方出发，然后向外移动，会有重要的、预想不到的发现。这使学者们有机会从最基本的地方出发构建新的思想和理论，而不是提出一些假设而后“测试”这些假设。这并非意味着研究者不该留意以往对他们研究的地区或人口所做的研究。针对这一点，伊莱贾·安德森（Elijah Anderson，2002）说得很好：

> 人种论学者进入研究领域时，他应当具备某种程度的社会学家的精明，甚至是一种理论视角。随着研究工作的进展，这些素

> 养有助于构想与研究对象及其所处环境的社会结构有关的一些问题。这些导向性的问题应当源自研究者实地考察获得的地方知识，而不是仅仅出自他/她学术上的先入之见……事实上，人种学上最尖锐的问题往往融合了多个关注的焦点，既反映人种论学者对社会环境的参与，也反映他/她本人的社会学立场。(1536～1537)

安德森对他所谓的那种“受意识形态驱使的”研究持批评态度，尤其是那些采用马克思主义或城市政治经济视角（如 Wacquant，2002）的城市社会学家所做的研究。不是让理论驱动研究，而是让与社区有关的“地方知识”支配研究的方向，即便这不是必需的，但也是重要的。也就是说，我们需要让社区的成员述说那些对他们重要的事情，让他们把生活的现实揭示给我们看。我们不能颠倒这个程序。

城市文化主义者让“地方知识”起首要作用，但是，他们在实地考察时仍使用一些理论和“敏化概念（sensitizing concepts）”。城市文化主义者在下面六个理论和实践的主要领域里有丰硕的成果而且依然在孜孜不倦地耕耘：（1）城市的意象和表征；（2）城市社区和城市文化；（3）基于地方的神话、叙事和集体记忆；（4）地方的和对于地方的情感和意义；（5）城市的身份和生活方式；（6）活动及互动场所。这可以在一个比较的框架里使用，用来研究各种地方和地方的居民所具有的异同之处。

“城市是人类建造的能正常运行的最庞大的东西”，丹尼尔·蒙蒂说（1999：18）。一座城市空间、面积这么大，又有很多人居住其中，个人不可能从整体上理解“这座城市”。我们往往只看到它的局部。不管怎样，这些局部常常象征了剩余的部分。R. 理查德·沃尔（R. Richard Wohl）和安塞尔姆·斯特劳斯（Anselm Strauss）撰写了他们那篇开创性的论文“符号表征和城市环境（Symbolic Representations and the Urban Milieu）”（1958），研究了城市礼仪如何为了避免大都市“社会道德沦丧”导致的分崩离析而构建象征性的城市意象。从某些方面说，他们和西美尔关注的问题很吻合，说明城市符号表征的创建是一种应对机制，比如，漠不关心的态度（Simmel，1971a；Wirth，1938）。要应对极其庞大的城市，这种机制不可或缺。

因为城市如此庞大，这些表征对城市生活来说至关重要。它们成为城市内、城市和地区之间共同语言的基础。沃尔和斯特劳斯表明，人们使这些表征依附于自然和人工的物体。位于城市内的事物（比如树木、河流、公园、建筑物、街角和邻里社区等）都成为具有象征意义的标志，有些标志甚至等同于这座城市本身。

> 因此，精致、雄伟、气势非凡的金门大桥代表了旧金山；看见法国区（the French Quarter）① 简短的特写镜头，就知道是新奥尔良……长久以来，从炮台公园观看纽约的天际线就等于观看了这座城市。人们对这个符号有很深的理解，所以一部电影只需在屏幕上片刻闪现（纽约）摩天大楼的景色，然后将摄影机导入电影的开篇，便可说明故事的现场。观众立刻明白这一间接、简略的表达。（Wohl & Strauss，1958：526）

这些物体，这些地方，有助于不同群体的人们辨认城市，也为个人认同城市提供了一种方式。观众在电影和电视上看见这些广为人知的意象，就能够将人物定位于合适的场景里。

符号表征对城市内外的一切事物都潜在地敞开着。符号表征提供进入共融的（inclusive）城市社区的一种方式，至少能够在最低限度上提供一种表面的秩序。这些意象或表征能够创造“共同的指涉对象（common referents）”，成为市民和游客共同的“文化素养（cultural literacy）”的一部分（Demerath & Levinger，2003：221）。它们充当共同的指涉对象，使城市内不同群体之间的对话成为可能。

杰拉尔德·萨特尔斯明确说明了城市中被人们赋予意义的物质的

① 法国区是路易斯安那州新奥尔良的一个老社区，临密西西比河，当地人有时称之为“老广场（the Vieux Carré）”。——译者注

和空间的事物，从而呼吁人们注意各城市相应的“城市图像学（urban iconography）”。他关注城市居民“集体的表征”，竭力去分析那些客观上可理解、实证研究上可观察的文化意义。为了发现“本地文化的堆积结构（cumulative texture）”，萨特尔斯（1984）将我们的注意力引向博物馆里展出的东西（即高雅文化），印在汽车保险杠和T恤衫上的图案（即通俗文化），“因为这些人工制品将更多的稳定性和持久的魅力赋予当地的文化”（284），它们是“专业的”文化创造者和工匠（比如小说家、新闻记者、建筑师、博物馆馆长和档案保管员）奉献并传承下来的，而且受到城市居民和游客的影响并得到重塑。

城市文化主义者近期的著作着重强调存在于地方身份、性格和意象的构建背后那些动态的、理性的社会过程。他们已经显示，具体地方（比如，芝加哥的布鲁斯音乐俱乐部［Grazian，2003］、纽约的人行道［Duneier，1999］、波士顿的芬威球场［Fenway Park］［Borer，2008］）的意义是如何由使用者构建的，而且，不管怎样，都受益于城市中整体的“符号表征”。这些地方反过来又有助于创造和促进城市的整体意象。波士顿的芬威球场是棒球联合总会历史最悠久、最繁忙的球场。企业和旅游广告都使用老球场的意象；无论在波士顿城内还是城外，普通老百姓都使用老球场的意象当作波士顿的一个符号。对不同群体的人来说，芬威球场的历史有着不同的意义。因此，在20世纪90年代和21世纪初，针对老球场是否要拆除并重建这个问题，争论异常激烈。有些特征恒久不变，标志着球场和这座城市之间的视觉联系，比如，红砖外观、左边场地伟岸的高墙（又称为绿色怪物）、无论是国内的赛事还是其他赛事灯光都一如既往地明亮。

人们在城市里工作，玩耍，就会讲述这个城市以及他们所到之处的故事。城市的意象常常和这些故事紧密相连。人们讲故事，从而创造这些联系。试想，你第一次到一座城市旅行，或第一次光顾一家餐馆，想想你回来之后会做什么。你可能向他人讲述你的经历。无论你是亲口向他人讲故事还是使用脸书这类社交媒介，只要你讲故事时展示了你旅途的照片，你可能已经理解了意象、叙事和地方之间的联系……至少你在本能上是理解的。

对城市学者来说，这些叙事是值得研究的对象。但是，我们必须一直记住，对地方的叙事从来都不是由纯粹无杂质的事实构成的。人们以五花八门的方式强调一些人物和故事情节，这就产生了对相似事件的多种理解，影响人们讲述和重述关于地方的故事。这些故事的真实性并不低于事实的原始数据。讲故事的目的或使用故事的方式往往比故事实际的准确度更重要。但是，集体的记忆会更有利于权力团体。他们决定哪些故事要牢记，哪些要掩盖，而另外的团体则将这些故事作为可证实的、无可辩驳的历史去接受（Walton，2001）。

W. 劳埃德·沃纳（W. Lloyd Warner）于1959年出版了一部里程碑式的著作：《活着的和死去的：对美国人符号生活的研究》（*The Living and the Dead：A Study of Symbolic Life of Americans*）。它研究了公共记忆，研究了国家和地方的人物及场所如何借助于城市象征性的叙事而走向圣坛。沃纳（1959）研究了"北方城市（Yankee City）[①]"300周年纪念日典礼期间及前后几天时间的状况。

> 具有历史意义的游行、游戏、宗教仪式，还有伟人和大人物的布道、演说，共持续五天。正值高潮时，大批观众聚在一起，观看由市民组成的、颇具历史意义的、壮观的仪仗队"作为一个民族"一起游行……眼前经过的戏剧性的场景让观众目睹人们用象征性的审慎态度将历史事件着力呈现出来。"北方城市"的人民在其悠久历史的这一时刻作为一个集体询问并回答这些问题：我们是谁？我们如何看待自己？为什么我们是这样的？这座城市的

---

① 沃纳做了很多重要的研究，包括芝加哥的黑人社区，南方的乡村，中西部一个名为琼斯维尔（Jonesville）的社区，还有马萨诸塞州的纽伯里波特（Newburyport）市，也称为"北方城市（Yankee City）"。沃纳和他的团队在纽伯里波特进行了全面而详细的访问和调查，研究持续了将近10年。——译者注

市民和自己的近亲、远亲一起，通过此时公开展现的符号，讲述了这座城市的故事。(107)

这些意象是由当地掌权的商业阶层决定的。然而，无论选择是如何做出的，对这座城市历史的讲述和重述都为社区、家庭和个人提供了认同“北方城市”的方式，即使是那些社会地位存在于这些意象之外的人们也是如此。

S. 伊丽莎白·伯德（S. Elizabeth Bird，2002：526）已经说明，“地方的叙事讲述的不是‘历史’，更多的是讲述人们如何构建自己的地方感和文化身份……［地方的叙事］讲述的不仅仅是地方本身，而是讲故事的人特别关注的事宜”。地方的叙事是选择性的历史，但是倘若认为关于一个地方的主导性叙事是存在的唯一叙事或唯一算数的叙事，也是极其错误的。

乔纳森·温（Jonathan Wynn，2010a）对城市的“导游”所做的研究就是一个很有用的例子。他借用了杰克·卡茨（Jack Katz，2009）的术语“城市炼金术士（urban alchemists）”来描写为游客和市民提供徒步旅行帮助的城市导游。这些导游将个人的思考、本地的民间传说和历史轶事融为一体，来创造关于他们的城市（即纽约）的新叙事，同时“努力把参与者变成‘更好的’纽约人”（Wynn，2010b：150）。在纽约，少有人走的路如果蕴涵小小的宝藏，这些导游就向他人展示这些宝藏，从许多方面讲，是在努力地对城市环境施魔法。

城市炼金术是一种文化习俗，既可以从当地文化和街道文化（从导游到涂鸦艺术家到流浪的拾荒者）的层面来理解，也可以从更大的规模来阐释。政治科学家诺顿·朗（Norton Long）关注文化习俗如何影响城市的社会生活。他把城市视为一种“游戏的生态学（ecology of games）”（1958），对“城市的炼金术”颇感兴趣。他坚持认为，每一种社会归类或“游戏”都有与众不同的规则，为“参与者”设定了各种角色，城市里任何一种游戏都不是孤立的，都会和其他游戏有交集、有接触。帕克把城市理解为一个马赛克图案，社会世界之间没有相互渗透。朗和帕克不同，他认为，在通常情况下，空间上的接近足以在可能不兼容的利益团体之间培养哪怕是很弱的市民间的纽带。朗（1958）这样描述：“一种游戏的参与者会利用其他游戏的参与者，反过来也被对方利用。他们在完成总体的社会功能的过程中，分享共同的一片领地，为实现具体而不同的目标而通力合作。”（255）在专业化的职业和生活方式之间，互相依赖是必须的。

游戏都有属于自己的场地，它们也会出现在公共的地方。这些地方通常被称为“第三场所（third places）”。雷·奥尔登伯格（Ray Oldenburg，1989：16）把“第三场所”定义为“存在于家庭和工作场所以外，个人经常自愿随意且快乐参与聚会的公共场所”。咖啡屋、酒吧和其他小商店（Oldenburg，1989；Milligan，1998；Borer & Monti，2006；Macgregor，2010）为从事商务的男男女女（老板、经理、雇员）、老顾客（玩休闲“游戏”的人）以及其他群体提供玩“游戏”的场所。他们使用这些场所聚会，对各种事宜、买卖的商机、本地大事要事等有关的信息进行交流。

因为城市里的个人利用自己所在的城市里的多种不同的地方，他们就学会了实践城市文化和社交活动的多种方式（也就是说，他们学习而且能够遵守多种“游戏”的规则）。这些游戏的规则通常涉及开明的价值观和保守的价值观的混合体。蒙蒂（1999）对美国的城市文化做了历史性的分析，他发现，从理论上讲，开明的思想家和保守的思想家有不同的世界观。但是，老百姓在日常生活中会将这些不同的、理论上不可调和的观点调和在一起。美国的城市，世界上其他的城市都一直在建设并且继续建设这种城市文化，它既非开明的，也非保守的。它是由以各种开明和保守的方式进行思考和付诸行动的个体及群体构成的杂交文化。

即使社区是集体的成就，在做决定的过程中每个人的角色也不是平等的，一个人也不是自始至终以同样的方式实践这些活动。市民会改变自己的思维和行为方式，但是往往只在可容忍的限度内改变。这种杂交式的混合存在于蒙蒂所称的“自相矛盾的社区（paradoxical community）”的核心。因为城市的文化产生的影响超越它的物质边界，“自相矛盾的社区”里的这些习俗也能在市郊和小城镇里找到（见 Macgregor，2010）。

城市里的社区无论是否自相矛盾，它们都富有意义，充满人们的情感依恋。当然，这样的依恋会在重要的地区和重要的人物之间摇摆。和大多数事情一样，这不是非此即彼的问题。

在过去 30 年里，情感的社会学已经发展成为一个强大的学科分支。它的根基，尤其是与城市有关的根基，可追溯至更远。沃尔特·费雷（Walter Firey）研究了波士顿某些区域的情感价值以及人们在这座城市使用土地的方式，该研究发表于 1945 年。他在“作为生态变量的情感与象征因素（Sentiment and Symbolism as Ecological Variables）”这篇文章里说明，波士顿市中心大片大片的土地被集体赋予了象征意义，不仅具有非经济的用途，还处于“未开发”的状态。这些区域不属于以同心圆、同心带、同核心为基础的模型。

波士顿的“圣址”、公园、墓地以及位于市中心最初的 48 英亩“公地”从未被开发过（Firey，1945：140）。灯塔山（Beacon Hill）是位于市中心附近的、上等阶层居住的社区，这里从未有过中央商务区，一直保持着在这座城市的优势地位。

灯塔山的幸存不仅仅因为当地的居民分享一片共有的、具有一套理性经济功能的生态空间。还有，社区的存在及其环境是由居民的文化价值观即他们对土地的情感引起的。在费雷（1945）看来，灯塔山的居民本可以生活在不甚昂贵的地区，“交通同样便利，居住条件甚至更加优越。因此，在灯塔山，土地的使用有非经济的因素，从一些方面看，该因素的后果实际上是逆经济的”（144）。“情感”与“象征”影响了从社会威望到民族或种族歧视等一系列相关的变量，因此成为重要的生态因素，影响开发、再开发的空间分布和模式。费雷的研究产生了深远的影响，它展示了文化因素如何影响与土地使用决策有关的政治议事日程（Maines & Bridger，1992；Borer，2008，2010）。

在个人和群体构建身份的方式上，“情感”与“象征”是关键的因素。自19世纪末和20世纪初以来，城市里出现的与身份种类相关的问题一直是文学和社会学关注的一个部分。城市社会学家已经成功地发现市民构建、维持身份的许多细致入微的方式。

格雷戈里·斯通（Gregory Stone）的论文“城市购物者与城市身份（City Shoppers and Urban Identification）”发表于1954年，文章将身份同地方以及公共场所的其他人联系起来，提供了有用的分析。斯通（1954：37）表达了“这样的可能性：一些市民源于和零售商店的员工所建立的关系而形成将自己与更大的社区凝结在一起的身份”。斯通发现，许多市民与他们购物场所的职员以及其他员工构建了有意义、有价值的关系。顾客们没有把零售商店的雇员视为丧失人性的机器人或消费机器里有用的齿轮，“他们把首要的群体关系的因素注入‘所谓的’完全次要的关系里”（Lofland，1998：3）。

“使购物个性化的消费者”以及他/她与商店这个有意义的场所之间的关系尤为重要。为斯通提供资料的人们与他们经常光顾的商店之间已经产生了很深的情感，他们常常把这些场所称为他们的商店。普通的场所变成了构建城市身份和关系的重要地点。你可能把哪些你常光顾的场所称为你自己的场所呢？

克劳德·费希尔（Claude Fischer，1975，1976）的“亚文化理论”明确论述了城市文化和身份，认为除了经济和政治以外，文化也有分析的自主权。费希尔在解释城市里并不存在“社会价值观崩溃的”心理混乱状态（与沃思的一项主要假设相对立）时发现，个人会依据明显的身份标志（比如族群、种族、阶层、生活习惯、职业或者这些因素的某种结合）去寻找类型相似的人们。城市并非只产生冷漠的、肤浅的关系，它是许多紧密结合的社会网络的发祥地。费希尔说，城市区域使新的亚文化的创造和维持成为可能，而这些亚文化塑造了城市各种各样的人群的品位。唯有人口众多的城市才能有足够多的人形成批判性的群体，这是此类群体出现、发展所必需的（Fisher，1976：37）。

群体在身份和生活方式上的多样性使得城市拥有各种各样可利用

的休闲、消遣、娱乐活动。城市生活有一个非常出色的方面，也就是说，它为市民和游客提供了扮演不同角色的机会，可在不止一个社会圈子或“场合”里活动（Irwin，1977）。戴维·格雷津（David Grazian，2003：21～22）将一个人白昼的自我和“夜间的自我”做了区分。他将“夜间的自我”定义为“与城市消费的夜生活有关的一种特殊的自我呈现”。人们夜间休闲、娱乐的场所界定了城市夜生活的特征。这些场所在呈现、重新设定个人和集体的身份及梦想方面极其重要。人们去这些场所实践梦想，这些场所即成为他们身份的一部分，和社会学家们经常偏爱的其他地位/身份标志（例如收入、政治派别、性别）一样真实。陶醉于夜生活的人们在城市的酒吧、夜总会、餐馆、咖啡馆里铸造夜间的自我，获得一种非常个人化的满足，不能简单地归于社会地位的提升。在城市里成功地选择娱乐生活，自尊心油然而生，这显然象征了一个梦想的实现。格雷津说明了人们如何有可能而且常常将他们光顾的场所的意义、特征或地位变成他们思想行为的一部分。

个人的身份从来都不是自我构建的，其他人是必要的。因此，在身份构建过程中，在公共场合中人与人之间的社会交往所起的作用，也许不太稳定，但是必须承认这种作用。倘若把公共场合视为社交和聚会的地点，我们必须考虑这些场所的类别，即它们的规模、风格和用途，还要“询问这些场所的异同之处”（Gieryn，2000：464）。考察这些场所的相似之处和差异有助于研究某种文化或比较不同的文化。例如，个人在家里和在工作场所待人接物的方式有明显的差异。这些行为与我们看待自己的方式以及他人看待我们的方式有着复杂的联系。因此，决定去哪些场所，参与哪些活动以及如何参与这些活动，往往需要深思熟虑。城市的居民需要获得其中的意义和技能方能游刃有余。林恩·洛夫兰（Lyn Lofland，1973）认为“城市的学习（urban learning）”是现代文化的一种实现。她承认文化机构（比如大众媒体）和个人交往是两个重要的手段，使得城市可管理、有意义。

洛夫兰（1998）不同程度地参考了格雷戈里·斯通、欧文·戈夫曼（Erving Goffman）、简·雅各布斯（Jane Jacobs）和威廉·H. 怀特（William H. Whyte）的研究成果，构建了一套有用的词汇，用以识别公共场所面对面的交流以及城市各种场所在视觉上、身体上、情感上具有吸引力的因素。这些特征包含了各种“审美的愉悦”，场所的设计以及占有这些场所的人们所产生的“互动的愉悦”都影响这些“审美的愉悦”。这些特征又能影响交往的种类以及从中产生的愉悦。例如，“观察人”，这是洛夫兰认可的一种愉悦。这种愉悦非常明显地取决于人群的存在或者至少有一个人流。要“观察人”，一个场所的某些建筑或结构因素必须存在，比如通透的视线，合理的布局，可移动的座位，以及有足够的空间可以产生和诱发具体的行为。虽然不同的个人“观察人”的动机有差异，但是“观察人”这一普遍的行为在公共场所的协商秩序中是一个关键因素。

梅林达·米利根（Melinda Milligan，1998，2003）分析了当地一家咖啡屋的外部特征（即布局、氛围以及与附近其他场所的位置关系）的变化。她的分析使我们注意到影响社会行为和文化习俗的那些重要因素。事实上，一个地方的空间结构并不决定人们的行为，但是它会影响人们的行为。相反，人们会为了满足个人或集体的需要在不同程度上调整或改变一个地方的空间布局。在公共场所很容易观察到这样的调整，比如，人们把自己的毯子和椅子带到公园里；在咖啡屋里，顾客常常为方便社交而移动和重新调整桌椅。

结论

为了让你了解学者们如何以不同的方式看待城市、市郊、城镇，以及其中的人和地方，我们在这里呈现了城市社会学的主要思想流派。学者们选择不同的方式去观察一座城市或者一个地方，这主要取决于他们研究具体城市或具体聚居点之间的联系时所提出的问题。如果学者们对城市土地使用的经济和政治感兴趣，他们往往会利用源自城市生态学、政治经济学和后现代理论的模式与视角。如果学者们对城市文化和日常生活感兴趣，他们采用的模式和视角往往源自芝加哥人种论传统、符号互动论抑或城市文化主义。

当然，要将不同学派的深刻见解联系在一起，仍有许多研究的空间。优秀的学术工作和任何其他工作一样，依赖于合适的工具。但是，学者们无法摆脱过去和现在学术潮流的影响。他们也无法完全摆脱对城市生活的个人情感和感受。针对这类情感（悲观或乐观）以及学者们的关注对象（城市化或城市性），图 5.1 呈现了这些学派各自的立场。你一定要将该图与上一章的图 4.1 进行比较。如此做，就能很容易地看见传统的理论家们播下的种子如何影响了现代思想学派的研究成果。

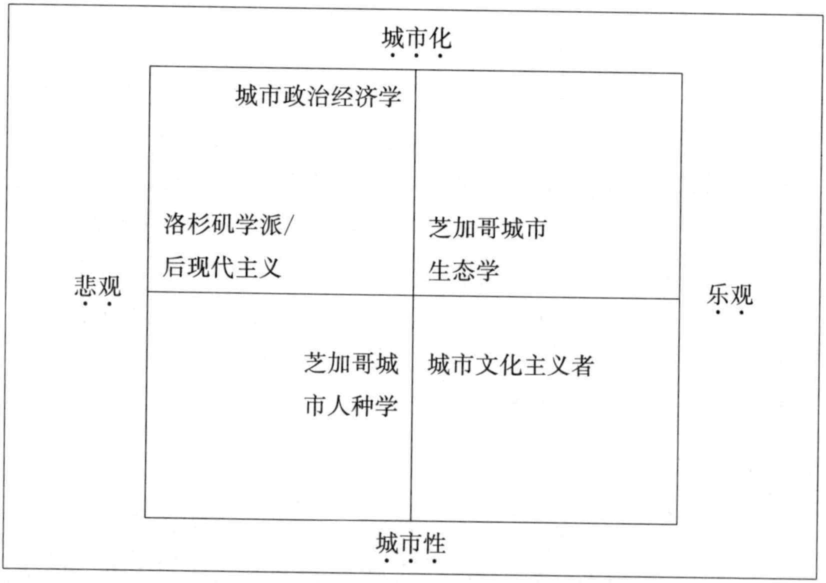

图 5.1　现代理论家对城市发展和城市文化的感受

采用这些视角所做的研究是一笔财富，说明城市、市郊和城镇如何成为学术探究的场所。为了尽量清晰，再加上空间有限，本章仅呈现最具主导地位的思想流派。如果你对城市研究做更深入的了解，就会发现还有其他的理论家，他们对本章呈现的那些理论家们或批评或支持。任何理论都不是完美的，部分原因是因为社会生活是动态的，变化的。尽管如此，我们依然建议研究城市的学生们运用任何适合自己实证问题的理论，但是不要让这些理论影响了你的分析。俗话说，小数据若能毁坏完美无缺的理论，这是最完美的事。因此，看待理论的最佳方式是：将它们视为工具来提出好问题，然后使用这些工具来帮助你理解那些有助于你回答问题的数据信息。无论你选择什么工具，不管你初出茅庐还是经验丰富，我们都希望你既关注城市化也关注城市性，在这两种丰富、有趣、常常令人迷惑的社会现象之间不要采用单向的、直线的关联方式。

研讨题

1. 本章列举的思想流派之间有何异同之处？每个流派的学者们是如何回答“城市是什么”这一问题的？

2. 城市社会学诞生于芝加哥。如此看来，芝加哥在过去和现在一直是学者们研究最多的城市，是城市理论家们最易获得灵感的源泉。现代的学者们已经对更新的城市做了许多解读，将这些城市视为现代城市生活理论的灵感的源泉（例如洛杉矶、纽约、迈阿密、拉斯维加斯）。你认为哪座城市最能代表现代城市的状况，为什么？

3. 为什么城市文化是重要的？如何显得重要？你认为学者们为什么总是忽视与文化有关的问题而重视与经济或政治有关的问题？

第六章　城市文化和社区政治

对研究城市生活的学生来说，最重要的问题是："社区"是什么？居住在城市里的美国人有社区吗？

自很早的时候开始，与社区有关的问题（社区是什么？如何运作的？是否运作良好？）一直是社会学的一个中心议题。但是，在我们社会学家提出这些问题以前，世世代代的社会哲学家、宗教作家、通俗作家、商业领导人、政治家以及立志要建设城市的人对他们所创造的新的城市世界的社会根基早已满腹狐疑，常常斟酌思考，提出严肃的异议。美国人论及城市时，会因下述诸多原因对这些问题忧心忡忡，在忧虑的程度上也许超过了其他发达国家的居民。

因为这是一本城市社会学的教科书，本章主要关注与地方相关的社区的种类：这些地方，面积大的，有大都市区；面积小的，有邻里社区或街区。读者会想起，本书第四章曾经提到，早期许多社会理论之所以形成，是因为人们深切关注集体生活由传统方式向城市化方式的转化。从社会学的角度研究社区，其动机来源于不断变化的社会状况，这促使社会学作为一个学科的诞生。社会和政治的变化颠覆了人们眼中比较传统、相对稳定的社会组织方式，社会学顺应这些变化，于 19 世纪后半叶兴起。我们若不记得这一点，就不能真正理解社区研究源自何处，人们为何要研究它。

你可能回忆起历史课堂，美国革命、法国革命以及从某种程度上说并未彻底成功的英国革命，它们的目标都是要推翻以世袭的等级体系为基础的传统的社会秩序。也就是说，在这些革命以前，一个人的社会地位是由出身决定的，是由其家庭背景特征决定的，对此他毫无控制能力。这些等级森严的体系决定的不仅仅是人的生活机会，还决定了社会成员该如何互相交往——这些体系规定了日常社会生活的规章制度。在等级体系中，每一个位置都随身携带一整套的特权和义务（对大多数人来说，义务远远多于特权），关系到你如何对待他人，同时你能期待他人如何对待你。享受的待遇依据一个人出生时就被认定的社会地位而不是本人获得的成就。

当然，这些体系被新体系取而代之。新体系至少在理论上坚持认为，每一个人都应当是自己命运的主人。可以肯定，并非每个人都立刻对自己的命运有平等的控制能力。比如，女人、有色人种，这一信念要在他们身上实现，他们尚需等待更久。但是，从理论上说，一个人的社会地位不再由父母的地位来决定。这对人与人之间交往的方式究竟意味着什么？一个人对谁承担义务？一个人拥有特权地位，他凌驾于哪些人之上？如果人人平等，谁负责提供社会正常运行所需的基础设施和服务？没有人知道。社会遵从的规则突然显得非常模糊，而人作为一个物种，通常情况下不喜欢不确定性。这种对旧秩序的颠覆使事情看似混乱了一阵子。

另一个巨大的变化是工业化进程，这反过来加速了人口大规模的迁移。在 19 世纪末和 20 世纪初，西欧和美国一直处于工业化过程中。在这些国家，工厂的就业率增长，导致人口迁移。许多人迁移，从乡村居民的生活状态首次过渡到城市化的生存状态。欧洲此前从未出现过规模这么大的城市，所以无人知道如何处理城市里涌现的问题。况且这些问题骇人听闻。正如其他由就业引发的移民情况一样，愿意迁移到城市找工作的人都是非常迫切地需要工作。他们贫穷，没有受过教育，未曾受过培训，不会操作机器。

此时的城市人口极其稠密，贫穷高度集中。许多城市居民都住在非常简陋的建筑物里，环境过度拥挤，排污技术不过关。工业城市里大部分区域着实肮脏。有些邻里社区，富人的房屋质量较好，但是即便是这些社区也缺乏像样的生活便利设施，比如良好的排污系统和干净的饮水。

这和我们对此时的社区及社区建设的思考有什么关系？人们开始回忆以往的日子，过去大多数人都生活在乡村地区，即使是穷人也能在自己的园子里生产食物，能得到邻居的帮助，能呼吸新鲜空气，享受乡村生活的田园风光。与之相比，城市和城市社区就显得非常混乱。在过去，乡村的居民在理论上还能指望一点“位高则任重（*noblesse oblige*）”的意识，这种道德责任感促使那些生活优越的人关心他人或至少保护他人。在许多观察家看来，人们现在居住在破败、肮脏、不健康的地方，每个人都不得不自谋生计。在此等恶劣的环境里，还有可能回归到一种更加合作的生活方式吗？

最后，我们还要讨论和前面的变化有关的第三个变化。社会关系在性质上发生变化，而且更大数量的人在完成各种任务中需要得到有效的管理，因此官僚组织形式越来越普遍，在城市里尤甚。政府官员依据书面的规章制度和办事程序分配任务，给每一个人安排一个角色，使之完成任务。在官僚体系中，每一个人扮演的角色（至少在理论上）并不取决于他们的身份而是取决于他们的资质。

早期的观察家们如何看待官僚体制对社区生活的影响呢？一方面，无论官僚组织的形式和目标是什么，它提供了一个人人都可遵循的模式。不过，如果官僚组织为集体同心协力完成大业提供了现成的蓝图，如果所有的决定都依据规章制度和政策并且遵循合理的程序，这会对人与人之间的关系产生什么影响呢？是否还有情感、同情心、家庭责任和爱心的空间呢？我们在藤尼斯和沃思的著述里看见，城市生活的这些观察家们所担忧的是：城市生活明显要求理性化、功能性的关系，而且城市对这类关系的日益增长的依赖会挤走那些洋溢着感情的、更加亲密的关系。

在美国，人们之所以对社会凝聚力和社区问题尤为关注，还有两个原因：奴隶制和移民这两项遗产。国籍、民族、语言、宗教信仰、种族各方面背景不同的人有可能铸造牢固的关系齐心协力地工作吗？也就是说，形形色色的“美国人”互相之间能从根本上凝结在一起吗？

美国的城市、市郊、城镇的历史为我们提供了社区建设的各种例证。本章展示社会学领域内外对社区和社区建设的思考，并考察这些思想的历史。既然社会学家们为了回答当今迫切的问题而精心设计自己的研究，那么关于这些问题的社会学思考和通俗的思考之间存在着明显的重叠，这也不足为奇。另外，当我们研究美国城市文化和社区建设的历史时，我们会发现，科技进步影响我们建设社区的能力，人们在这一方面一直坚持不懈地提出质疑。也就是说，美国人一直担忧：我们是否真的有社区？即使我们真的有社区，随着小汽车、电话和互联网这些奇特的新事物对我们行为模式的改变，社区是否会遭到侵蚀或削弱？

自愿协会、城市文化和社会资本

社区建设及其对民主的重要性，对这一点所提的问题可追溯至古希腊，但是，亚历克西斯·德·托克维尔，这个年轻的法国人为逃避兵役而游历到美国，在 19 世纪 30 年代描述了自愿参与公民团体在美国的重要性。美国和托克维尔所熟知的更古老、更绅士化的欧洲国家之间存在的反差深深地打动了他。他说，在英国，倘若要做什么事情，一个有身份、有地位的贵族成员可能会走上前去，做成这件事。在法国，君主或王室成员就会找合适的人做成这件事。但是，在美国，表面上人与人之间更加平等，谁有责任提供所需的基础设施或服务，这根本不清楚。例如，任何一个个体都没有足够的权威来决定一条路的方向或者有足够的钱铺设这条路。还有，在一个人与人更加平等的社会里，一个人倘若尝试那么做，人们就有可能认为他付出的努力是滥用权力。

在托克维尔看来，存在的问题是，在个人主义的社会里，若屈从于某一个傲慢的人所掌握的项目，这好像降低了自己的独立性。只有当个体一起合作来完成项目，才能把事情做成。在美国，解决方案是，“各年龄阶段、各社会阶层、各种性情的”人形成各种协会。托克维尔说，在民主国家，“结社的学问乃是一切学问之母；一切学问都依赖在结社的学问上取得的进步”（Tocqueville，1840/1863：129）。

托克维尔认为，协会有四个主要功能。第一个功能是，满足政府不能或不愿满足的需要。比如，新成立的政府在有些方面没有帮助穷人，此时宗教或世俗的慈善组织就提供帮助。自愿协会的第二个主要功能是，为民主社会的公民资格提供培训的机会。托克维尔说，在自愿协会里，成员们学会一些具体的技能，比如，主持会议，起草协会内部章程，为解决一个集体的问题而处理群体内部冲突。托克维尔认为，无论充当选民还是竞选公职，这些技能以后都可转移到公共舞台。第三，当公民在民间通过自愿协会完成一个项目时，这个项目就有了用其他方式无法取得的合法性。最后一点，也许是托克维尔认为最重要的一点，即自愿组织帮助美国人去克服个人主义文化固有的孤独、隔膜的倾向。因此，自愿协会“使人的感情和判断力得以培养，使他们心胸开阔，仅靠人与人之间互惠的行为来开拓思想”（Tocqueville，1840/1863：132）。

人们常常将托克维尔描述的自愿协会这个领域统称为**公民团体**（civil society）。**总体上说，公民团体指存在于国家和市场之间的自愿活动的领域，包括家庭、社区及其他非政府协会和经济领域以外的公共机构。**虽然社会学家们对公民团体有不同的定义，对其运作的最佳方式所持的理论也各不相同，但他们总体上都认为公民团体或者一种健康的城市文化对一个生机勃勃的民主国家来说至关重要。其根本理由是，公民团体需独立于国家，这样国家就不能控制公民团体的内部事务；公民团体内的组织和机构需有自主权，不受政府约束，可以批评政府。各公民群体在公民团体内能表达对国家的不满，能充当监督人员。如果公民团体内所有的机构都被吸收，参与政治过程，它们就会丧失独立性。同理，公民团体应当独立于市场利益之外。

在实践中，国家、市场和公民团体之间的关系可能相当复杂。在这三个具有公共机构特征的领域之间，交叠超过隔阂（Monti，2012）。例如，公民团体内一些群体的目标就是要影响政治。我们有时候称之为“特殊利益群体”。表面上没有政治目的的大大小小的组织（比如，推动癌症研究的组织）会雇用说客，并且捐款给他们认为会支持自己事业的政党和候选人。

公民团体中即使某些部门和国家有关系，这种关系也很微小，比如，普通的保龄球联盟、地方分会或诗歌朗诵团体。但是，我们会看到，像罗伯特·帕特南（Robert Putnam）等提倡社会资本理论的学者论证说，这些类型的群体只要促进人们之间的和睦、友善和交流，创造机会让人们建立社会信任，那么它们依然对民主至关重要。帕特南说，一个民主社会最终的成功就体现在“足球俱乐部和歌唱团”里（Putnam，1993a）。

企业、比较大型的公司常常充当公民协会，或者做一些对员工以及社区中其他市民的城市生活有较大影响的事情。可以肯定，人们指望企业提供优良的商品和价格合理的服务，不破坏环境，不损害顾客的利益，在人们讨论企业的“社会责任”时，这些都是经常探讨的话题。企业以及拥有、经营企业的人士也会促进公益事业，同时让员工也参与公益事业，从而帮助他们所在的社区。比如，你所在的俱乐部、地方分会或普通的公民协会都会这么做。这些设立在社区里的企业有助于强化人们的地方感，人们感到自己属于某一个具体的团体而不是其他群体，这很重要（Silverman，1999；Boyd，2000；Vallejo，2009；Zukin，2009）。企业还能将那些原本没有机会互相联系或互相平等对待的不同类型的人凝聚在同一个工作场所。针对平等权力政策

(affirmative action)[1] 的辩论为何引起争论，为何那么重要，这正是其中的一个理由。关键问题是，企业对社会所行的善事，因为是司空见惯的好事，所以常常遭到忽视（Monti，1999：240～278；Borer & Monti，2006：39～62；Brush，Monti，Ryan，& Gannon，2007：155～176）。

总的来说，公民参与（civic engagement）这个术语指民主社会里人民行使权利、履行义务的方式。这包括参与选举、竞选职位、担任陪审员、参与政府权限之外的组织以及给政党、候选人和慈善组织捐款。社区参与还包括参加更多非正式的活动，比如，和邻居交往、与情趣相投的人一起参与活动，渐渐地还参与虚拟网络上的活动。

托克维尔认为，良善和积极的同舟共济之感来源于自愿协会根深蒂固的传统。这种良善和情谊的源泉仍居于我们对美国社区建设和社会凝聚力的思考的核心位置。既然我们的文化重视个人主义，认为良善出自利益至上的个体，当我们需要集体的行为尤其是当个人的利益看起来互相冲突时，我们又如何能指望同舟共济呢？要探索这一基本问题，有一个主要的概念可供使用：社会资本。在城市和社区社会学里，社会资本指的是社会网络的价值，也就是说，来源于人际关系、能合力办事的潜力。从最根本的意义上看，“社会资本指的是人们解决共同问题时能够利用的社会信任、社会规范和社会网络这些资本”（http：//www. cpn. org/tools/dictionary/capital. html，2010 年 3 月 10 日）。很多理论家都认为，社会资本很重要，因为它使人们能够通力合作，因而“增强了对物质资本和人力资本投资的收益”（Putnam，1993a：35～36）。

从理论上看，社会网络以几种方式促进社区居民的合作。首先，社会网络促进互惠和互信的规范。也就是说，社区的居民有这样共同

① 平等权力政策旨在通过就业、受教育、政府合同的签订、社会福利的分配等方面的优惠政策使人人机会平等，纠正因所属群体或性别而遭受不公平待遇的情况。——译者注

的期待：一个个体帮助他人，所做的好事会在未来某个时候得到回报。第二，社会网络能促进信息交换，使人们齐心协力，证实其他个体和群体的可信度。第三，社会资本的地点及其产生的互惠性就是过往成功的例子，可成为人们竭诚努力效仿的模板。最后，一个社区如果有成熟的社会资本和稠密的社会网络，它就能产生一个非正式的社会制约体系，对那些可能破坏社区的人们产生威慑力，使这些个体在未来无法享受集体利益（Sirianni & Friedland，2001）。这些利益规范可以有多种支持方式（Coleman，1988）：邻居在平凡生活中互相交往；社区成员成立团体或机构一同圆满完成任务；不同的团体倾力合作；居民甚至以讲故事的方式加强人们对社区历史的共同认识以及对未来共同的憧憬。但是，社会资本也很容易遭到削弱：不同的派系明争暗斗；做事的人或团体缺乏交流；集体的失败感或受挫感使居民相信在社区里投入时间、精力或金钱是徒劳之举。总之，社会资本极其重要，没有它，个人或小团体在一个社区的投入（例如，商业的、慈善的或其他方式的投入）无法得到有效的利用，因为一个社区可能缺乏能够充分利用这些投入并产生丰富收益的集体的传统（Putnam，1993a；Flora & Flora，2008）。

社会资本可以有两种运作方式。桥接型社会资本（bridging social capital）使社区中各种各样的人和利益结为一体或者与本社区外的人和组织结为一体。连接的纽带也许是脆弱的（Granovetter，1973）、工具性的。也就是说，连接的纽带不必包含牢固的个人联系或者很深的情感。有这种连接纽带的人们，除了他们所分享的这条纽带以外，互相了解的其他情况可能并不多。例如，一个城镇商会的成员可能只知道商会里都是商人，都渴望改善社区的经济前景。他们作为商会的成员只需齐心协力地实现商会的目标，无需在个人层面上更深入地互相了解。

另一方面，粘连型社会资本（bonding social capital）勾画了有类似背景或特征的人们之间的联系。例如，这些纽带的根基可能是亲属关系、共同的信仰或民族背景。当个体之间以各种身份、在各种社会环境里互相接触时，粘连型社会资本是最强大的。例如，在一个邻里社区，有共同族裔或民族渊源的居民互相惠顾对方的企业，而且在其他类型的组织里也有重叠的身份。①

桥接型社会资本和粘连型社会资本不是互相排斥的。以桥接型纽带为起点的关系随着时间的流逝会演变得更似粘连型纽带，这很难想象。但是，从理论上说，这两种社会资本构建的形式会产生不同的利益和限制。在创建信息分享的新的可能性时，桥接型纽带尤其有用，但是可能太肤浅，太短暂，不足以支撑持续的集体行为。在成员需要帮助时，粘连型社会资本能营造可以依赖的网络，但是深度粘连的团体也会与世隔绝，相互排斥。

社会资本和公民参与的理论已成为社区生活的社会学研究的基石。这些概念既引人入胜，又充满争议。自愿协会是重要的，其中一个论点是：它们从某种程度上提供了团体成员们可以针对政治事件进行讨论和辩论的舞台，为公民参与民主国家的政治生活奠定了基础。但是，有一些研究者也发现，这些自愿组织的成员们主动逃避与政治相关的话题，因为他们认为政治违背团体中娱乐的目的，而且如果真的讨论到与政治相关的话题，谈话就沦为更私人的、“后台的”交流（Eliasoph，1998）。人们可能以为环保团体把政治视为中心焦点，但是利希特曼（Lichterman，1996）发现，即使在环保团体里，有些人也会狭隘地诠释他们的激进主义，他们担心有些争论会伤害团体凝聚力，所以故意躲避那些争论。换句话说，无法保证公民团体的自愿组织能够以某种方式“自然地”将公民和民主程序或责任联系在一起。

还有一点也很重要：社会资本还有另一面。自愿组织和其他种类的团体可能有助于个体之间的团结，但是，正如我们刚才提到的，它们也具有排外的性质。社会资本使团体成员有义务监督这个团体的边

① 从实用的角度看，我们可以认为，粘连型和桥接型社会资本的概念重述了藤尼斯的礼俗社会和法理社会的区别，也重述了涂尔干的有机团结和机械团结的区别。

界，排除与本团体的共同意识相抵触的人、团体或行为（Bourdieu，1986）。尤其是粘连型社会资本，它“毋庸置疑地为成员提供机会……同时还强化现存的社会阶层化，遏制遭排斥的团体、少数群体、穷人的流动性，成为占主导地位的社会群体靠权力进行拉拢、腐败的基地”（Narayan，1999：13）。纳拉扬（Narayan）论证说，若论到帮助那些弱势群体去获得可带来更多机会的信息和资源时，桥接型（或平行剪接型）纽带更具有价值。

南希·弗雷泽（Nancy Fraser，1992）则论证说，粘连型社会资本对社区里被边缘化的群体很重要（当然她并未使用社会资本的语言）。① 被边缘化的个体在和享受社会权势的群体一起利用桥接型纽带时会遭遇极大的困难，因此，一个社会的少数群体需要有自己的场所，可以逐渐理解在现有社会结构的大环境下自己的处境，而不是把被边缘化这一事实归咎为自己的弱点。被弗雷泽称为“次反公众（subaltern counterpublic）”的场所将社区里具有优势的成员排除在外。这些场所允许弱势群体表达对自己社会地位的共同认识，这是齐心协力改变自己的处境而迈出的第一步。下面讨论的人权运动中的黑人教会，让我们看见这种场所的一个活生生的例子。

另外，许多社会学家对那些认为社会资本走向衰退的研究也做了各种各样更具体的实证性批评。帕特南（2000）在他那本被人广泛阅读的著作《独自打保龄》（*Bowling Alone*）里论证说，美国人参与自愿协会所投入的时间越来越少，因为我们工作加班、乘坐交通工具上

---

① 南希·弗雷泽的著作当属于对公共领域（the public sphere）所做的研究范畴。这类研究从理论上阐述任何社会的公民所拥有的参与具体对话的机会，而这些对话可能对民主社会的维持至关重要。对这些理论感兴趣的读者应首先阅读尤尔根·哈贝马斯（Jürgen Habermas）在这一领域所做的研究，还要阅读人们对这些理论产生的反应，比如弗雷泽的回应。我们在这里介绍弗雷泽是因为她提出的“次反公众”的概念。当我们思考不同类型的社会资本如何有可能产生不同类型的机会和约束时，这个概念就提供了一个有用的思考方式。

下班、个人娱乐（比如看电视、使用电脑）占用了我们更多的时间。但是，其他学者却认为，帕特南只是描绘了美国人交往方式的转变（Monti，Butler，Curley，Tilney，& Weiner，2003），并不是真正的衰退。

人们就美国社会纽带进行辩论，我们从中能学到什么？首先，有一点是清楚的，不管自愿组织是否产生了像帕特南和其他学者所认为的那种社会资本，在很长的时间里它们已经成为美国社区生活的一个重要部分。更有价值的是，如果我们严肃地看待文化，我们的目光必须超越对社会资本和个人主义的一些看法的真实性，并且询问：这些无休止的争论可以让我们对自己有什么了解？我们一方面强调个人主义，强调自力更生，另一方面需要在大多数时间里一同工作，所以这些争论如此持久，即使没有表明我们在试图保持平衡时产生的忧患，至少也显示了一种文化的矛盾性。这些争论也凸显了我们的文化存在的张力：它一方面创造（至少是容忍）一种有效的多元化，可以允许（至少是容忍）一切；另一方面又不停地渴望与那些我们感觉舒适的人（和我们类似的人）待在一起。

如果研究者们用实证的方法、从文化的视角来研究这些问题，则可以超越这些争论设定的术语，提出另外的问题。若不问哪种社会资本或协会形式会带来更多好处，而是去问不同模式或"风格"（Lichterman，2006）的公民参与、社区建设会产生什么机会，带来什么限制，这样可能收获更大。我们也可以将那些受理论驱动的社区建设的问题束之高阁，去问一问人们在日常生活中有哪些建设社区的做法（Macgregor，2010）。用这种方法来做研究，我们就能看见现存理论可能无法让我们看见的社区建设的新形式。

至于桥接型社会资本和粘连型社会资本在各种城市环境下存在的联系，学者们已经研究过，主要在美国，世界上其他地区也有这一研究。不同文化背景下的研究结果都是一致的（Andrews，2009；Anjaria，2009；Dekker，Volker，Lelieveldt，& Torenvlied，2010；Orum，Bata，Shumei，Jewei，Yang，& Trung，2009；Pares，

Bonet-Marti，& Marti-Costa，2012；Roberts，2011)。这些不同类型的社会资本与其说互相矛盾或关系紧张，不如说它们相得益彰。保持或提升各种社区环境下社会资本的水平，中产阶层的人们可能对此最为关注。但是，各社会阶层的人们在具体的社区里运用技巧营建更多的社会资本或者运用这些技巧将地位较低、比较贫穷的人排挤出去(Boyd，2008；Brisson & Usher，2007；Britton，2011；Chaskin，2010；Curley，2010；Freeman，2008；Hipp & Perin，2009；Hyra，2006；Manturuk，Lindblad，& Quercia，2012；Mesch & Levanon，2003；Moore，2005)。当迁入一个地区的人口的社会地位使该地区“升级”时，第二种情况更有可能发生。但是，财富较少、社会地位较低的人会利用他们特有的在民族或种族方面的社会资本去营造他们适应的、能感到被热情地接纳、行为游刃有余的一个社区（Chiswick & Miller，2005；Portes，Haller，& Guarnizo，2002)。就资源来说，社会资本已经证明和金钱一样是可以替代的。

本章的下一个部分将粗略地总结美国城市文化的历史。从根本上看，这一部分尤其关注城市以及市民为改善城市生活而共同付出的努力，建立的纽带。在通常情况下，他们奋斗的目标是住房、卫生、教育和交通这些服务的提供（Castells，1983)。但是，同样常见的是，城市自愿协会和组织一直努力通过改造市民来解决城市生活条件的问题。我们会看到，美国人转向以城市生活为主体，这改变了他们交往的方式，但是他们带进城市的群体形式（communal forms）也有助于塑造和改变城市生活。我们还会看到，随着社会、经济和科技的变化，美国人不断地找到有创造性的新方式去处理个人主义与社区、多元化与同质性之间的矛盾。

美国城市文化的历史

在美国，自愿协会一直是城市生活的一个部分。当然，人们常常认为自愿协会扎根于兴起的新教改革之中（Singleton，1975)，而且将殖民时期美国的历史视为这些协会的历史，这是可以接受的。新教教义首次鼓励信徒自由参加教会，教会里的信徒人人平等，一反过去信徒受制于自上而下等级森严的教会传统。到达詹姆斯敦（Jamestown）和普利茅斯（Plymouth）殖民地的移民都是自愿组织的会员，他们是希望遵照自己的宗教理想去建立协会的宗教群体。在殖民城市里也很快诞生了其他一些协会，包括消防协会、互助和保险组织、图书馆、慈善组织、热心于政治的群体、各种会社的地方分会等。共济会尤为普遍，因为许多城市都有共济会会堂，迁移到新城市或者远离家乡的会员都能很容易地靠共济会的证明文件参与社交和商务活动。

宗教的皈依以及受宗教激发的社会活动，总体上看，这两者之间的联系深深地扎根于美国的历史，尤其是植根于美国的城市。因为社会由各类人构成，在社会建设过程中，一些根深蒂固的矛盾和可能性在城市里以最明显、有时候是最激烈的方式爆发出来（Porterfield, 2012；Boyer, 2012；Roof, 2012）。宗教机构具有自相矛盾的特征，既能分开不同的团体，又能为团体外的人和新来的人提供新的场所，让他们更活跃地参与城市生活，这在美国历史上非常突出。

中上阶层在参加自愿组织时尤其活跃，特别是参加有信仰基础或受信仰驱动的组织。女人在选举或担任公职等公共生活领域里受到限制，但是自愿组织让她们拥有一种参与公共生活的方式。女人几乎都是以志愿者的身份去管理或参加无数的慈善、服务和宗教组织。新教教义与城市里中产阶层妇女的（宗教的）自愿组织勃然兴起，这两者之间的纽带萌芽于19世纪早期，一直延续到维多利亚时期（Chudacoff & Smith, 2004）。在那些拥有众多自由黑人的城市里，这些非洲裔美国人就成立教会、互助协会、报社等方面，可与白人社会成立的这类组织相媲美。黑人给自己的组织命名时常常蕴涵非洲的传统，使之与白人的机构有截然的区分。在一些城市里，比如费城，黑人比下层社会的白人拥有更丰富、更多样化的组织生活（Chudacoff & Smith, 2004）。

新来到城市的人，无论是来自美国的乡村地区还是从国外移民而来，非正式的群体生活帮助他们融入社会，起了非常宝贵的作用。亲属关系的网络也很重要，帮助新来者参与社交生活。高房价、住房短缺，这意味着新来者常常与大家庭或来自老家的其他移民住在一起。这样的环境过分拥挤，给人带来不适，但是这种安排可使双方受惠。新来者获得帮助，得以在城市里立足，提供寄宿者则有人帮忙支付房租。中高阶层的改革家们并非一直能看出这种安排的价值，他们只看见城市的拥挤，看见这种生活方式与核心家庭（the nuclear family）这一理想水火不容。他们成立的正规化的城市改革组织，明显的目标是帮助城市的穷人，但是这些组织常常忽视了非正式的社会网络对如此多的新来者多么重要。

在19世纪晚期，我们开始看见：有些自愿组织给会员带来好处而将不平等强加给非会员，因而产生了矛盾。工会组织开始站稳脚跟，向会员提供一些真正的利益。但是，工会排斥女人、非白人，阻止他们获得某些种类的工作。没有技能的工人也被工会排斥，不能获得工会提供给会员的利益。另外，移民潮不断涌来，保护土著居民的组织也随之迅速诞生，比如，19世纪晚期出现的美国保护协会（the American Protective Organization）和美国爱国者同盟（the American Patriotic League）。就在这个时期，城市的政治机器被移民领袖控制，得到工人阶级的支持，因此在很多城市里，商业精英惶恐不安，开始成立商会和“好政府”同盟，希望将市政府的控制权回归于“更好的”社会阶层。市政的改革家们强烈要求全市范围的、不受任何党派控制的竞选活动，这削弱了党魁及其同伙连续霸占职位的能力。

在19世纪末出现了几次文化的转移，推动大规模的社会改革活动，社会改革的组织迅速增加。商业精英倾向于认为城市管理如同企业管理，他们常常能够在减少腐败和城市政府开支方面取得一些成就。他们继续竭力解决不达标的住房条件和不合格的教育等城市问题，还着手寻找有效的途径解决其他问题，比如失业问题。那些极力寻求各种改革手段的人们发现，政府的活动场所往往不是做这些事情的地方。当一些人开始转向政治以外的途径来解决这些问题时，他们突然发现自己正同女子自愿组织并肩奋战，而且女子自愿组织长久以来一直坚持不懈地解决这些问题。

在20世纪到来之际，新兴的、土生土长的专业阶层相信城市社会问题有实际的解决办法，而且他们相信新兴的社会科学的工具能够发挥作用。社会学家对城市问题的描述，再加上当时流行的、记者对事件轰动性的披露，两者结合，推动社会改革组织迅速蔓延。除此之外，社会福音运动（the Social Gospel movement）的发展也将宗教的合法性赋予许多社会改革活动。

这个时期有许多改革活动，其真正的目标是道德改革，许多城市都成立了反恶习组织。尤其在有些城市里，土生土长的中产阶层认为大批移民有不法行为而且对此特别关注，道德改革的活动因而更活跃（Beisel，1997）。城市里中产阶层的男人和女人齐心协力地禁止嫖娼、赌博、酗酒等行为。在这些改革者的心目中，个体道德的提升和城市的成功、城市状况的改善密不可分。只有当这些人改掉邋遢、怠惰的习惯，并且能像素质高的中产阶层那样行事为人，那么城市就会改善。社会福音运动的兴起为进步人士和宗教领袖创造了机会，使他们发展以共同的信仰为基础的桥接型纽带，这样，改变城市环境和改造个人就成为同一个重要的事业。

美国的城市人口在19世纪末大幅度增长，这在很大程度上归因于移民。中高阶层的居民因为大量城市贫民的出现而万般沮丧。州政府和市政府逐渐承担起帮助穷人的少部分的责任，民间的慈善团体承担起主要的责任。慈善团体跟随形势，依据生活在各个领域中愈加官僚化的组织形式，开始成立更大的机构。到了20世纪，大多数主要城市都有一个慈善组织协会，方便慈善团体之间的交流和活动（Chudacoff & Smith，2004）。

在这个时期，街坊文教馆（the Settlement House）① 的活动通过建立新的社会纽带而努力改变城市状况。受过教育的年轻“移民”迁入城市的邻里社区，生活在工人阶级中，认为他们的出现会互相受益。他们的想法是：在改革者和工人阶级之间建立社会纽带，可以改善彼此的生活状况（当然主要是改善穷人的状况）。新生的中产阶级和工人阶级的城市居民千方百计让自己的城市生活具有社区感，因此自愿组织在 20 世纪 20 年代急剧增长。在这个时期，体育联盟、社区福利基金，还有诸如基瓦尼斯俱乐部（the Kiwanis）②、狮子会（the Lions）③、麋鹿会（the Elks）④ 和女子俱乐部这样的组织在这个时期广受欢迎。

在 20 世纪前半叶，大多数以解决城市弊病为目的的城市组织都有明确的自上而下的管理特点，这种状况一直持续到 20 世纪 40 年代和 50 年代，到了 40 年代末有了些许明显的变化。社会活动家索尔·阿林斯基（Saul Alinsky）最先在芝加哥建立后院社区委员会（the Back of the Yards Neighborhood Council），他自 20 世纪 40 年代开始直到他 1972 年去世，一直在贫困的城市社区里实践工人组织的模式。这种草根社区组织的新模式影响了城市组织方式可预见的未来。阿林斯基的组织模式和中高阶层管理的城市改革组织大相径庭，它依据的理念是：

---

① 街坊文教馆是邻里社区内的社会福利服务机构。在 19 世纪末、20 世纪初的美国，街坊文教馆非常活跃，为社区提供教育、娱乐及其他社会服务。——译者注

② 基瓦尼斯俱乐部是企业家、律师、医生等专业人士在北美成立的会社，其宗旨是振兴商业道德，同时致力于慈善事业。——译者注

③ 狮子会也称国际狮子会（the International Association of Lions Clubs），是美国平民的福利俱乐部，其目标是在全世界人民中培育“宽宏尊重”的精神，宣传好政府、好公民以及对平民福利的积极关注。——译者注

④ 麋鹿会是美国男子组织，创立于 1868 年，现已国际化。全称是“麋鹿慈善互助会（the Benevolent and Protective Order of Elks）”，其成员被称为“麋鹿”，集会地点叫“鹿舍（the Elk Lodges）”。——译者注

穷人渴望社区发生哪些变化，应该由穷人自己去管理。

人们常常认为城市将市民隔离开了，然而城市也提供了前所未有的群体生活的可能性。这颇具讽刺意味。城市人口众多，所以少数群体的成员总有机会互相找到（Fisher，1982）。正是在城市这样的场所，我们才能看见弗雷泽“次反公众”的可能性。例如，早在20世纪40年代，这个国家的很多大城市里都有了同性恋的聚会场所。这些场所一方面在数量上为顾客提供了相对的安全感。另一方面，一旦公众知道，他们又常常成为执法部门袭击的对象。然而，这些场所，还有人们对于执法部门的袭击产生的集体的愤怒，不断地为20世纪60年代末的同性恋权利运动播下了种子。

城市促进对国家具有特大影响力的粘连型资本，这一点还有一例可以证明：黑人教会以及他们对人权运动的至关重要性。当然，在种族隔离的南方，教会和其他机构的种族隔离极其森严。根据社会资本的一个逻辑，应当这样论证：如果白人教会允许黑人进入，它就会凭借成员的多样性而变成一个更加有效的公民团体的场所，一个可以建立桥接型资本的场所。但是，弗雷泽在某种意义上论证说，非洲裔美国人由于被白人教会排斥而不得不将自己的会众聚集在一起，这样，他们就得到了同样宝贵甚至可能更宝贵的教会。根据弗雷泽的逻辑，如果黑人和白人作为明显平等的人参加教会这样的机构，就会使白人和黑人的宗教聚会掩盖了黑人在教会外面遭受的歧视。事实上，不平等这一话题变得难以讨论，因为倘若在一个组织里所有的成员都是平等的，就很难看见我们自己或其他人平日里遭受的不平等。

事实上，黑人教会成为人权运动中人们接受磨炼的中心场所。会众之间以非洲裔美国人的身份进行交流，这些机会让他们产生了一种集体意识，一种身份感。他们对不公平的地位感到愤怒，能够开始讨论解决这一问题的方法。黑人的大学校园也是实现这一功能的重要场所。用社会资本理论的语言来说，在教会这一场所，粘连型资本得以产生并在集体行为的协调中得以应用。

教会还是相对安全的地方。在我们的文化里，我们重视去教堂敬拜，所以与其他类型的建筑物相比，教堂遭到警方轰炸或袭击的可能性较小。教会还提供了各种各样其他的重要资源，促进更亲密的关系，为集体行为提供方便：它们能够为大群体提供聚会场所，甚至是物质供应。在一些非洲裔美国人的社区里，教堂一直是重要的社区中心（Patillo-McCoy，1998）。在一些贫穷的邻里社区，其他类型的机构减少投资，教会却一直提供服务，甚至尝试成为投资者。例如，位于哈莱姆的阿比西尼亚浸信会发展公司（the Abyssinian Baptist Church Development Corporation）重新开发了许多住宅和物业，用于出租和销售（http：//www. adcorp. org/），其远大的目标是支持哈莱姆的经济前景。

从美国最早的城市聚居点开始，商业组织对联邦、州和地方各级政府产生影响，从而对城市如今的面貌产生举足轻重的影响。即使在前工业化时期，比较富有的居民，尤其是商人和专业人士，一同合作改善道路，修建人行道。与其说他们出于某种社会责任感，还不如说他们想保证物质、商品和客户能够在商业区之间来回流动（Orum，1995）。在20世纪五六十年代城市重新开发/重建这一时期，房地产和企业联盟在房屋政策（Housing Act of 1949）上对国家级、市级官员产生影响，“清除贫民窟”，对波士顿、里士满、纽约、新奥尔良等许多城市进行大面积的重建工作，这些举措用高耸的办公大楼、豪华旅馆、会议中心以及诸如此类的商用建筑物代替房租低廉的住房和公共住房（public housing）①。有时候，商业公司或主要的机构也在周围邻里社区的重建中担任更加直接的角色（Monti，1990）。当然，在这些措施中失去房屋的人们仍然需要有居住的地方。人们尽力以最高的效率为最多的人提供住房，这鞭策着全国各城市进行大规模高层公共住房项目的建设。

企业主和企业组织在小型社区里也起着很重要的作用。社会学家

① 公共住房是美国市政当局或公共团体为低收入家庭建造的住房。——译者注

简·弗洛拉（Jan Flora）和杰夫·夏普（Jeff Sharp）发现，在内布拉斯加州（Nebraska）的奥罗拉（Aurora），20 世纪 60 年代成立的、容纳了该城镇所有主要商业利益的开发公司，致力于培养新的商业主走进市政领导班子，这在很大程度上启动了这样一种文化：本城大约 4 000 人已能够筹款运行最先进的公共机构，比如图书馆和教育中心。这反过来又构成一种吸引力，吸引新的工业进入城镇，有一些是从更大的城市里被吸引过来的（Flora & Flora，2008）。

农村和城市地区的自愿协会、公民协会在形式上存在许多相似之处，这可追溯至美国历史上遥远的过去。人们总体上认为美国城市和乡村地区的生活大相径庭。但是我们发现，塑造城市地区的那些社会和历史的动力也同样影响乡村地区，乡村的居民和城市居民一样，也千方百计地共同完成事业。当工业化和工厂在城市里占据更重要的地位时，机械化也在改变农业耕作方法和农产品加工过程。要使用“工厂型农业（factory farm）”这个术语，虽然尚需几十年的时间，但是农民们逐渐发现，他们要独立生存必须投入更多的资金购买拖拉机等机器设备，而且在投资上这么高的花费就意味着许多人和邻居达成正式或非正式的协议，分享机械设备、交换劳动力。把农业商品加工成增值的产品，这一工作开始从家里迁移出来进入小工厂，工厂往往聘请若干人做这样的工作，比如把牛奶做成奶酪。这些作坊往往是由农民合作社拥有的，他们把自己的产品带过去加工（McMurry，1995）。城市里的工厂可能雇用几百人，相比之下，农村合作社比较小，但是仍和城市里的工厂主一样相当依赖官僚机构化的集体做事的方式。

城市里涌现的协会形式很快传入美国的乡村地区。即使在通常和乡村生活相关的协会里，我们都能找到城市的根。城市影响乡村协会生活，最佳事例可能就存在于美国农业保护者协会（the National Grange of the Order of Patrons of Husbandry）的历史之中，它简称为格兰奇（the Grange）。格兰奇是美国最古老的农民协会，在很大程度上是因为安德鲁·约翰逊（Andrew Johnson）总统的一个顾问提议成立的。

美国内战以后，约翰逊派奥利弗·赫德森·凯利（Oliver Hudson Kelley）到南方收集农业数据。凯利一开始就发现，南方人用怀疑的眼光看待他。但是，他的共济会会员的身份在南方为他打开了大门（Nordin，2007）。凯利感觉到，一个代表农民利益的、以共济会为模式的组织可以让农民受益。1867 年，第一个格兰奇议事厅在哥伦比亚特区华盛顿成立了（http：//www. nationalgrange. org/about/history. html 2011 年 5 月 28 日）。格兰奇在基层主要提供社区服务，成立农民合作社。这个组织很快就在各州的政治和国家的政治中产生影响力，影响的范围很广，涉及道路规章制度、推广服务的设立、农村邮政投递、禁酒、妇女的选举权等。虽然在 20 世纪 20 年代进步运动时期达到顶峰后，格兰奇的成员数量有所下降，但是它仍以 30 多万成员的数量而感到自豪。

衰退中的社区？

社会资本理论着重强调公民团体中居民面对面交往的场所。上述的许多组织，比如会社的地方分会和格兰奇，它们非常符合社会资本理论。它们通常使基层成员面对面地交流，同时它们还是大区域或全国组织的分部，因而能够加强与地方之外各地区的交流。毫无疑问，20 世纪 60 年代以来，一些类型的组织的会员数量已经下降（Skocpol，2004；Putnam，1999），而且有人论证说，美国自愿组织现在更经常地以放松的、自助的模式运行，关注个体而不是社区参与（Wuthnow，1996）。这难道意味着美国的公民团体正遭到侵蚀吗？从这些论证来看，美国人乘车上下班、投入工作以及看电视、上网等私人娱乐占用了越来越多的时间，所以他们参与这些组织投入的时间已经减少。另外，所谓的第三组织兴起，一个人只要付钱就可以参与这样大型的会员制组织（比如，美国退休人员协会［the American Association of Retired Persons］或者世界自然基金会［the World Wildlife Fund］），这些组织对成员的要求不高。如果说有要求，那就是会员之间必须面对面地交流。学者们论证说，对这样的组织有任何归属感纯粹是肤浅的。这些论证认为，对民主至关重要的群体形式走向衰退。有一点需牢记在心，那就是这些论证根本不是新提出来的。托马斯·本德（Thomas Bender，1993）追溯了这些论证在美国文化历史中兴盛、衰败的发展过程。除此以外，我们可以考虑这些论证的实质，还要考虑这一事实：正规自愿组织的会员数目更似潮起潮落（Skocpol，2004），并不像有些人所担忧的那样稳步下降。

正如我们前面对自愿协会所作的一些基本假设，我们也可以考虑它们的真实性。例如，友爱互助会（Moose Lodges）这类组织的确促成了团体成员面对面的交流，可能使他们有机会建立重要的私人关系，承担对社区有益的项目。与此同时，这些组织常常具有背离民主理想的特征。许多组织排斥某些种族、某种宗教信仰或经济地位的人。女人的参与通常仅限于辅助的角色，比如，为参会人员提供膳食等。另外，倘若排外的自愿协会中的会员与社区的商业和政治领袖重叠，那么决定和协议都是在很多人被排斥在外的场合形成的。

科技、社区和城市文化

帕特南和其他批评家之所以特别担忧自愿协会和公民团体可能走向衰落，另外一个原因是科技的影响：科技可能使社区成员不再面对面地交流。这些批评家用数据说明：美国人在私人住所上网、看电视的时间越多，他们面对面交往的时间就越少。他们还举出了会员面对面交流的组织在数量上减少的例证。他们认为，私人的和虚拟的娱乐正逐步毁坏传统的休闲场所，因此也就削弱了社会资本和社区建设。

但是，当我们研究新科技对美国社区建设的影响时，我们发现美国人使用新科技的方式非常具有创造性，他们一直使用科技和他人联系，联系的方式是科技发明者从未想象过的。正如有人担忧美国社区的数量和质量都在下滑，也有人担忧科技对我们与他人交往的能力产生影响。这些担忧历来就有。在过去 250 年里，每一项新发明的出现都使社会生活的观察家们找到理由去担心社区建设会受到损害。例如，在 20 世纪初，使用电话和电报的通信手段越来越方便，这给城市改革活动提供了很大的便利。这些发明（再加上改革者对自己用专业技能处理城市问题的能力充满信心）为城市之间的交流提供了便利，鞭策地方性的运动，使之成长为全国范围的进步运动（Chudacoff & Smith，2005）。科技使组织的发展成为可能，比如，国家自治联盟（the National Municipal League）起初只是城市改革者构成的一个网络；全国童工委员会（the National Child Labor Committee）能够让整个国家关注童工的问题。同样，教会网络也成立了美国联邦基督教会协会（the Federal Council of Churches of Christ），它成为社会福音运动的典范，主张权利平等，改善住房和工作环境，号召教育改革。倘若没有这些促进远距离沟通的便利的通信手段，这种地区性或全国性的组织是很难产生的。

还有，电话的出现也引起此类恐慌：人们面对面交流的时间会减少。但是，电话促成的各种各样人际交往方式是电话公司未曾料想的。人们曾经想象，典型的电话用户是城市里的商人。但是，事实很快证明，对中高阶层的妇女来说，电话是一个及时的恩赐，因为社会对性别的期许限制了她们参与家庭以外的活动；乡村的居民也从电话中受益无穷，他们发现电话能帮他们和最近的邻居之间拉近数英里的距离（Fisher，1994）。

电话服务供应商一开始设想自己的首要客户是城市居民，但是农村居民，若居住地点离最近的邻居仍比较远，他们就迫切需要社区里的电话服务。许多农村的社区形成了一种新型的自愿组织——电话合作社，为自己提供电话服务而不是等待更大的公司来为农村社区提供服务。有些所谓的农村电话合作社在一片接一片的农场上沿着围栏桩拉起电话线，这样在基础设施上节省了资金。农村社区使用公共电话线发布社区消息、预报天气，甚至播放音乐演出（Fisher，1994）。

对互联网的公共讨论，以及上面对技术革新的讨论，两种讨论展开的方式非常相似。倘若人们越来越多地选择将时间投入到更加分散的“便携式的”社区，这对邻里社区以及其他以场所为基础的社区的社会凝聚力意味着什么呢？（Chayko，2008）应当注意，科技革新让一个人穿越巨大的地理空间，把自己想象成一个公共社区的一部分，就这类科技发明来说，互联网并非是第一个。本尼迪克特·安德森（Benedict Anderson，1983）认为，图书的到来在创造民族主义的可能性中起了关键的作用，原本不会见面的人们却开始对同胞的“想象的社区”有归属感。最近，一些观察家担心人们越来越多地基于计算机进行交流，这会削弱人与人之间面对面的社会交往，让个人的时间和精力远离了他们更熟悉的基于地点的社区类型（Putnam，1995，2000），而其他观察家则赞美基于计算机的交流，视其为一种几乎完美的社区建设的工具。当然，这两种极端的观点都没有完全得到证实。电话的开发商曾想象，人们使用这一新技术的方式是有限的，与此相同，人们一开始也把互联网想象为一个工具，主要服务于军事和精英阶层的研究者，也可能为商业界的同行们提供通信上的便利。但是，在20世纪80年代，互联网得到更加广泛的应用，人们开始在各种新的社区建设方式中运用互联网。早在20世纪80年代就有研究表明，为获得信息而公开加入网络新闻组和其他在线网络的用户使用这些论坛聊天主要为了交际，在线的交流以多样化的方式取代了面对面的关系（Wellman，1996）。

读者肯定可以猜测，现代的研究说明，互联网和其他形式的数字交流对社区生活并非是一个负担，事实上它以一些有趣的、重要的方式对社区生活产生巨大的影响。汉普顿和韦尔曼（Hampton & Wellman）在对加拿大一个新的居民村进行研究时发现，邻里社区的电子留言板和电子邮件确实改变了邻居之间的交往方式。在家中无法上网的居民对邻居的了解超过了那些在家里使用互联网的人，但是那些使用互联网、社区留言板和电子邮件地址清单服务器（LISTSERVs）的人会认识社区里更多的居民，而不单纯是自己的近邻（Hampton & Wellman，2003）。

公民团体中的组织很快就找到新方法利用现代科技。在过去的几年里，从红十字会到布鲁克林公共图书馆等越来越多的组织已经使用手机短信的方式筹款。另外，一些批评家认为互联网可能使社会归属感变得淡薄，而有些学者则认为面对面的群体可以广泛地利用互联网上的网站和聊天室使关系更加牢固，而且，这些技术方便了那些只有一次见面机会的不同的个体之间发展更深入的关系（Chayko，2008）。

今天，至少在聊天室这类交流平台存在的情况下，对数字化通信依然存在的一个主要的关注点，即它为匿名的交流提供了机会，使个体畅所欲言，包括没有事实根据的话，甚至是粗鲁的言语，因为所说的话不受礼貌这一社会压力的制约，而在实际的聚会中人们无法掩盖自己的身份，因为礼貌在交流中至关重要。因此，评论家们说，礼貌这一装饰品曾把我们的公共组织凝结在一起，如今礼貌正日渐下滑。论据的平衡性说明，科技的确改变了我们建设、管理社区的方式。但是，不断变化的科技带来的新机会并没有像人们经常担心的那样给社区带来不良影响，反而带来了新的约束。伍斯诺（Wuthnow，2002，2005）和其他学者认为，通信速度越来越快，这意味着现代公民团体为了达到预期的效果需要组织与组织之间形成松散的网络和联盟，为更大的灵活性做充足的准备。

结论

美国人千方百计与同类人以及不同类型的人打交道，在这一方面，他们有无限的革新精神。这些打交道的方式随着时间的流逝会演变，但是我们一直深深地依赖自愿协会，依赖公民之间在地域场所内外可维持的、非正式的纽带。我们是否能够齐心协力地做事？任务完成得是否好？我们仍旧这样担忧。这一事实反映了我们视为珍宝的个人主义和我们迫切需要的相互依赖这两者之间要达成的平衡以及我们的文化在达成这一平衡时存在的一如既往的矛盾。幸运的是，城市的居民显然已找到方法将所有个体团结在一起（即通过政府提高公民素质或通过市场将我们引入消费者和投资者复杂的社会群体里），而且已成立了更好的组织（即观念类似的商业领袖和来自各族群协同一致的人士构成的群体），将这一切融入社区建设可行的策略之中（Monti，1999）。

研讨题

1. 为什么人们害怕城市以及城市塑造的生活方式？

2. “社会资本”是什么？它在自愿协会诞生的过程中起什么作用？

3. 现代科技、休闲娱乐促进还是削弱了维持社区的各种举措？

4. 在美国城市生活中，政府的（公共的）、市场的（私有的）以及自愿的（非营利性的）活动场所这三者之间的关系如何？

5. 美国的社区生活在衰落吗？

6. 公民团体越多就一定能造就越好的文明社会吗？

第七章　和亲戚、朋友、陌生人交往

城市、市郊、城镇里的社会控制

在 18 世纪、19 世纪，从迁移到城市里的各种类型的人中建设一个社区，这使社会哲学家、未来的改革家、科学家、商业领袖、政府官员颇伤脑筋。那些为创建和维持有效的社区而殚精竭虑、夜不能寐的人们是这座城市的“陌生人”。不仅在美国而且在欧洲的大部分地区，最令人恐慌的陌生人就是未婚的年轻人、流浪者、外来的人或外国人。当前的事实是，西方社会把许多陌生人，甚至是大部分陌生人转变为熟悉文化、产生经济效益的学生、游客、通勤者以及特殊族裔群体的成员（Monti，2012）。但是，在 18 世纪末或整个 19 世纪，没有人知道会发生这样的事，而且许多观察家都认为新来的人、外来人口把他们的城市变成了难以想象的地狱之洞。我们会在本章探寻其中的原因。

我们要做大扫除的工作，先描述理论家和观察家们是怎样讨论（而且依然在讨论）我们中间的“陌生人”的。在我们看来，能带领我们走出这盘根错节的学术成果的最佳人选是社会学家林恩·洛夫兰（Lyn Lofland）。她这样描述人们如何想象陌生人和城市生活之间的联系：“城市因为面积大而成为特别的社会环境的中心：无论何时，在城市范围内生活的人们对绝大多数和他们共享城市空间的其他人都不了解。”（Lofland，1973：3）可以说，城市里的人对他人的家乡、亲人、朋友知之甚少。从人的生平细节这一意义上看，他们同属陌生人。但是，许多理论家、改革家和社区领导人也想象着城市居民——尤其是新来的人、外来的人和过路人——也都是文化上的陌生人。也就是说，他们不知道或不共享他人的价值观、风俗习惯和行为标准，尤其是公众场合的行为标准。

也许你不熟悉这些理论家和观察家的思想观点，我们就在这里分享他们主要的看法。城市里的人互不了解，不能互相指望在这个世界上拥有共同的期待、价值观和风俗习惯。因此，要想让生活在同一城市的人创造一种大多数人都认可的、乐意接受的、有意义的生活方式，而且大多数人都依靠这种生活方式将某种连续性和可预测性带入原本纷乱的生活中，这简直是不可能的。道理就是如此简单。

今天，无需很多的想象力就能明白，现代的思想家们如何认同这一观点并将其运用于他们的研究中。芝加哥学派的人类生态学家和具有改革意识的学者希望大公司、教育系统这些新机构以及在地理上更包容的大都市的市政府为人民营造新的、更好的交往方式。具有斗争意识的马克思主义者和后现代主义者认为，人民要么通过斗争的方式获得一个新的、更美好的世界，要么沦落，躲在城市小区域的院墙后面，在这里，和他们的同类人一起躲开“其他类型的人”，从而找到一种平安宁静的生活方式。

洛夫兰指出，无论他们的观点是否令人信服，他们讨论的城市状况还是比较新的。在人类历史的大部分时间里，在人们居住的社区，很少或根本没有互相不知道姓名的现象，陌生人的到来实属罕见。在18世纪末19世纪初，许多城市的报纸都会刊登到访人的名字和他们的住处。这一风俗很快就废除了，因为1820年后，城市越来越大，人们已经接受大规模的移民现象。

我们已经看到，生活发生转变，我们置身于大量的陌生人之中，这深深地困扰了早期城市化的观察家们，而且人们如何与他人形成有意义的或者至少是有效的关系纽带，这一显而易见的谜团也继续困扰着我们。因此，像涂尔干、西美尔这样的传统理论家使用“社会道德沦丧”、“陌生人”来描述19世纪欧美工业城市里人民的思想形态和社会状态。同样，像古斯塔夫·勒邦这样的理论家也为“群众（crowds）”而担忧，马克思期待“无产阶级大众”站起来和资本家斗争。他们之所以期待人民用一种破坏性的方式去采取行动，是因为人民与其他人的接触是肤浅的，不受传统约束的。

在19世纪、20世纪，人们对城市和城市生活的思考中有一个颇具吸引力的主题，它与人们如何能友好相处而且有效地管理、控制自己和他人的行为有关。城市区域人口密度大，这产生了有趣的平衡：有可能匿名，也有可能找到同类人，同时也存在着如何管理大批互相没有关系的人这一问题。显然，对于这些问题，没有人能提供非常理想的、令人满意的答案。

在小型的社区，比如村庄或小镇，社会控制比较容易理解，比较容易付诸实践。在很大程度上，它关系到居民之间的互相了解以及他们对由来已久的生活方式的熟悉程度。从理论上讲，个体之间有可能互相了解，大家看得见每个人的行为，所以一个小社区就很容易具备一套清晰的标准，并且能够付诸实践。即使有了陌生人，也比较易于管理，因为他们人数少，一言一行皆在人们的目光之下。一般来说，在人口密度大的社区，这样的社会控制就无法产生预期的效果，或者人们认为无法有效果。

如果一个人每天遇到的人大多数都是陌生人，他们如何避免霍布斯所谓的“人与人的互相斗争”？城市居民怎样才能互相指望至少有一点儿体面、文明的行为？在讨论城市生活的经典理论的那一章，我们看到，传统理论家们要应对的主要关注点之一是，由各类互不了解的人们构成的社会如何才能协调一致。

城市居民和市政当局如何将到达城市的大批陌生人和新来者视为一个群体，同时在日常生活中又如何把他们视为个体从而有效地和陌生人、新来的人相处，这是本章研究的重点。社会控制可能是官方的，即依据已确立的法律和程序；社会控制也可能是民间的，即依赖默认的准则或道德观念。就社会控制这一需求来说，美国平衡着各方权益，与这一需求有关的问题常常与我们尊重个人自由和隐私这一文化相权衡。

我们首先要看城市里新来者或陌生人的群体以及美国的城市在国内、国际移民高峰时期所产生的具体反应。另外，城市的居民为培养可接受的社会行为，甚至为了在“陌生人的世界”里（Lofland，1973）建立有意义的社会关系而互相控制。我们接着会关注他们互相控制时所运用的各种通行的手段。我们会看见，城市的居民在不完全泄露自己隐私的情况下拥有各种互相联系的方式，他们有各种途径同心协力地促进不依赖个人联系的社会凝聚力。倘若这些方法不奏效，他们也会拓展技能，使自己躲开有可能带来危险的环境或人。所有这些讨论背后最根本的问题是：城市里公共空间的性质是什么？城市建筑环境如何影响人们交往的方式？

群体的社会控制

林恩·洛夫兰（1973）认为，对于21世纪的人们来说，前工业化城市生活最让人震惊的特征之一是，控制人的行为所使用的方式非常公开，而且充满暴力。公开的折磨、砍掉四肢、绞刑、石刑、火刑、断头都是使用过的手段。这些刑罚通常都是在集市等最繁忙的城市公共空间执行的，旁观者经常是热血沸腾的观众，有些情况下，甚至是参与者。行刑之后，遗体通常在众目睽睽之下慢慢腐烂，这又给众人增加了一种刺激，警告世人不要参与犯罪，以免落得如此下场。

在殖民时期的美国，领袖们继续依赖这种极其隐私又极其公开的社会控制机制去管理在他们看来不可接受的行为。人们列举的问题和不良行为包括各种道德败坏的行为（从通奸到酗酒）、贫穷和债务缠身。处理这些问题的方法有些没有明显的暴力，比如没收债务人的财产和牲畜、将一贫如洗或生病的人安置在亲戚家中或安置在那些愿意照顾他们的其他公民的家里。但是，体罚仍在进行。“‘罪人’常常被示众，遭受公开的羞辱。例如，殖民时期的波士顿有三个人们经常光顾的捆绑罪犯的鞭笞柱。那时的美国，鞭刑是比较受人欢迎的观赏性体育运动之一。”（Lofland，1973：35）

到了 19 世纪初，美国的城市区域已经太大，人口太密集，这种羞辱人的惩罚方式不再有效，而且公开的惩罚也越来越不被人接受。同时，在美国内战前的那些年，美国的城市正经历飞速的发展，城市人口包括了大批临时工和年轻的单身男士，他们对社区没有什么特别的投资。1840 年后，城市有了大批移民。在这一时期，大多数城市经历了财富的骤然增长和暴力犯罪的上升。中产阶层的商业领袖指望有一点儿社会秩序能够鼓励商业活动；中高阶层的人们不甚关注商业，而是更关注道德，因此，他们必须找到新方法去控制日渐增长的城市人口。

今天我们视为理所当然的那些公共机构——警察机关和学校，还有像基督教青年会和女童子军等组织——在过去都是为了解决与社会秩序和控制有关的问题而创建的。与此同时，即使在美国最早期的城市历史中，对社会控制的需求和对个人权利的坚信这两者之间就有文化冲突。例如，在 19 世纪中期，随着城市人口的急剧增长，中高阶层（尤其是身处商业社区的人们）担忧社会秩序愈加混乱，他们开始主张创建专业的警察机关。但是，对于创建正规的社会控制机构这一理念，人们有莫大的紧张感，这主要是因为英国对美国的控制是压迫性质的，这在公众意识里依然是鲜活的记忆。因此，主张创建警力的人们不得不克服人们对军事化机构普遍的不信任，早期的警察不能穿制服、不可持枪。此外，城市的发展如此之快，不可能招募到足够的警察人员。富有的公民和商业精英有能力要求官员特别关注他们看重的社区，因而在工人阶层和贫穷的邻里社区，犯罪活动无人问津。这种政策颇具讽刺意味，贫穷的社区缺乏警察守护，精英阶层就认为这些社区和居民是危险的（Chudacoff & Smith，2005）。

这些“危险的阶层”是对城市精英一个额外的挑战。在 19 世纪上半叶，中产阶层的改革者们将穷人和罪犯安置在救济院、教养所和监狱里。这些机构和当时盛行的新教理念是一致的，旨在为离经叛道者提供一个稳定的组织背景，方便感化他们，即使不能使他们坚定地皈依基督教信仰，至少使他们拥有社会比较能够接受的行为。当然，这对中高阶层带来的额外利益是，原本令他们讨厌的行为或处境就从他们眼前消失了（Rothman，1971）。改革家们强烈地意识到，城市不断发展，这些组织将无力解决所有的社会问题；他们还担心这些不受欢迎的人和事任何时候都有可能造成社会混乱。免费的、靠纳税来支撑的学校得以创立（后来有了强制入学的法律），部分原因是改革者们相信学校能够吸收移民的孩子，将社会认可的价值观反复灌输给穷人的孩子。在学校的改革方面，波士顿领先美国，在 1818 年创立了公立小学。到 19 世纪 50 年代，在美国日益成长的城市区域里，大部分地区都有了一些政府资助的学校。

在这个年代，单身女性形成了另一个涌入城市的群体。根据城市里许多精英们所持的主流道德观，即使在境况好的时候，年轻的单身女性也是脆弱的，容易受到酗酒、卖淫这些恶行的吸引。如果境况糟糕，她们一到城里来，就已经在道德上妥协了。在 19 世纪末，迁入城市的女性包括来自乡村的土生土长的白人女性，来自南部的黑人女性以及欧洲移民的后代。繁荣发展的城市区域如此吸引年轻女性，主要是因为工厂提供有薪水的工作机会。无论在工厂里工作还是在家庭里当佣人，单身女性都有了自己挣钱、享受独立的第一次机会。但是，女工的薪水或佣人的收入都不足以维持单个的家庭，所以许多女性都住在供膳食的家庭旅馆里或者其他一些机构，比如，基督教女青年会，她们在那里把资金集聚在一起，互相帮助，避免单身女性在城市里有可能遭受或无法抵挡的一些危险。

在美国，从 19 世纪晚期开始一直持续至 20 世纪前 25 年的大规模的移民潮对城市社会凝聚力来说，是另外一个挑战。我们在上一章看到，城市精英们害怕移民，部分原因是很多移民都很贫穷，使得城市里穷人的人口暴增。另外，许多新来者的生活方式、习惯、爱好看起来违背中上层居民所认为的使社会秩序井然的行为规范。本地土生土长的工人阶级往往会陷入惊恐之中，认为大批新来的移民渴望工作，这意味着他们的工作安全受到了威胁。

一方面，城市区域需要那些受吸引而来的新居民，他们是劳动者、客户和租户，使城市发展成为可能。但是，城市并不总是用体面的方式管理这些新来的人。这个时期大批移民涌来，所以大多数城市周期性地经历群体之间的暴力事件，因为市民认为新来的人正威胁自己的利益，尤其是经济利益。在19世纪，城市的不同社会阶层、种族、民族和宗教团体之间发生的骚乱、暴力袭击、斗殴的数量激增，或许在19世纪最后几十年以及20世纪前几十年达到了高峰（Davis，1986；Ryan，1997）。

美国的城市不断发展，并非只是城市居民才努力控制大批的新来者。在20世纪初（以及在此之前的城市迅速发展时期），美国乡村的居民常常认为城市居民的利益和自己的利益互相冲突。他们觉得自己的社会（即道德）和政治影响力逐渐消失。他们发起了一系列的道德和政治运动，其中的很多运动都是为了重申自己心目中“传统的”美国价值观。

有些历史学家认为，全国性的禁酒运动说明乡村在美国的主导地位已奄奄一息。乡村的宗教领袖就是支持禁酒运动的人物，这是事实，但是这一运动同时也代表了乡村领袖和城市中产阶级的领袖（主要是新教徒）之间的纽带初步形成。在20世纪二三十年代，乡村人对城市的恐惧和怀疑以及他们代表的社会变化也激发了三K党的死而复生。三K党在乡村地区尤其具有影响力，人们在乡村地区很容易如此设想：正在给美国带来问题的是集中在城市里的那些非白种人、天主教徒、移民、犹太人以及女权主义者。

暴力不是城市居民试图控制新来者的唯一方式。市民要对付新来的人或者那些肤色、生活方式、言行举止令他们反感的人，还有一种选择，那就是彻底逃避他们。受歧视最严重的人就是那些非白种人的外来者。在20世纪初，很多城市颁布了法令，禁止黑人、亚洲人、拉丁美洲人在某些区域购置土地或在某些邻里社区办企业。所以，当白人移民最终分散于城市区域并且进入市郊时，非白种人则集中于他们可以居住的邻里社区，他们的商业和受教育机会都受到了限制。

许多到达美国城市的新移民最终和像他们一样的其他人一起生活在聚居地(enclaves)这样的地方，上述那些法令只是众多原因中的一个。聚居地的出现，部分原因是土生土长的居民要控制新来的人，当然聚居地也使新来的群体能够应付迁入新城市时必然遇到的一些危机。

聚居地拥有亚文化的一些特征，一群人共享相同的传统和价值观，而且这些传统和价值观的维持通常依靠群体内高频率的交往。犹太教哈西德派在纽约布鲁克林的社区就是一个鲜活的例子，它展示了具有共同民族、宗教身份的一群人如何能够互相扶持、建立一个繁荣发展的聚居地。但是，当他们的行为方式遭到社区外的市民谴责时，这种社区也会保护自己的居民。比如，这个犹太教哈西德派的社区一直受外界批评，因为它拒绝将虐待儿童的情况诉至地方政府，而且社区里有些居民因为挺身而出主持正义而遭到社区排斥（Otterman & Riviera，2012）。

一个聚居地和一种亚文化，其差异在于人们都知道聚居地和某一具体地方（比如一个邻里社区）关系密切，它通常拥有为数众多的商业单位和其他机构，特别为了满足居住区内居民群体的需求(Abrahamson，2006)。另一个现代的例子也非常合适：在主要的城市中心的任何一处唐人街，所有的商店、教堂和旅游公司都服务于这一美国华人社区。但是，并非所有的亚文化与地方的纽带关系牢固得使我们将其等同于聚居地的生活。例如，现代欧洲的吉普赛人群是高度流动的，他们在西班牙等国来回走动，甚至穿越国界走亲访友、欢度吉普赛人的假日。

族裔聚居地一度主要存在于中心城市里。当然，在美国某些具体的地区，如果有大量的居民来自另外某些具体的地区，也常常形成乡村的聚居地。聚居地如果以族群性或民族身份为基础，如果它像磁石一样吸引该群体的新成员，而且这些新成员可能是聚居地居民的亲戚，那么这个聚居地就会迅速发展。从传统上看，聚居地不同于贫民窟，它有较强的商业自给自足的能力——经济上基本独立自主。

聚居地的形成原因千变万化。居民选择某一具体的居住区安家落户，常常因为这个地方与某一具体群体的成员的工作场所距离较近。例如，布鲁克林东河附近的一些区域，那里有挪威移民的集中居住地，近期的移民都住在他们工作的船坞或码头附近。另外，居住在河流附近显然使这些挪威人有身处家乡的感觉（Jonassen，1949）。还有一些情况，聚居地的形成源于房地产市场的模式。比较富有的人有足够的经济实力，能在城市里环境最宜人的区域生活，这就酝酿了上流社会的聚居地，比如波士顿的灯塔山。新来的不太富有的人只能住在他们的经济能力许可的地区，所以就集中在房价不高的地区。聚居地会继续发展，因为和开拓者们有共同之处的人都会受到吸引。聚居地通过社会网络吸收新成员，靠自己独特的社会福利吸引他们。

有些居民对新来者心生恐惧，而聚居地会让他们感受到这是城市在一个特定区域设立的一个安全之处。但是，聚居地也让新来者获得融入集体的安全感和信心，保障他们享受数不清的社会和经济资源。位于休斯敦的伊朗人聚居地就是现代一个极佳的例子。对于那些遵循穆斯林传统习俗去安排、协商婚姻大事和庆祝公共宗教节日的人们来说，聚居地为他们提供了重要的资源，因为社会上其他的人没有这些风俗习惯。例如，在波斯人的一个穆斯林社区里，若有人死亡，哀悼者的传统习惯是聚集在清真寺里祷告，完成对遗体的洁净仪式，在纯粹穆斯林的墓园里将墓坑挖掘至规定的深度，使死者面朝麦加安葬。即使在聚居地之内找到这些活动所需的技能和群体的合作也相当不容易。在聚居地以外，简直不可能。

新到城市的人们，尽管会遭遇暴力，有时会遭遇法律的管辖，但他们不会一直是外来人，尤其是当他们数量很大时，很快就不是外来人了。一方面，这个时期的城市精英们相信自己有兴趣和不讨他们喜欢的新来者打交道，另一方面，新来者本身也在寻找各种各样的方法调整他们在新环境下的生活和感受。族裔聚居地就是这些事情发生的中心。当移民群体开始占据城市人口的大多数时，他们充分利用聚居地创造的社会网络和内在的社会资本，先在群体内、而后超越自己的群体去增加他们的经济、政治机会。所有这些努力并不都依赖法律手段，却对城市的社会控制产生了一套崭新的挑战。在 19 世纪晚期，城市发展突飞猛进，市政府无法满足对基础设施和济贫基金日益急迫的需求，邻里社区或聚居地的“商业”领袖们便开始负起重任。在这一过程中，他们通过政治上的恩惠给那些因需要他们而效忠他们的人提供贷款、工作机会和其他服务，效忠之心由此得以培养。

与此同时，尚未成熟的市政府总体上还处于不断变化之中，市政领导竭力控制他们的城市，而且自认为还要保护市政对城市的控制免遭日益成长的州政府的蚕食。市政府和领导既要满足城市的深层需求，又要面对难以控制的混乱局面，这使聚居地成功的商业领袖们担任了市政要职，引领党棍政治（machine politics）的时代。移民和移民的儿子常常成为城市领导机构的魁首，熟知自己服务对象的需求。他们用管理邻里社区的方式来管理城市：将个人的服务和支持给予个体（例如，像警官、教师、职员和督察员这些公职）或社区（比如，公园、公共卫生和道路的改善等）。他们的选民和以往受惠的对象也对核心领导人奉献自己的忠诚之心，作为一种交换。同时，政治领袖也需要这份忠诚来控制公职人员，在竞选、投票时用所获得的经济赞助来回报支持自己的人。

在这个时期，有一个典型的领导机构的魁首，他是来自爱尔兰的第一代或第二代移民。可能最明显的例子就是控制纽约几十年的坦曼尼协会（the Tammany Hall）这一政治组织。有些移民组织最终演变为政治组织，坦曼尼协会就是如此。它一开始基本上就是一个兄弟会，主要在东北部的大城市里活动。在曼哈顿，它的领袖主要是商人，他们利用自己和爱尔兰移民之间的友好关系，为影响当地选举的结果而施与小恩小惠，有时候在政治选举时干脆使用暴力。

一方面，使用恩惠的党棍政治和体系创造了社会秩序。这些政治魁首在城市里创造了前所未有的清晰的等级体系和社会遵从，而且常常实实在在地提供所需的基础设施和服务。他们要这样做，就必须和商人密切合作，而商人希望服务于不断增长的城市人口。另一方面，这样的体系经常依赖经济腐败，至少要依赖暴力的威胁。在这个时期，市政公债急剧增加。

在许多城市里，土生土长的城市精英用市政改革措施来对付兴起的党棍政治。要削弱城市政治组织，一个方法是尽量把选举权限制在物业的业主，因此把选举过程中支持城市政治组织的大批的移民和工人阶级的居民排除在外。当然，其逻辑依据是，那些拥有物业（并且交纳物业税）的人能正确理解城市的最佳利益。（南方的城市，比如孟菲斯，使用同样的逻辑依据限制黑人和贫穷的白人的选举权。）在有些城市里，限制选举权在政治上不可行，那么改革家们就绞尽脑汁，使市政选举不受任何党派的控制，使市政的公职及其功能理性化、官僚结构化，将恩惠体系赖以生存的个人效忠现象从平衡体中驱逐出去。

社会遵从，至少就政府事务来说，其目标得到转移，遵从的是以资格或专业技能为基础的正规规则和体系，而不是遵从靠共同民族渊源联结的有权有势的个体。这些改革成就代表了土生土长的城市精英给予少数民族群体的压制。但是，立法者要得到选票，在很大程度上仍依赖族裔的工人阶级的选区。从这个方面来说，族裔少数民族和他们的代表慢慢地从党棍风格的、耍手段的市政控制方式转移至通过单纯的选举能力来获得控制。这导致进步时期的改革措施顺利通过，这也包括几乎所有美国城市里与住房、工作环境和养老金有关的规章制度。尽管土生土长的美国人竭力地控制移民以及他们的影响，移民还是在他们居住的城市文化里留下了浓墨重彩的一笔。比如，在密尔沃基（Milwaukee），庞大的德国移民群体赋予这座城市一种独特的德国风味（Orum，1995），使它到今天还保留着德国文化的痕迹。

我们已然看见，聚居地历来都是围绕种族或民族身份而形成的。但是，众所周知，工业化时期的城市还有其他类型的“聚居地”，是自发的，有时也是根据法律而强制设立的，也以居民的财富或宗教为基础。波士顿的灯塔山和后湾（Back Bay）这两个高级住宅区就是适合高消费阶层的聚居地。圣路易斯西边封闭式的、非常排外的邻里社区也是如此，它们是在19世纪末专门为圣路易斯富有的工商业领袖而建设的。早期的市郊也有一些类似的排外标志。

身份可能是聚居地赖以存在的基础。近来，我们已经放宽了对身份的理解，为的是容纳其他类型的群体，比如20世纪60年代开始在旧金山卡斯特罗（Castro）社区出现的同性恋者的聚居地。我们甚至可以想象基于其他共同性的群体，比如财富、职业、生活方式或这些因素的某种结合。其中的道理是一样的：总体上看，一个聚居地涉及一个独特的人群和一个具体的地方之间的一种特殊关系。当今的问题是：这是一个什么类型的地方？今天，在市郊也有了聚居地。新近移民的聚居地现在常在内郊形成，而以前这些群体会在中心城市安家落户。

我们可能不会说这些聚居地在今天是完全封闭的，但是我们仍然能看见它们拥有以聚居地居民为对象的成套的机构和商业单位：教堂、心理治疗机构、诊所、杂货店、特色餐馆、出售特色服饰的服装店。在旧金山，同性恋者的商业黄页堪比其他城市的华商黄页或西班牙裔美国人的黄页。

位于加利福尼亚的橘郡就是一个现代的市郊聚居区的例子。它又称加利福尼亚的小西贡，人们公认这里是越南人在越南本土以外最高度集中的地方。这里有几个自治市，包括威斯敏斯特市（Westminster）、约巴林达市（Yorba Linda）。你无论造访哪座城市，都能看见数不胜数的越南餐馆、食品杂货店，还有出售越南婚嫁传统服饰的商店。小西贡的亚洲花园购物中心是消费者购物的核心，它是一个极好的例子，说明到达美国城市的新来者如何塑造他们进入的社区和机构，同时又在这些社区和机构里得到塑造。虽然室内购物中心已成为美国城市郊区生活的一个标志，但是亚洲花园购物中心非常有吸引力，因为它的设计围绕越南文化的诸多特征，与美国的主流商业文化截然不同。设计者是一个越南裔美国人。在设计购物中心时，他深知在越南购物区域，成年人的社交极其重要。为了达到这个目的，他将饮食区设在大门的右侧。讨价还价是越南购物文化的一部分，因此出售同类商品的店铺（例如整个购物中心的珠宝店）都集中在一起而不是分散在购物中心的两端，这样方便购物者与商人议价。

在城市环境里，面对人群的一个方式是尽量躲开。我们刚才注意到，对于那些无法情投意合地居住在一起或者干脆不愿意与他人居住在一起的人们来说，市郊的开发就是一个决定性的手段。在欧洲，郊区是城市外的一个区域，是富有的居民躲避城市喧嚣的去处，其悠久的历史可追溯至中世纪（McDonnell，1978）。在自动化交通出现之前，郊区位于城市的边缘。到了 19 世纪晚期，英国的城市规划专家为中产阶级的家庭考虑，将城镇设计在曼彻斯特、伦敦这类大城市的郊区（Porter，1994；Corden，1977）。我们在第三章里看到，在二战后的美国，住房与贷款政策刺激了市郊的迅速蔓延；新建的住宅区主要被白人、中产阶级的居民购置。开发商和社区的协会利用种族限制性契约，禁止中产阶级的黑人家庭在市郊新建的住宅区购置房屋（Massey & Denton，1993）。

对陌生人的日常管理

并非所有的陌生人管理都将不同类型的人群隔开并安置于贫民窟或聚居地，并非总像上面描述的有大规模的城市暴力那样夸张，骇人。城市居民（在大部分时间内里）使用的林林总总的方法，为文明的行为而互相要求，社会学家对此进行了研究。在城市居民使用的这些方法中，有些是正式的、法律的机制，更多的是非正式的。我们稍后会在本书看到，有一些解决方法重在通过改变城市物质环境来改变人的行为。

例如，仔细想想，每年有大约 3800 万人游览纽约的中央公园（http：//www.centralparknyc.org/visit/general-info/faq/）；或者试想，在每一个工作日，有大约 38000 人走过纽约一个街区的一条人行道（Whyte，1974）。不用说，这些人当中互相认识的并不多，许多个体都为着不同的目的使用这些空间。早期对城市生活的论著也很关注与陌生人一起生活在公共空间、分享着公共空间到底意味着什么。例如，沃思认为，在陌生人当中生活，这迫使人们从根本上改变与他人交往的方式。尤其重要的是，他们更加会以分类的方式看待周围的人，也就是说，与他人交往时，视对方为某一群体的成员而不是独立的个体。

林恩·洛夫兰（1973）也论证说，有两种基于视觉信号的方法来理解陌生人：从他们的外表和/或根据他们在城市里所处的空间信息来理解他们。例如，在成衣出现以前，一个人的地位或职业比今天更能在狭义上决定他的衣着，前工业化城市里的精英们不时地创造新方式将自己同“更平庸的”阶层区分开来。这样，谁值得社会尊敬，就丝毫不会混乱。

另外还存在的一种担忧，是西美尔等观察家们首次提出的，这种担忧一直持续至今，那就是：在陌生人中生活太长时间，会对人的心理产生一种隔离效应，它会削弱人们互相以礼相待的欲望和能力。请回忆第四章讲述的西美尔的担忧：城市居民会变得漠不关心，对他人的需要完全无动于衷。每当媒体报道人们的行为冷漠到令人发指的程度这类事件时，我们就能再次体会到西美尔的这种担忧。有一个特别臭名昭著的谋杀案就是1964年基蒂·吉诺维斯（Kitty Genovese）在布鲁克林的丘园惨遭杀害的事件：案件发生时，好像有很多人都听到了歹徒袭击的声音，但是都没有去制止，甚至无人报警。不过，这样明显的城市骚乱的事件是稀少的，说明在大多数时间里，市民能够互相指望有相对良好的行为。是什么原则指导城市居民每天在公共空间里有秩序地生活呢？

我们阅读传统理论家对城市性的论述，知道有许多人指出城市生活需要更高程度地依赖正规的社会控制机制。有人对这一点看法消极，认为与前现代生活有关联的、以了解个人信息为基础的交往形式倘若失去，就是真正的损失。但是，如果我们采取本书所持的态度，严肃地看待文化，再考虑不同类型的关系中可能产生不同的机会和限制，就会更有意义。例如，当法律约束缺乏人情味的人际交往时，参与者们可能不会具备有益的自主决定权。但是，如果人际交往的基础出于人性化的考虑，参与者们会承受压力，就会避开可能产生负面效果的决定性局面。有些研究证明，在较小的社区里，执法官员对社区里的居民了如指掌，人们便会回避与法律有关的后果。有些研究者判断，乡村地区对家庭暴力事件的报道严重不足，因为警察熟知行凶者和受害者，愿意使双方在私人层面解决问题，而不是用法律手段拘捕行凶者（Van Hightower & Gorton，2002）。

在飞速发展的工业化城市里，领袖们正为许多新居民的需求忙得焦头烂额，此时城市沦为肮脏、冷漠、邪恶之地，这一恶名传扬开来。我们稍后会在本书里看到，这些假设演变成城市规划和设计的途径，人们试图将清净和自然的一些因素带进城市里。从理论上讲，这也许不是一个坏主意：规划专家想筹建可带来宁静和隐私的住房与公园，从而让人们脱离拥堵、无需承受和陌生人无休止地打交道产生的压力。换句话说，当时流行的规划模式试图在城市里造就一丁点儿小城镇的生活。

简·雅各布斯（1961）强烈反对这些城市规划模式。为什么？因为她认为，陌生人必须以某种方式齐心协力地维持社会控制，这才使城市与城镇、市郊截然不同。在小城镇或社区里，居民可以使用民间的社会压力，这种压力只能在互相认识的人中间起效。例如，一个小社区的居民可能承受压力，为避免自己的名声遭到损害而理性地对待他人。

雅各布斯和那些传统社会理论家一样，她也为城市飞速发展中的社会凝聚力而担忧，她认为这种采用人与人之间的私人模式的社会控制在大城市里行不通。她说，居民和城市规划者采用其他地方行得通的解决方法是不能解决城市问题的。雅各布斯论证说，有时给城市生活带来危险的并非是人们互不认识这一纯粹的事实。如果建筑环境或日常的风俗习惯没有提供有效的和陌生人交往的手段，也就是说，没有了非官方的社会控制的源头，那么城市空间就是危险的。当你周围有很多陌生人，你必须使用有效的社会控制方式。所以，雅各布斯在论证中反对她那个时代占主导地位的规划哲学，她并不认为城市居民需要更清静的城市空间。对于那些不宣传对街道的关注或不把住宅与其他建筑融为一体的城市重建项目，她也持怀疑态度。

雅各布斯论证说，一条安全的城市街道无需漂亮，只需有人居住。她以波士顿的北区为例，说明在这里生活的人根本不富有，但它是这座城市最安全的邻里社区之一（Jacobs，1961；Whyte，1966）。在雅各布斯看来，有时候不漂亮的邻里社区反而更好。她往往把破败区域的绅士化改造和那些没有倾注精力和时间关注街道的人们联系在一起。她同时说，酒吧在邻里社区声名狼藉，因为它们招来陌生人、怂恿无法无天的行为。但是，陌生人本身不是问题。从理论上说，酒吧也不是问题，如果顾客多数是本地人或“来自本社区”，酒吧更加没有问题。

雅各布斯说，安全的城市街道有一个主要特征：繁忙。这样，人们就一直关注它。关注街道的人可能是那些令一些城市居民不舒服的人，比如无家可归的人或者让一些人讨厌的街道商贩。雅各布斯论证说，这些人拥有其他人没有的警觉性。在2010年5月时代广场的汽车爆炸未遂案中，街头小贩仿佛为了证明雅各布斯的论点，首先目睹并报告了这一爆炸未遂案。还有其他证据可以表明，城市生活的范围可以如此小，如此不陌生：本书的一位合著者在圣路易斯生活，他就认识向官方报告的两个小贩中的一个。

随着时间的流逝，城市公共空间产生了一个重要的变化，即不同城市空间的使用越来越趋于专业化。在过去，城市公共空间常常是混合使用的，多种类型的人为着多种目的来到同一个区域。例如，在前工业化的城市里，公共空间充满了各种人，他们做许多不同的事情：商贩卖货，客户购物；犯人在众目睽睽之下受惩罚；乞丐讨饭；处理垃圾；人们四处闲逛。随着时间的推移，市政当局越来越限制人们对具体地方的合法使用。其中的动机通常是为了减少让人反感的行为，比如随地大小便、沿街乞讨、招嫖拉客等。

一个人的社会地位对他使用的公共空间有巨大的影响。例如，洛夫兰（2002）认为，“公共”空间越来越走向“商品化”。也就是说，一个空间曾经是由不同类型的人使用的，后来就被私有企业或优秀的人群接管用于个人需要，甚至达到了他们可以用它赚钱的程度。结果，这些空间的拥有者们能够限制流浪汉、乞丐等一些不讨人喜欢的人使用这些空间。杜尼叶、卡特和哈桑（Duneier，Carter，and Hasan，1999）在研究格林尼治村的街道小贩时举例说明了这一过程。杜尼叶发现，因为自己是白人，他使用附近餐厅或商店的洗手间时通常都能得到允许。那些黑人商贩却不能使用这些洗手间，不得不在公共场所大小便，这使他们很容易被抓到把柄或遭到拘捕，白人则不会有这个问题。

城市的人行道是公共场所，许多陌生人在日常活动中都在这里相遇。杜尼叶（1999）在上述提到的研究中也调查了使用城市人行道的人如何设法应对他人的行为。例如，行人常常尽量躲避街道小贩，尤其是躲避那些试图和行人搭讪的乞丐，然而乞丐为了和不愿意理会他们的成年行人搭讪就会和他们的孩子、宠物搭讪。

有些场所能够让城市居民安全地和陌生人打交道。雷·奥尔登伯格（Ray Oldenburg，1999）提供了一个重要的方式，可明确表达这类场所的重要特征。他称这些场所为“第三场所”。商店就是再好不过的例子，它们吸引或允许各种人走进来，共度时光。它们是公共场所，但是也很可笑，它们允许人们有一些隐私，也就是居民能够控制自己和遇到的人打交道的程度。

这些场所一直是城市生活的重要成分。到了18世纪中期，在殖民时期的美国城市里，比如波士顿、纽约，小酒馆、咖啡店已成为贸易、休闲和政治场所，各社会阶层的人都在这些场所聚集。最终，这些地方就成了美国革命的熔炉（Chudacoff & Smith，2005）。到了19世纪末，酒吧继续充当聚会的场所，对年轻的单身男士（工人阶级居多）来说，尤为如此。酒吧常常免费提供食物；酒吧还充当民间的银行，人们可以在这里兑换支票或者向酒吧主人借小额钱款；人们在这里互相留言；人们还在这里传递招工、工会和许多其他活动的相关信息。

在咖啡店、酒吧、小餐馆甚至是发廊或理发店这些地方，老主顾们比以前吃饭或理发花的时间更多。人们可以在这些地方闲逛，至少可以随便交谈。他们慢慢认识了在这些地方闲逛的人，但是仍然能够控制向他们透露的关于自己的信息量，跟别人交往却没有义务邀请他们来到自己的私人空间（自己的家），除非自己愿意邀请他们，那另当别论。在这些地方形成的、人们普遍接受的社会规范，在最低程度上规定了可接受的社会行为，这样，顾客是否违背共同的礼貌标准，人们都心知肚明。

在理想的情况下，"第三场所"应提供一个空间，人们在这里将社会地位的差异、喜怒无常的情绪、鸡毛蒜皮的私事儿统统搁置一边。奥尔登伯格还将第三场所同前一章讨论过的公民协会或其他类型的组织（像麋鹿会、退伍军人协会、体育俱乐部或宗教团体）区分开来。他论证说，第三场所需要对每个人都开放，但是，从本质上看，以共同的社会地位（比如，像退伍军人协会这样一个只向老兵开放的俱乐部）、信仰（比如教会）、兴趣（比如曲棍球俱乐部）为基础的团体吸引的人群范围不是广泛的，而是比较狭窄的。

"第三场所"具备诸多特征才使陌生人能够安全地互相联系又不会在交际中违背意愿，纠缠不清。第三场所提供了人们可能聚集的中立的场所，是消除差别的场所，人们在这里不是严格地靠阶层、职业或其他类型的社会地位来互相评判。"第三场所"的主要活动是交谈，有机会和其他人——无论是熟人还是陌生人——交谈，这是人们来到这里的根本动机。这些场所必须经常开放，无论白天还是黑夜，每天要营业很多小时，方便人们出入。这一场所通常有一批核心的常客光顾，他们为这个场所定下行为的基调。这些地方保持低姿态，并非时髦的场所（时髦的东西任何时刻都可能过时），并非自始至终地嬉戏。最后，这些地方虽不是家，却洋溢着家的气氛，对常客来说，尤为如此。虽然我们通常认为第三场所服务于一个区域，比如一个街区或社区，但是，博雷尔（Borer，2008）发现，像芬威球场这样的里程碑式的聚会场所可以慢慢地具有“第三场所”的功能，不单单服务于整座城市，甚至服务于一个大的地理区域。

一些研究者论证说，“第三场所”未必像奥尔登伯格和其他学者认为的那样带来广泛而包容的人际交往。城市引入一些精品店和餐馆（和那些大型零售链拥有的餐馆比较）、更高档的咖啡店、重新改造的公园，这有时标志着社区“绅士化改造”的到来（Hyra，2006；Zukin，2009；Madden，2010；Carroll & Torfason，2011；Papachristos，Smith，Scherer，& Fugiero，2011；Tissot，2011）。在一些比较排外的社区里，比如适合高消费阶层的郊区，这些商店和空间将和社区居民融为一体，起着同样重要的作用。但是，居民之间建立的这些联系，更像同类人之间发展的那种“粘连型”的社会资本。各种人聚在一起而形成的那种“桥接型”的社会资本并没有出现。

19 世纪、20 世纪的改革家们面对的一个中心问题是，如何鼓励人们认同城市更多的部分。居民可能对自己在城市里居住的小角落有美好的感觉。当不同类型的人开始“侵略”“属于”他人的社区时，社区里的人甚至做好了保卫的准备。很难想象这种“边界战争”如何结束或缓和，更难想象城市不同的种族和阶层如何可能把城市视为自己为之倾心倾力舒适生活的地方。

虽然我们对种族、阶层矛盾的印象仍影响城市的形象和市民的生活方式，但是伊莱贾·安德森（Elijah Anderson，2011）发现费城的少数民族群体在不熟悉的地方以礼相待，有些时候甚至找到了友情。他对“都市天篷（cosmopolitan canopy）”下了定义，详细地描绘了都市里涌现的各类城市居民互相陪伴的种种机会。安德森在研究费城的中心区时发现了远离街道的一些地方，在那里聚集着各色各样的人，是一道吸引人的风景线。比如雷丁车站（the Reading Terminal）①、美食

① 雷丁车站：1889 年雷丁铁路公司决定建一座火车站，公司总部设在费城中心区第 12 街和市场街之间的街角。雷丁车站现在包括一个建筑群和以前的火车站，由旅馆、列车棚、市场三部分构成。——译者注

街、体育场、一些购物区和公园。在这些地方，人的多样性是意料之中的，而且人们不再互相提防。然而，在城市的其他公共场所，他们往往必须保持警惕。这些“都市天篷”激励人们以礼相待，互相之间充满好奇，同时培养自己的社交能力，提高自身修养，以求相处融洽。

本书的一位作者蒙蒂（Monti，2012）曾论证说，波士顿的人民已经进一步扩大这张“都市天篷”，使之覆盖这座城市全部的城市文化而不是城市某些具体的角落。蒙蒂发现，不欢迎新来者和外来人，没有礼貌，这曾经是波士顿的恶名，但是波士顿人民慢慢地变得比过去更友善，更包容。新来者、外来人要变得更像内部的人，他们要为此付出代价，代价显然是他们乐意也是能够担负的。他们在公共场合已经学会模仿、运用那些长期安居乐业的波士顿人所喜欢的言行举止。总体上看，他们已经开始培养作为城市主人翁的感觉，这满足了19世纪改革家的心愿，但是这些改革家并非真的相信新来的人能够获得或有效地扮演主人翁这个角色。

当然，在波士顿或其他任何城市，人们都喜欢以礼相待，认为生活离不开礼仪，但并非每个人都平等地承担义务或愿意承担义务。然而，即使当城市居民作为个体没有尽力互相联络时，他们也在一如既往地协调他们的所作所为，好让城市的大部分事情都能顺利进行。洛夫兰（1973，1998）说，市民遵循一套行为规范，使他们在公共场所维持一种“社会协议（social bargain）”——人们达成的不言而喻的协议，规定最低限度的义务，旨在互相保护，人人都能忙自己的事。市民的一言一行都遵从这一协议，这样他们和遇到的众多陌生人之间的交往就是可预测的，他们就能保证自己和其他人的个人隐私得到保护。这个过程实际上是如何发生的？此类问题催生了一个研究传统，详细地考察城市居民在公共场所形形色色、细致入微的行为方式。

洛夫兰（1971）认为，个人在公共场所面对陌生人时会强迫自己保护自我感，从而首先保证秩序。他们为达到这个目的，首先检查自己准备进入某种社会环境时的就绪状态，在进入该环境前要“阅读”它，这样才可能按照正运行的行为规范去说话做事。卡普（Karp，

1973）发现，即使当人们有明显“偏离常规的”行为时，比如，光顾曾位于时代广场的色情作品商店时，每个人都小心谨慎，进入商店前尽量保持正常、体面的表情，进入商店后避免和其他顾客目光相遇或交谈，以保护自己和他人的隐私。

也有人研究了市民秩序井然地在人行道上行走时运用的具体技巧。他们不停地审视面前的行人，双方无声地合作着，用一些提示（比如稍微倾斜身体等）和一个迎面走来的人擦肩而过（Wolff，1973）。伊莱贾·安德森（1992）指出，久居城市的人学会了特殊的技能，能区分哪些陌生人可能危险，哪些相对安全，从而躲避潜在的危险。

今天，城市居民为了应付数量巨大的陌生人而寻求有效的方法，他们为此使出浑身解数。对美国人来说，一方面在城市区域需要有效的社会控制的方法，另一方面对不适当的监控和压力存在文化上的忧患意识，这两个方面之间的窘境依然存在。例如，在迈克尔·布隆伯格（Michael Bloomberg）市长执政时，纽约警方采纳的“停下，搜查（stop and frisk）”的政策就引起了激烈的争论。布隆伯格带领的市政府认为，在降低纽约暴力犯罪率、减少谋杀罪这一方面，“停下，搜查”的政策起了非常重要的作用。这个政策的支持者们论证说，被搜身、因携带枪支而被逮捕的可能性已经使纽约携带枪支的人数大大减少，因此，枪支使用的案例也随之减少。但是，这一政策使截然对立的两个政治派别都极度不安。一方面，枪支使用权的拥护者声称，该政策剥夺了他们认为宪法向个人保证的权力。另一方面，人权拥护者说，该政策侵犯了隐私，被拦下来搜身的人绝大多数是黑人和西班牙裔美国人，这一政策是种族形象定性（racial profiling）的一个明确无误的案例。退一步看，我们就能看见这两个群体反对这一政策，都源于重视个人隐私这一潜在的价值观。

各国的城市居民以不同的方式在社会控制、监控和保护隐私三个方面保持平衡，他们使用的方式反映了他们在自己的文化背景下进行辩论的主旨。英国资讯委员会（the British Information Commission）在2006年的一份报告中说，那时英国正在使用的闭路电视监控摄像机有420万台①。使用闭路电视的片断已成为英国警方日常工作的一部分。美国有些市政当局对闭路电视监控系统的使用仅限于交通控制，比如，抓住闯红灯的车辆等。很难想象在英国这样高度重视个人隐私的文化里，闭路电视监控系统如此普遍。

有些城市正经历一种新型的人际交往问题，人口高度密集。基于这一点，上面描述的交往问题及解决办法通常都是城市生活的标志。今天，“铁锈地带（Rust Belt）”② 的一些城市社区人口减少，留下来的居民会感觉没有近邻。底特律在1950年有180万人口，今天仅剩71.4万人（《华尔街日报》［*Wall Street Journal*］，2011年3月23日）。这座城市超过五分之一的房子现在都闲置着。这意味着一些社区（比如市中心区）有人居住，充满生机，而许多社区居民甚少。在居民很少的社区，无人“关注街道”，住在这些相对荒凉之地的个人（其中很多是老人）很容易成为犯罪活动的受害者。城市人口减少造成恶性循环：服务质量下降，面对面的社会控制失灵，还有一些居民继续离开这座城市，尤其是中上阶层的黑人。

人口减少使居民互相守望的能力枯竭殆尽，这样的城市底特律不是唯一的。1995年芝加哥的热浪导致几百人死亡。克里南伯格（Klinenberg，2003）论证说，芝加哥一些社区人口减少，导致这次热浪的死亡人数增多。在人口特别少的社区，没有邻居去察看老年居民的状况或将他们转移到安全的地方。虽然他在这一方面的研究一直存有争议（Duneier，2004），但事实依然存在：在人口逐渐下降的城市里，居民所依赖的一些面对面的社会控制可能不再起作用。

---

① http：//news. bbc. co. uk/2/shared/bsp/hi/pdfs/02 _ 11 _ 06 _ surveillance. pdf.

② 铁锈地带是对美国中西部和北部衰败或萧条的老工业区的非正式称谓，因为这些地区的许多大工厂已经老旧或关闭。昔日的一些工业，比如钢铁业，现在几乎已经消失，很多工人已经迁移到阳光地带，即美国南部和西南部气候温暖、工作机会丰富的地区。——译者注

同中存异

人类生态学家为每个人都做了一件好事。他们解释了现代工业化和城市化社会里的各类人如何设法（没有指令但是有许多协调）让大多数人住房、穿衣、吃饭都过得去。不管怎么说，人们世世代代、日复一日都在完成这几项基本任务，成千上万，有时候几百万的男人、女人、孩子就是这样谋生，并在自己的社区里找到安居乐业的方式。这并不是说，每个人都很成功或者每个人都对自己人生的命运一定感到幸福，但是总体上来说，人活下来了，甚至在相当长的时间里都繁荣昌盛。

其他的理论家们，尤其是那些对社会中所有不公正、暴力、漏洞了如指掌的理论家们，他们不太相信社会整体的稳定性和可持续发展性。他们认为，就生活在这种社会的各类人来说，有太多的因素明显要拆散他们，或从社会、文化的意义上分裂他们，因此他们想不通这些人如何可能友好地相处，有效地合作。

那么，在一个层面上，人类生态学家、经济学家、人口学家等所描述的城市世界明显顺利地运作。在另外一个层面上，让人们不接触，不见面，显然不是办法，或者肯定不是好办法。这就是社会心理学家即所谓的“冲突理论家（conflict theorists）”和“后现代主义”理论家所描述的城市世界，他们为这个城市世界开了一些社会和文化的“治疗方案”来治疗社会的弊病。

这些社会面对的主要挑战是，让人们经常地、完好地根据同一种社会或文化的脚本做事（即使不能让他们根据同一页脚本做事），这样吃饭、住房、穿衣等所有重要的日常任务都能完成。为这些事情忧虑的改革家、思想家、规划者、商业和城市领袖、政府官员有两个迫在眉睫的问题：如何让他们正在玩的各种拼图碎片不要从桌子上掉下去；如何拼出一幅美图而不是一张丑图。

城市居民该如何平等、如何相似，这些理论家们就这一点持不同的意见，并且充满激情地进行辩论。就这一问题，我们还没有得出一个完好的、令人满意的答案。但是，今天答案的大致轮廓比起19世纪已然清晰许多，那时候，现代社会的总体性状和结构刚有雏形。

历史学家、社会学家、政策专家在过去几十年里所做的研究说明，我们的文化、社会状况并不像我们从教科书上看到的那样糟糕。我们过去常提起一些族裔聚居地在今天仍把它们列为人们将社会和文化行为融为一体的事例。这样的一些地方，如今不像过去那样牢不可破。排外的内城社区、郊区和封闭式社区不像他们的老顾客和居民期待或希望的那样不可渗透，与世隔绝。人们面对面的交往效果比自己预想的要好得多，这样就解决了“生平信息”和“文化”上的陌生问题。团体和组织也在有效地迎接这一挑战：有些团体和组织从一个或另一个社会阶层、宗族或宗教的人群中吸收成员，而另外一些团体和组织则从各种阶层和社会群体中吸纳成员。有些城市的城市文化对不同类型的人可能变得越来越开放。但是，我们还不敢肯定，还要看看其他一些学者对其他城市的市民这些年交往的方式所做的研究。

很难建设种族和经济上混合的居民区，这一事实谁都不会觉得奇怪（Monti & Burghoff，2012）。好消息是，有许多方式可用以塑造产生预期效果的社区。一个人群的同质性或异质性并不能保证成功也不会带来毁灭。例如，在所谓的族裔聚居地，低收入居民以及英语不流利的居民占据多数人口（Chiswick & Miller，2005）。米歇尔·博伊德（Michelle Boyd，2000）和瓦列霍（Vallejo，2009）曾指出，有文艺复兴现象的聚居地可以利用其种族或民族文化遗产，使其成为市场营销的工具或历史自豪感的来源。当然，同样的情况又可能加剧同种族、同民族但是社会阶级地位不同的成员之间的矛盾（Theodore & Martin，2007；Boyd，2008）。但是，当不同的种族、民族群体或阶层住在同一个社区或城镇的某一区域，有时候出现的担忧或怨恨未必产生明显的冲突，反而会激励人们去关注其他类型的人（Moore，2005；Guest，Cover，Matsueda，& Kubrin，2006；Brisson & Usher，2007；Usher，2007；Hays & Kogl，2007；Greif，2009；Chaskin & Joseph，

2010；Britton，2011；Wu，Hou，& Schimmele，2011）。

在过去几百年里，有许多人不断地关注“陌生人”和“陌生现象”。这种关注可以应用于城市居民为了互相保护和互相隔离而创立的那些机构当中。在我们为了自我保护而创建的大型实体机构（公立学校、大型的宗教机构、整个的政府或政府的一个部分）里，当人们的行为方式损害了我们对他们的信任时，就出现了机构的陌生现象（Monti，2012）。人们发现，一个学区可能歧视许多自己的学生。若有牧师对孩子行为失当，教会有可能掩盖牧师的失当行为。这些行为可能是羞耻的，会激起愤怒。但是，当这些事发生时，人们就设法改变机构（或者用表面的改变粉饰太平），这样他们就会慢慢地学会一如既往地信任、依赖这个机构（Monti，1985）。今天，城市生活方式的标志显然是连续性而不是戏剧性的改变，是礼让三先而不是共识，或大面积不断上演的冲突。

市郊的“社会生活”

美国的市郊至少直到最近都不像奥尔登伯格所描述的“第三场所”，它们不属于那种各类人能够舒适地一起生活的地方。起初，市郊只是富人生活的地方。即使我们今天视为短距离的上下班路程，那时只有最富有的城市居民才能支付得起与之相关的高昂的交通费（Jackson，1985）。人们认为绿色空间是有道德观念的、宁静的场所，人们基于这一理念信赖绿色空间。城郊不是城市，这里有足够多的树木、花园、开阔的地带、干净的空气、清洁的水。它即便没有乡村的田园风光，也让人感觉更安静祥和，更具乡村特色。无论有多么夸张或浪漫化，这都是吸引人们来到市郊的部分原因。

到了 20 世纪 20 年代，像纽约昆斯区（Queens）的森尼赛德（Sunnyside）和新泽西州的拉德本（Radburn）等这些样板社区逐渐开发出来，代替内城沉闷的公寓和高楼大厦的社区生活。直到后来，尤其在第二次世界大战以后，市郊才建设了更多价格适中的住宅区，更多工人阶级的美国人方可以买得起。莱维特镇（Levittown）① 的住宅区成为典型的代表。当我们想起市郊飞速发展的岁月，我们通常就想到在莱维特镇开发的房地产。

历史学家肯尼思·杰克逊（Kenneth Jackson，1985：234～245）说，二战后的市郊有一些共同的特点，它们都是在大型的中心城市的边缘建成的，而且，至少和欧洲的郊区相比，它们的人口密度低。市郊这些设计类似的住宅价格相对低廉，因为购买者可以获得低息贷款。尽管房屋的样式不甚吸引人，但价格优势对未来的房屋购买者还是颇具吸引力的。

市郊发展迅速还有一个原因：它们能够提供的许多机会显然与美国人重视的文化产品相一致。比如，美国人看重小型社区而不是大型社区，喜欢独立的房屋，也许更重要的是，他们想成为业主。到了 1970 年，美国住在市郊的人口超过了住在城市或乡村的人口。工业和服务业也跟上了需求。这样，到了 1980 年，美国人上下班交通的典型模式是市郊到市郊（Pisarki，1987）。

新市郊的另外两个特征，从社会意义上说，使新市郊变得独特，而从建筑上看，却是单调乏味的。首先，它们根据社会阶层和种族将人归类。新市郊反映了工业化时期美国城市已经普遍存在的社会隔阂，甚至是公开隔离的模式。第二点，迁入市郊的人是活跃的热爱交际的人以及热爱社团活动的人。

威廉·H. 怀特发现，市郊居民偏好遵从社会规则，人云亦云，这其中有许多可批评之处。他研究了伊利诺伊州的帕克福雷斯特（Park Forest），并在 1956 年的著作《组织人》（*Organization Man*）中把市郊居民的言行一致称为“群体盲思（group think）”。但是历史学家贝

---

① 莱维特镇是美国三座城镇的名字，由威廉·莱维特（William Levitt）在第二次世界大战结束后不久设计和建造，最初的目的是为满足退役士兵对廉价房屋的需求。第一个莱维特镇建在纽约长岛（Long Island），另外两个在新泽西州和宾夕法尼亚州。——译者注

基·尼古莱蒂斯（Becky Nicolaides）（出版中）准确地指出，怀特真正描写的是一个“生机勃勃的社区参与”模式。人们寻找并且在邻里社区找到了许多活动以及他们能够参与的团体。

但是，这种模式不会长久。与此同时，社会学家 M. P. 鲍姆加特纳（M. P. Baumgartner）在她的著作《市郊的道德秩序》（*The Moral Order of a Suburb*）中描述了市郊社交活动和公民参与，是另外一幅非常不同的图景。鲍姆加特纳依据在纽约城外一片郊区所做的实地研究，发现了一种本地的文化：宽容，漠视，有时干脆回避。鲍姆加特纳描述的那片市郊缺少“社会融合（social integration）”。尼古莱蒂斯（出版中）暗示说，“团体精神”明显缺乏，这正是因为鲍姆加特纳“所认为的构成市郊生活总特征的”一些因素导致的：“家庭的‘私有观念（privatism）’、房主的高度流动性、社会生活的分化——所有这些现象在帕克福雷斯特都存在。”

美国人的社会生活和公民参与在 20 世纪最后 25 年走向萎缩，这不仅仅限于市郊。萎缩的速度一直是一些评论家们（比如帕特南）思考的主题，而且不仅限于市郊。但是尼古莱蒂斯对社会隔膜的郊区化尤为感兴趣，而且在她研究加利福尼亚州帕萨迪纳这座城市时描述了这个问题。

她这样总结她的观察：

> 从最粗略的轮廓上讲，帕萨迪纳的团体生活的历史与这一理念是一致的：多样性损伤了社区凝聚力和社区参与。从最简单的层面上看，城镇里的多样性很明显使总体的参与走向衰落。然而，再仔细看，就有证据表明，一项包容性的政策能通过坚持不懈的努力取得成功。像青年女子联盟（the Junior League）、阿尔塔迪纳浸信会（Altadena Baptist Church）、跨种族妇女俱乐部（the Interracial Women's Club）等这些团体都说明，在战后这个改头换面的世界里，人们认真地保持多样性，这能够产生更多的公民参与和社会资本。这些团体表达了更包容的郊区理想。但是，在完

成任务的过程中，居民所做的事情若即若离。市郊的居民越来越不再开放自己的家以供聚会使用。公共的世界和私人的天地之间已经勾勒出更加清楚的分界线。(Nicolaides，出版中)

对相当大数量的企业和个人来说，市郊仅仅意味着逃避较严的市政管理和较高的城市税收。中心城市不得不将大部分税收分配给社会福利项目，与之相比，富有的市郊就可以使税收低一点。不过，市郊也有助于缓和不同的阶层和种族之间出现的历史性的仇恨。至少有两种方式：一方面，它们为相似阶层和种族特征的个体提供一个空间，这样他们能够自由活动，又不会受到不必要的打扰（Sampson，2011）。市郊和许多城市里的邻里社区一样排外，可能更加排外。另一方面，许多市郊明显地出乎意料地成为自愿协会（比如本地的组织）和机构（比如公立学校）宣传宽容思想及实践包容性举措的场所。

社会调查提供的一些证据支持这一假设。尽管美国人在社团的会员资格方面开始更加包容，但是至于和哪些人居住在一起，他们变得有点排外（Monti，Butler，Curley，Tilney，& Weiner，2003）。许多人参加了排外的组织或者交了各种各样的朋友，认识了各类人。但是，今天有更多的美国人正在做尼古莱蒂斯所说的帕萨迪纳一直在做的事情。他们一直在向内、向那些和他们类似的人中寻找更亲密的社会关系；而当他们参与团体或在公共场合实践自己的理念时，他们一直是向外的。

在社团活动和交际时，人们的热情可能有所减退，这不是因为他们不爱交际，冷漠，而是因为他们对居住的地方和周围的人更有信心，有安全感。他们更肯定地认为，自己周围更大、更开阔的公共场所里面并非充满了不可信赖的陌生人，所以他们能够依个人的兴趣做喜欢的事情并乐享其中。

长久以来，社会学家已经承认，资本主义（或者用沃纳 1968 年的术语说是“私有观念”）对西方，尤其是对美国城市的兴起以及对其性质的塑造起了关键作用（Tilly，1990），只是这种作用不是积极的。

我们也可以思考资本主义在城市以外的地方（即市郊和城镇）如何起着类似的作用。在工业化以前，无论是城市还是城镇，比较富有的居民都住在最靠近市中心的地方做生意，或者住在位于小山上的能俯瞰整座城市的邻里社区。这些居民在他们的新社区里都担任公职，因此他们很容易保证城镇里的土地以他们认为适合的方式得到使用。

至于与谁为邻，如何完成公共事务，城镇随着时间的流逝也都变得更开放，更包容。观察家们在过去半个世纪一直思考和担忧，在这个过程中，市郊的生活方式已经更加“城市化”。结果不尽人意，但是也不像现代社会评论家所预测的那样糟糕。

结论

在城市的公开场合对人进行肉体惩罚，那个时代一去不复返了。今天，城市依赖各种正规的社会控制（比如法律和警力）来维持秩序。就城市居民本身来说，即使他们接触的许多人都是陌生人，他们也使用各种民间的措施来保护自己和他人不受干扰的自由，并保持相对的安全。人与人相处，尤其是和陌生人相处，并不总是采用和平的方式。但是，有时大批新来的人同时到达，美国的城市在维持秩序方面就面对许多的挑战（有时是真实的，有时是想象的）。它们通常都找到了容纳大量多样化人口的方式——从个体意义上说，在“第三场所”里；从集体意义上说，在“都市天篷”下。美国许多市郊越来越多样化，居民也随之找到了相处的方式，而且在一般情况下，都能和“相对”陌生的人在同一空间里生活。

研讨题

1. 林恩·洛夫兰认为，“从人的生平细节上”以及“从文化上”看，城市地区的个体就是陌生人。历史学家和社会学家提供的大多数论据支持她的观点吗？

2. 一个地方的空间布局如何导致人们之间更加陌生或帮助他们变得不太

陌生？

3. 城市居民试图减少或至少应对陌生人带来的冲击。在这一方面，人们有哪些社会发明？

4. 市郊能防止人们变成陌生人吗？也就是说，市郊有利于陌生人变成熟人和朋友吗？

第八章　社会学家、城市规划者和改革家如何弄清现状和需要解决的问题

本书参考了与城市、市郊和城镇发展以及市民生活方式有关的研究和理论，我们描述了自己是站在哪个视角处理这些信息的，并解释了这一视角（即我们所说的“文化视角”）的含义。但是，其他思想流派的学者们可能站在不同的立场看待同一证据，我们对此采用谨慎的态度，综述了他们研究城市现象的方法。当然，尽管我们竭力保持公平公正，与我们观点不一致的人仍会说我们对他们的观点阐释得不彻底，不均衡。事实上，我们做好了准备要偏爱自己喜欢的方式、低估他人视角的价值。

学者中间一直有这类争议。在我们的研究发表之前，许多博学之士都对其做过检验；我们的研究常常在本领域的专家中引起热烈的讨论。有时候，争论的对象是我们分析的数据或数据控制的类型。另一些时候，争论的焦点可能是阐释研究结果的方式以及哪个理论对我们理解这些研究结果更有帮助。这就是如何测验我们认知的局限，如何定义我们提出的问题。

有时在会议上或者在刊登我们研究成果的期刊的页面里，会出现

近距离的争论。除此以外，只有一种理想的方式来决定哪种研究方式更有效，那就是用实践来检验。像在运动场上培训运动员那样逐渐完善这些方法。观察一堆论据，看看哪种方法能更好地解释城市里各种地方的发展方式以及人们的行为方式。

这种检验是研究者的一部分重要的工作。它也是呈现学科科学性的一个实质性的特征。单纯为了这些理由，我们需要考虑学者们研究城市里的地方和人所使用的方法。

我们在这里介绍学者们搜集、研究、讨论数据所使用的一些更重要的方案，社会学家称之为“方法章”。但是，更确切地说，这一章讲述与城市的地方和人有关的“知识的社会学”。我们不只是对研究者研究城市现象的方法感兴趣，我们更感兴趣的是，他们的方法如何影响他们对这些地方和人的想象与讨论。

学者们提出并回答的问题与他们能够获得的证据以及他们所学的分析数据的方法有关。但是，不只是学者和学生使用他们所掌握的数据以及从数据中获得的见解。有些人认为城市里的一些地方存在问题，他们想解决这些问题，改变人们的生活和工作方式，他们也使用学者们的数据和见解。在城市问题上，政策的制定者和城市的改革家都有颇为坚定的主张，因此，他们的意见也会影响研究者们提出的问题以及提供的答案。

到目前为止，你对社会学家、城市规划者、改革家担忧和研究的各种问题应该有了较好的感受。当然，我们所了解的信息有许多漏洞。好的研究会弥补一些漏洞，帮助我们决定要填补的下一个漏洞是什么。人们究竟如何建设城市或城市区域？人们在这里如何生活？即使我们尽最大的努力，我们选取的角度要提供这些问题的所有答案，可能性也是很小的。

研究的费用很高，也很耗时。并非很多国家都有资源和受过训练的人员来做这个研究，更不用说拥有合适的方法将研究更好地付诸实践。即使我们有资金或人员来做研究，事实是我们有时知道自己正在寻找什么，有时不知道。当我们对正在发生的事有了假设或者较好的预感时，我们获得的数据能够帮助我们弄清楚哪一个预感更具可行性，哪些预感可能要置之不理。不过，有很多时候我们的研究更具推测性。我们仿佛在黑暗中探头探脑，寻找什么，期待它能帮助我们更好地描述、理解我们对过往事件非常有限的认知。我们称之为“探索性的”工作，希望没有人注意到，对促使我们收集信息、分析信息的那个问题我们何等地不了解。

正如人们从事的很多活动，我们同样陷入麻烦之中，不是因为我们所提的问题，而是因为我们没有提出的问题。探索性研究有一个长处，它有助于我们提出更新、更好的问题。不幸的是，对假设进行验证的科研人员不会从事这种研究，或者说这种研究可能不易转变成可验证的假设。因而出现了这样的情况：即使当我们认为自己对发生的事情了如指掌，也无法保证我们辛勤的劳动成果能得到良好的运用。改革家和政策制定者会看哪些变革符合他们对现实及困难所做的解释，他们可能就推行哪些变革。他们在判断自己一直尝试的某个解决方案是否有效时，可能不参考科研人员搜集整理的信息。

承认这一点，不只是源于学术上的谦逊态度。政策制定者、行政官员、专业的改革者和投入部分时间的社会活动家都对研究成果的运用感兴趣，他们仅想证明自己一直是对的，让任何与他们意见不一致的人错失良机。他们是倡导者，是充满激情的观察者。他们不喜欢或者不愿意等待科研人员去搜集可能理想的或必需的数据去解决一直需要解决的问题。而且，我们刚刚承认，很多时候科研人员不能真正肯定地描述正在发生的事情，不能真正肯定地说一个环境里发生的事情同样适用于其他地方。

在我们当中，自认为是科研人员的那些人可能偏好某一个政策所采取的立场，从而倾斜我们的分析或者选择对我们所偏爱的一方有利的语言。我们可能因疏忽而犯错，但是，错误有时也不是疏忽所致。要论证这两种说法，只需要看看我们对美国种族和民族关系的一些热烈的讨论。史蒂文·杰伊·古尔德（Steven Jay Gould，1981）对IQ研究测试的重新分析表明，许多研究为了说明有些人——移民、黑人和女人——比白人男性的智商低，因而操控、捏造数据。最近，黑人，尤其是中产阶级的黑人，还有白人，都找到并居住在种族更加融合的社区（常常在市郊地带）（Massey & Denton，1993；Dawkins 2005；Glaeser & Vigdor，2012），而相信种族隔离持续存在的那些学者们忽视了这些迹象。

这其中的教训确实不言而喻。你在使用社会学家获得的、城市规划者和政策制定者所使用的信息时必须谨慎，精明。我们并非总是公平，公正。所以，要想知道哪些信息可以依赖，唯一的方式是对我们实际上所做的工作有一些了解。当你看完这一章时，你可能并不觉得我们的研究比你开始所做的研究更具说服力。但是，你会对我们的工作下一个结论，这个结论会令你吃惊。胆小鬼可做不了研究。

数字、图画和文字

对城市聚居点和市民的研究依据手工艺品、图画、文字和数字。显然，时间越久，可得到的信息就越少。考古学家从出土的骨头、陶器碎片、石头和金属碎片以及建筑遗址来拼凑早期聚居点和居民的一幅图画。如果我们观察时间更近的聚居点，就会发现更多与前人的生活有关的图画和碎片。更重要的是，人们也会用文字更多地记录自己。人们早期可能留下日记、信件和故事。后来，他们又有了完整的著作、报纸、杂志以及有关商务往来的许多正式的记录，还有政府的记录。今天，你还会把所有的资料存在互联网上。所有这些原始资料都可以挖掘，作为城市聚居点运作和居民生活的证据。

系统的信息收集是任何科学研究的关键所在。倘若你只有一点儿信息，对信息的来源或收集的方式没有把握，更重要的是，倘若你不知道如何组织或思考面前的信息，你就不可能有研究成果。更加详细和准确的信息能使我们更加细致、精准地比较城市聚居点和生活在聚居点里的各种类型的人。最后，它能使我们更好地理解居民的生活方式。

大多数人将科学与基于数字的缜密的研究等同起来，数据越多越好。无论我们正在处理来自很少聚居点和居民的较多的信息还是来自很多聚居点和居民的较少的信息，数字都是评判大多数研究的参照标准。有了数字，人们能够用数据控制对比的工作，能够比较精准地决定某一聚居点和居民与其他聚居点和居民的异同之处。如果在过去有类似的报告，你也可以开始拼凑一张图画，反映这些地方及其居民随着时间的流逝所发生的变化。

如果我们的研究仅靠来自一个聚居点的数据信息，依靠人们留下的记录，依赖对他们的观察及与他们交谈所做的记录，这样的研究也是同样缜密的，但是不易推广到其他聚居点。信息可能很详细，但是数量不足以使之产生重要的意义。这些个案研究能提供与这些聚居点的形成和居民生活方式有关的暗示，相当吸引人，但是不足以形成涉及其他聚居点的确定的结论。但是，个案研究是探索性研究的例子。研究的新案例越多，研究结果越多，个案研究就越能暗示应当提出的新问题。

运用来自一个或多个地方的许多数字，这偏向于定量的研究类型，而个案研究的特征偏向于定性的研究类型。对城市聚居点发展方式以及市民生活方式的研究包含这两种研究类型。考古学家、人类学家和历史学家都研究现代聚居点及其居民。我们要了解聚居点和早期的、难以触及之处的人们，只能依赖他们的研究成果。① 社会科学的研究

---

① 在对古代的城市所做的考古和历史的研究中有许多优秀的例子。比如马克斯·韦伯的《城市》(自由出版社，1958)，吉迪恩·肖伯格(Gideon Sjoberg)的《前工业化城市》(*The Preindustrial City*)(纽约：自由出版社，1960)，刘易斯·芒福德(Lewis Mumford)的《城市发展史》(*The City in History*)(纽约：哈考特-布雷斯-世界图书公司，1961)，斯皮罗·科斯托夫(Spiro Kostof)的《城市的组合：历史进程中城市形态的元素》(*The City Assembled: The Elements of Urban Form Through History*)(波士顿：利特尔-布朗出版公司，1992)，彼得·霍尔爵士(Sir Peter Hall)的《文明中的城市》(*Cities in Civilization*)(纽约：万神殿图书公司，1998)。

人员——社会学家、政治科学家、心理学家和经济学家——对更多现代的聚居点及其居民做了大量的研究工作。这主要是因为他们的学科直到 19 世纪中晚期才成为受人尊重的科学研究，那时人们迫切需要更好地理解工业化时期的城市以及向着城市蜂拥而至的人们。同时，与之有关的还有，他们喜欢收集的信息类型是数字，他们希望人们相信他们的研究属于科学。

对城市化的研究通常使用政府部门公布的数字。从某一城市的市民数量和类型、工业的产量和就业状况的记录到公共支出和税收的公开结算，这些数据政府都要跟踪。比如，我们 1790 年开始全国性地收集人口信息，人口统计的数据常常用来描绘美国聚居点一直以来或者在某个阶段的发展方式。这些数据还能告诉我们哪种类型的人在这些聚居点里生活、工作（同时暗示哪种人不在其中），他们生活得有多好，有多糟，他们过去的生活比现在好还是糟。公共支出和税收的数据有助于说明什么对政府至关重要，政府面临哪些问题，他们优先考虑的问题在不同时期发生的变化。商业机构、基金会、非营利性机构收集的信息有时也补充了政府记录的信息，因为这些机构获得的信息在某些时候也公之于众。

倘若科研人员要著书立说，撰写 1790 年以前美国不同种类的聚居点的历史，他们就不得不依赖其他类型的书面证据，有地图、图画、油画，到了 19 世纪就有了照片。还有一些人用写作方式记录他们的聚居点的生活状况。如果这类人住在不同的聚居点里但又有着相似的记录，那么历史学家和社会科学研究人员就可以拼凑出一幅聚居点当时真实生活的较完整的画卷。报纸、杂志和企业、教会之类的组织收集的资料若能出版或找到，都可以提供宝贵的信息。但是，对城市性（即人们在具体的时间或地方实际的生活方式）所做的研究，对这些书面资料使用得就比较好或者比较多。

例如，戴维·泰亚克和伊丽莎白·汉索特（David Tyack & Elisabeth Hansot，1990）使用过去几百年的书面证据来追溯美国就男女同校教育这一问题进行公开辩论的历史过程。他们为了论证自己的观点，在众多纷繁的书面证据中，参考了学校的记录、为男女学生开设的课程前后的变化、单个学校的历史、官方报告包含的并由知名出版社出版的对男女同校教育优缺点的争论、孩子们在不同学校环境中的图片等。他们的研究超越了我们讨论女生在校的地位时采用的新视角，促使人们对美国城市女性公民角色的变化方式进行更大规模的讨论。我们能够看到，女性的公民参与比我们想象的范围更广阔，开始的时间比我们了解的早得多；我们还能看到，代表 20 世纪七八十年代妇女权益的激烈争论的历史渊源。

还有比这更早的历史、考古的证据，我们在本书的前三章使用了这些证据，我们了解了世界各地（包括美国）城市生活的源头和城市的发展。你现在可以回到前面好好地评估，我们从那些证据中能够获得多少与城市、市郊的发展有关的信息。你就会想起，那些信息反映的人们对较早时期城市聚居点的看法，均来自于 3 万英尺左右的地方，而不是人们实际生活的平坦的地面；来自于若干个世纪以前，而不是最近几年。

在对**城市性**的研究中，有些研究也是基于数字的。在这一方面，社会调查和民意测验的数据尤其有用。这些数据和人口统计一样，能针对某一地方或多个不同的聚居点，粗略地将人们的思想和行为的信息告诉我们。这种研究真正的长处是，社会调查员对调查对象的了解比人口统计员了解的要详细得多。人们的生活、信仰、态度、人际关系、参与的组织以及任何你能设想的一个科研人员可能想知道的方面，社会调查员都能有全面而肤浅的了解。如果调查抽取的样本人群庞大，且具有多样性，那么这些人口头传递的信息可以说明他们的邻居当时的思想行为。事实是，社会调查只能显示人们思想和行为的表面，而且在 20 世纪中期以前，大规模的社会调查尚无人去做。因此，从调查研究中获得洞察力，在过往仅有一两代人这么做。

因此就到了历史学家再次帮助我们的时候。17 世纪至 19 世纪的人们留下来的与美国城镇、城市有关的书面资料和图画给我们提供了极其丰富的信息。问题是，我们通常从历史学家那里得到的人们日常生活的画面，其来源并非是普通人。他们很可能会读书写字，在社区中的经济和社会地位都比笔下的人物要高得多。普通人有时也会留下有关自己生活的线索，这主要来自那些手工艺品，这些手工艺品是在他们生活或工作场所的地下挖掘出来的。但是，大多数关于市民日常生活的书面文献在过去都是富裕的人们撰写的。今天，不太富有的人们直接提供很多资料。不过，从19世纪中期以来，所有的历史学家和社会科学研究人员一直在记录这些人的生活方式。

在计算机以及缜密的样本筛选程序尚未到来之前，已经有最早的、最详细的社会调查。其中就有亨利·梅休（Henry Mayhew，1861/1968）和他的合作者在19世纪中期的伦敦所做的社会调查。他们的调查细致入微地描绘了伦敦贫穷的工人和“漂泊街头的人”，描述了他们的日常生活和苦苦的挣扎，他们从事的工作，他们游荡和夜间睡觉的场所。故事中的人物有乞丐，妓女，还有许多其他的人。他们在血汗工厂做工，做任何“临时工”以及能够找到的零工，苦苦挣扎。梅休收集了他们的故事，将其概述为几卷书，展示了这些人的生活处境是多么的岌岌可危，他们从工作中所得的收入是何等的微薄。梅休的研究和著作描绘了他那个时代最著名、最富有的城市，他为其中的居民的生活描绘了一幅毫无浪漫色彩的图画，为现代福利救济和就业救济项目奠定基础起到了促进作用。同时，它也有助于人们认可同时代的人口统计学家、流行病学家于19世纪末所做的一些研究。

除了以人口统计数据为基础的研究以外，在更现代的社会调查类型中，对城市聚居点和居民的大多数研究都是个案研究。个案研究从一开始就是社会学、政治科学、人类学和历史学科的主要内容。当研究者试图研究和描写某一具体地方居民的文化或生活方式时，接受分析的单元或研究对象通常是邻里社区，在社会学和政治科学中常常等同于“社区”研究。这样的研究也可以用来描述一个组织或机构的“文化”，但是大部分的研究都聚焦于人的生活方式。

在个案研究中，很少有人或无人关注对某一具体社区的研究成果如何能够应用于整座城市，无人关注这个社区随着时间流逝可能发生了哪些变化。这种联系留给了读者去完成。这种研究只能推广到和该社区类似的其他“社区”，比如一个族裔聚居地或村落，而且仅限于该研究进行的那段时期。这种研究可能聚焦于这个社区生活中的某一具体因素，比如，研究社会阶层或性别关系如何在社区里体现。在这种情况下，作者可能暗示，在社区里或在人与人之间，阶层、性别或族裔关系如何与社会总体上的阶层、性别或族裔关系联系起来。

有些社会科学家也会把整座城市作为个案研究的对象，但是，这种情况比较稀少（Monti，2013）。这些研究的焦点在于城市的经济、人口和/或政治体系的组织方式以及它们随着时间的推移所发生的变化。历史学家和人类学家更可能将一个地方的文化或该地居民的文化当作一个整体，从理性上认为人们付诸实践的或起作用的观念能让我们大致了解那个时期人们的思想行为。他们还会抓住某一具体社区或社会中一个具体的生活元素，或者揭示人们践行的生活方式更深层次的真相（Boorstin，1974；Fischer，1989）。

历史学家苏珊·戴维斯（Susan Davis，1986）和玛丽·瑞安（Mary Ryan，1997）研究街道上喧闹的庆祝活动、平民暴动、庆典游行和示威游行，说明19世纪美国城市的动荡不安。她们小心翼翼地描写那时的“公共生活”也是为了描绘现代美国的市民生活。事实上，这两位学者都承认现代生活不像过去那样喧闹。戴维斯说，购物中心增多了；人们有思想要表达，但是可以使用的“公共空间”却在逐渐消失。另外，“通过内战来制定公共政策这种务实的做法”是否已经到了“收益递减的地步”，瑞安（1997：312）通过自己的分析对此提出了质疑。

当然，不同学科的学者们互相借用观点，利用互为补充的方法进行研究工作。在他们各自使用的方法以及他们的一些理论思想中，有不少重叠之处。还有，历史学家更有可能用个案研究对人们生活的时代做更全面的陈述。①

---

① 下面列举的都是专门研究美国城市、市郊和城镇的著作。我们采用相当非正统的步骤来列举我们最了解的一些个案研究，希望能够清楚地阐明这一要点：这种研究向学者们展示了美国社区生活不全面、不完整但是特别丰富的信息。这里筛选一些具有这种传统的社会科学家及他们优秀的著作：赫伯特·甘斯（Herbert Gans），《都市村民：意大利裔美国人生活中的群体和阶层》（*The Urban Villagers: Group and Class in the Life of Italian-Americans*）（纽约：自由出版社，1962）；杰拉尔德·萨特尔斯，《贫民窟的社会秩序：内城的族群和地盘》（*The Social Order of the Slum: Ethnicity and Territory in the Inner City*）（芝加哥：芝加哥大学出版社，1968）；威廉·科恩布卢姆（William Kornblum），《蓝领社区》（*Blue Collar Community*）（芝加哥：芝加哥大学出版社，1974）；艾拉·卡茨纳尔逊（Ira Katznelson），《城市的鸿沟：美国的城市政治和阶层的形成》（*City Trenches: Urban Politics and the Patterning of Class in the United States*）（芝加哥：芝加哥大学出版社，1981）；约翰·莫伦科夫（John Mollenkopf），《被争夺的城市》（*The Contested City*）（普林斯顿：普林斯顿大学出版社，1983）；M. P. 鲍姆加特纳，《市郊的道德秩序》（*The Mord Order of a Suburb*）（纽约：牛津大学出版社，1988）；伊莱贾·安德森，《混迹于街头：一个城市社区中的种族、阶层和变化》（*StreetWise: Race, Class, and Change in an Urban Community*）（芝加哥：芝加哥大学出版社，1990）；丹尼尔·蒙蒂，《美国的城市》（*The American City*）（莫尔登：布莱克威尔出版公司，1999）；马里奥·路易斯·斯莫尔（Mario Luis Small），《维多利亚村庄：波士顿西班牙语系贫民区社会资本的转型》（*Villa Victoria: The Transformation of Social Capital in a Boston Barrio*）（芝加哥：芝加哥大学出版社，2004）；迈克尔·伊恩·博雷尔，《忠于芬威球场：对波士顿、棒球以及美国至爱的球场的信心》（*Faithful to Fenway: Believing in Boston, Baseball, and America's Most Beloved Ballpark*）（纽约：纽约大学出版社，2008）；林恩·麦格雷戈，《中心地带的习惯：现代美国的小镇生活》（*Habits of the Heartland: Small-Town Life in Modern America*）（伊萨卡：康奈尔大学出版社，2010）。人类学家所做的个案研究，有一些很值得阅读：萨莉·恩格尔·梅里（Sally Engle Merry），《城市的危险：由陌生人构成的邻里社区里的生活》（*Urban Danger: Life in a Neighborhood of Strangers*）（费城：天普大学出版社，1981）；艾达·苏塞（Ida Sussser），《诺曼街：城市邻里社区里的贫穷与政治》（*Norman Street: Poverty and Politics in an Urban Neighborhood*）（纽约：牛津大学出（转下页）

（续上页）版社，1982)；詹姆斯·艾奇逊（James Acheson），《缅因州的龙虾帮》（*The Lobster Gangs of Maine*）（汉诺威：新英格兰大学出版社，1988）；马克斯·基尔希（Max Kirsch），《跟随巨人：新英格兰社区中的多民族重组及不平衡发展》（*In the Wake of the Giant*：*Multinational Restructuring and Uneven Development in a New England Community*）（奥尔巴尼：纽约州立大学出版社，1998)。城市历史学家所做的一些最好的研究，经过20世纪晚期一位重要的历史学家理查德·韦德的编辑，以丛书的形式由牛津大学出版社出版。这些著作包括：理查德·韦德，《1820～1860年间南方城市里的奴隶制》（*Slavery in the Cities*：*The South*，1820～1860）（伦敦：牛津大学出版社，1964)；肯尼思·杰克逊，《1915～1930年间城市里的3K党》（*The Ku Klux Klan in the City*，1915～1930)（伦敦：牛津大学出版社，1967)；赞恩·米勒（Zane Miller），《政党头目考克斯的辛辛那提市：进步时期的城市政治》（*Boss Cox's Cincinnati*：*Urban Politics in the Progressive Era*）（伦敦：牛津大学出版社，1968)；梅尔文·霍利（Melvin Holli），《底特律市的改革》（*Reform in Detroit*）（伦敦：牛津大学出版社，1969)；赫伯特·内利（Humbert Nelli），《1880～1930年间芝加哥的意大利人》（*The Italians in Chicago*，1880～1930)（伦敦：牛津大学出版社，1970)；罗杰·洛特钦（Roger Lotchin），《1848至1856年间的旧金山：从村落到城市》（*San Francisco*：*From Hamlet to City*，1846～1856）（伦敦：牛津大学出版社，1974)；托马斯·李·菲尔波特（Thomas Lee Philpott），《贫民窟和贫民区：1880～1930年间芝加哥社区的衰退和中产阶层的改革》（*The Slum and the Ghetto*：*Neighborhood Deterioration and Middle-Class Reform*，*Chicago*，1880～1930）（伦敦：牛津大学出版社，1978)。还可以参考萨姆·巴斯·沃纳（Sam Bass Warner），《有轨电车的城郊：1870～1900年间波士顿的成长过程》（*Streetcar Suburbs*：*The Process of Growth in Boston*，1870～1900)（剑桥：哈佛大学出版社，1969)；斯蒂芬·塞恩斯托姆（Stephan Thernstrom），《贫穷与进步：19世纪城市里的社会流动性》（*Poverty and Progress*：*Social Mobility in a Nineteenth Century City*）（纽约：阿森农［Atheneum］出版公司，1973)；约翰·施耐德（John Schneider），《1830～1880年间的底特律及秩序的问题》（*Detroit and the Problem of Order*，1830～1880)（林肯：内布拉斯加州立大学出版社，1980)；理查德·林奇曼（Richard Lingeman），《1620年至今的美国小镇：一部叙事史》（*Small Town America*：*A Narrative History*，1620－*the Present*）（波士顿：霍顿-米夫林出版公司，1980)；罗杰·莱恩（Roger Lane），《1860～1890年间费城黑人群体中的暴力根源》（*Roots of Violence in Black Philadelphia*，1860～1890)，（剑桥：哈佛大学出版社，1986)；玛丽·瑞安，《城（转下页）

社会科学家和大多数历史学家看待世界的方式都不一样。你只需拿起几本社会科学杂志和历史学杂志，阅读其中刊登的几篇文章便能看到他们看问题的方式多么的不同。当然，如果文章的主题是城市聚居点、大都市区或生活在这些地方的人，那么这些文章可能会有帮助。不过，也不一定。阅读社会科学文章时，你如果看不懂作者呈现的所有复杂的数据分析，不用担心，你只需看看提出和发布论点的方式即可。历史学的文章也一样。

可能你阅读三四篇文章就能发现一个模式。你会发现，社会科学研究大多是围绕数据而构建的或者通过数据公布结果的。社会科学研究也使用"自变量"、"因变量"这样的术语来讨论社会现象。自变量被假设为"起因"或用来解释因变量中的差异。例如，一个城市的人口数量或居民的类型可能被用于解释有多少居民犯罪，他们可能接受多长时间的学校教育，他们挣多少钱。再例如，我们可以假定大城市里人均犯罪率高于小城市或者大城市的富人、穷人都比小地方多，而中产阶级的人数相对比小地方少。

自变量常常涉及大的问题，比如城市的规模，或者涉及与人有关的较为永恒的方面，比如肤色、性别这些无法人为改变的事实。自变量还可以包括人们能够改变的事情，比如受教育时间的长短、婚姻或就业状况。但是，人们的一言一行常常被视为因变量。研究人员希望弄清楚这么多人为何做这件事而不做那件事，说这句话而不说那句话，为什么和城镇里其他地方、其他社区的人想法不一样。

与城市和其他类型的社区有关的社会科学研究，多数都倾向于关注研究者们视为有问题的状况或行为。例如，他们看待较大的地方或少数民族人数较多的地方时，总会关注这些地方是否有更高的离婚率、

（续上页）市内的冲突：19 世纪美国城市的民主政治与社会生活》（*Civic Wars*：*Democracy and Public Life in the American City During the Nineteenth Century*）（伯克利：加利福尼亚大学出版社，1997）。请牢牢记住，此处列举的一些书籍，只是抽取美国城市和城镇研究的一些样例。历史和社科期刊也刊登这类研究的学术文章。

更多的少年犯罪、更严重的吸毒现象、更多的穷人、更少人参加团体活动等。我们很少去关注城市居民阅读多少书籍、他们帮助多少老人过马路、本地企业舍弃利润而优惠客户的情况出现的频率。在很大程度上，聚焦于社会问题可满足研究者们的需求，即在我们看来可以收集信息以帮助理解并最终解决那些迫在眉睫的问题。但是，对城市所做的多数社会研究都暗含一个假设：在更大和更拥挤的地方，或者在居民类型更多的地方，社会问题会更多，行为有问题的人也会更多。①

即使事实证明城市聚居点的居民和乡村居民一样不可能出现问题，我们仍有这样的印象：大城市的人尽最大能力所能做到的只是对变化做出反应或者调整自己去适应他们无法控制的状况（Fischer，1976）。有时，社会学研究似乎暗示，城市居民是被动的。变化降临到他们身上，他们只是对面临的状况做出反应，而他们的反应常常是有问题的。也就是说，社会学研究有时候只能为了强调“社会状况”和“结构”而牺牲个人的能动性（individual agency）。

历史学杂志里刊登的研究并不总把人描绘为成功者或者互相之间友好相待，也很少将他们描绘成无用之人。撰写历史的人更可能将人描绘成世界的影响者，而不总是被动地适应世界或成为世界的牺牲品。男人们、女人们可能不会做出翻天覆地的大事，他们可能会失败，但是历史学的研究把失败的人们描绘成战士。另一方面，历史学家有时候会轻视更强大的体系的力量对个人行为的影响方式。

如果认为一门学科的实践者们因为有独特的看待世界的方式而应该受到质疑，这种想法就偏离了要点。有些人喜欢把学科内的培养、熏陶称为学术的“壁垒（silos）”，科研人员就在其中接受训练。有社会学的壁垒以及看待世界的方式，同样，也有心理学或经济学的壁垒

① 这一假设是由路易斯·沃思在他那篇有名的论文“作为一种生活方式的城市性（Urbanism as a Way of Life）”中提出来的。这篇文章于1938年首次发表于《美国社会学杂志》第44期，第1～24页。这一假设长久以来一直被城市研究者们视为一个优秀的典范。

以及相应的理解世界的方式。实际情况可能比这更令人眼花缭乱，任何一个“壁垒”内的科研人员对本壁垒应该如何看待所收集的信息、如何理解这些信息都有不同的立场。这对同一壁垒内的人来说，有时候也非常令人迷惑。但是所有专业人员都有独特的看世界的方式，即他们对所收集的信息进行整理的方式。事实上，即使他们没有这些壁垒，他们也会创造出壁垒，好给自己的研究和著作一种组织的方式或者一个方向。

壁垒之间存在差异，但是人们所做的研究却有类似或共同的主题。例如，我们都不能逃避自己做研究、撰写论文时所处的社会和政治环境。知识分子的趣味和偏见会改变，虽然这些变化常常比我们期待的要慢，但是改变的确在发生。为我们的研究筹集资金的组织还有一些优先次序以及他们亟待解决的问题。他们可能更喜欢一些解决办法而不喜欢另一些解决办法，对他们做出这个评价不过分，不仓促。在这些情况下，如果科研人员得出的结论严重偏离同行及广大读者的期待，人们会感到吃惊。因此，研究 19 世纪城市聚居点和居民的所有不同的专业人员对这些地方的混乱程度、这些居民的焦虑程度都有着极其相似的描绘（Lees，1985）。而且有些群体的人被认为本质上能力就低于另外一些人，还有，虽然有很多标志显示黑人和白人之间的屏障已经破碎，但是这些研究所呈现出来的依然是黑人和白人依旧生活在各自的世界里。

例如，在 19 世纪晚期 20 世纪早期，试图了解城市问题的官方和民间的领袖都迫切要弄清楚不同类型的人们如何融入飞速发展的城市，哪些方式是历史上未曾有过的。他们极其努力地工作，想要为大城市所有的居民找到同心协力的新理念和新方法，希望这些新方法能使看似混乱的、由陌生人构成的群众，大致上变成有自我意识的“人民”，并且能使“社区”产生预期的效果。这些领袖往往来自城市里土生土长的白人精英阶层，往往认为自己的群体有优势。

19 世纪、20 世纪的研究人员发现白人比黑人智商高，男人比女人智商高，在美国生活很久的美国人比移民的智商高，当然这种研究结果并非巧合。此类研究说明，某些类型的人比另外一些人更能适应城市生活，该研究成果对美国城市的日常生活和国家的政策有着可预料的、极其重大的影响。女人和黑人干脆得不到受教育的机会或者接受的教育不如白人男性那么好，时间那么长。他们还接受一些引导，无论在家里家外，只去做那些适合他们“天生的”能力和性情的工作。限制移民也有了正大光明的理由，因为研究结果显示的就是“土生土长的”美国人已经信以为真的说法：外国人很难适应环境，他们只适合居住在某些类型的社区，只胜任某些种类的工作。

史蒂文·杰伊·古尔德（1996）和他的助手们重新分析了 19 世纪和 20 世纪早期研究者们分析的 IQ 数据，他们发现早期的科研人员对样本和分析做了微调，因此要想得出明显的种族主义、性别歧视的结论几乎是不可避免的。如果把以前省略的数据再加上，古尔德就在这些人的 IQ 得分中发现了大量的重叠而不是差距。他论证道，最初的那些研究者们戴着美国白人男性的有色眼镜来观察论据。那个时代，人们假想白人、男人、土生土长的美国人从本质上比黑人、女人、外国人更优秀更聪明。早期的研究者们是在这样的时代做研究的。当数据出来时，没有人感到吃惊，所有的科研人员更加不会吃惊了。

古尔德还发现，一些现代研究仍聚焦于这些人群在 IQ 及其他测试成绩上存在的差异，这些现代研究和他考察的早期的那些工作一样存有偏见，但是仍被大力宣传。看来，不良的科研习惯和一个人的坏习惯一样难以克服。但是，他从所做的研究中也获得了重要的经验：科学能纠正以前的科学家所犯的错误。早期的科研人员所犯的最大的错误在数据分析之前已经形成。从本质上看，这一错误是逻辑上的、意识形态上的错误，而不是数据上的错误。

今天许多的研究人员（包括本书的作者）都愿意相信自己对偏见这一病毒有天生的免疫力。比如，我们不相信白人男性天生比黑人、女人和移民更优秀更聪明。任何因为肤色、性别而限制他人机会的政策或项目，任何仅仅因为他人是外国人就阻止他们入境，或在他们入境后便虐待他们的政策或项目，我们都不可能支持。我们都愿意相信，我们这些思想进步的同事们，无论外貌特征如何，无论来自哪里，他们都能公平待人，极其可靠。

世界比我们想象的复杂得多。正如那些极端保守的专业人士把种族主义和性别歧视带进他们所从事的学科一样，我们也可能把我们“进步的”偏见带入我们宣讲的科学里。例如，乔纳森·海特（Jonathan Haidt）说，极端保守的学者们曾经有一个“部落道德团体（tribal-moral community）”，同样，左翼的学者们也形成了一个“部落道德团体”（Tierney，2011）。这一“团体”扎根于20世纪六七十年代“反对种族主义、维护人权的斗争”中，它“在学会内部成为团结左翼力量的神圣事业”，这一状态一直持续了将近50年。

其中一个结果是，今天大学教师中绝大多数的人都保持非常进步的看法或者都是社会思想开明的人。他们“神圣的价值观”会使他们看不见自己所创造的不友好的学术气候，而且，自20世纪60年代以来，一直凌驾于保守的思想家之上。左翼的社会科学群体已经长存不废。支持左翼价值观的人们被吸引到社会科学里，而持不同价值观的人们则选择了另外的职业。

左翼人士提出的问题、提供的答案有时和保守人士提出的问题、得出的答案一样充满偏见。不难找到这样的证据。社会学家斯科特·卡明斯（Scott Cummings，2011）最近收集了人口普查的数据，列出了1990至2000年间各种族拥有房屋的比例。可想而知，白人拥有房屋的比例是最高的，超过68%。黑人和西班牙裔美国人分别为43%和42%，拥有房屋的比例低了很多。美国的印第安人和亚洲人的后裔则居中间位置，分别为54%和52%。除了美国印第安人的数据，可能没有人对这些结果感到吃惊；自2000年起，黑人和西班牙裔美国人好像仍未得到购置房屋的鼓励，对这一结论也没有人感到吃惊。

卡明斯根据白人、黑人、西班牙裔美国人、亚裔美国人和土著美国人的民族（或部落的祖籍）来分解这些比例，有趣的现象就出现了。白人拥有房屋的可能性并非人人同等。斯洛文尼亚人的后裔拥有最高的比例（大约85%），萨尔瓦多人的后裔拥有房屋的比例相对低一些

（即 23%）。这种情况对于不同群体的黑人、西班牙裔美国人、亚裔美国人和土著美国人来说都是一样的。祖先追溯至南美的黑人大约有53%的人拥有房屋，但是祖籍在多米尼加共和国的黑人，他们拥有房屋的比例仅为约 14.5%。在西班牙裔美国人中，几乎 48%的西印度人拥有自己的房屋，而祖籍在巴拿马的西班牙裔美国人拥有房屋的大约只有 14.5%。祖籍在中国台湾的亚裔美国人有大约 77%的人拥有房屋，但是南亚苗族人的后裔拥有房屋的约有 12%。最后，也许最令人震惊的是，在土著美国人中，房屋拥有的比例高的有拉姆比印第安人（Lumbee Indians），大约为 77%；比例低的有沙伊安部落（Cheyenne）后裔，为 38%。

不同种族的人们，拥有房屋的比例也不同。彻头彻尾的社会科学家对此不会感到丝毫震惊。他们也不认为政府应该终止那些立足于这些证据、为帮助一直受歧视的“种族”而设立的项目。

他们会对卡明斯的其他主要研究成果说些什么，这不清楚。我们所接受的训练使我们期待白人获得更好的待遇、期待白人比少数民族做得更好，我们需要做点什么去消除种族（*racial*）歧视的影响。为民族（*ethnic*）歧视而担忧，我们的大脑甚至还没有这个念头。虽然某一个“种族”或性别的人获得优厚的待遇，但是尚未有法律将某些个体从不同的民族群体里单挑出来给他们优厚的待遇。然而，事实是，在同一种族不同的民族群体中，房屋拥有的比例有巨大的差异，这种差异远远高于不同种族之间房屋拥有的差异。那些声称自己政治思想开明的人们，要想将自己的价值观与这些事实调和起来，可能有些困难。

例如，在这些事实的基础上，要想论证“黑人”或“西班牙裔美国人”今天正遭受严格意义上的歧视，这会相当困难。白人和非白人之间还有差距吗？是的，有。与此同时，某些群体的黑人拥有房屋的比例超过了一些白人。这种差距正在缩小或者说没有我们过去理解的那么大了。事实是，黑人拥有房屋的比例最接近那些祖籍在中美、南美的白人。当然，这意味着来自中美、南美的白人在白人中是拥有房屋比例最低的群体。我们马上就要谈到这一点。

这些数据呈现的房屋拥有状况当然不能告诉我们想知道的一切。我们想知道是否应当修改那些旨在使少数民族群体提高房屋拥有数量的公共政策，如果要修改，应当如何修改。但是，这的确意味着我们需要重新探访他们，确切知道哪些人真正需要帮助，哪些人不需要帮助，我们必须下工夫思考。

例如，有人可能说，因为近来从中美、南美移民过来的黑人在经济领域里奠定了相当稳固的基础，因此黑人的房屋拥有比例最终会上升到一些白人群体已经达到的水平。如果我们不再需要给“黑人”提供公共的资助，毫无疑问，这是好事。但是，这就想当然地认为，虽然近期的黑人移民不曾经历美国黑人曾遭受歧视的历史，他们依然应当包括在我们政策的预算以内。我们可暂时忽略这个问题，但是要想更好、更公正地判断黑人今天遭受歧视的程度，必须把来自中美、南美的黑人的房屋拥有比例和来自中美、南美的白人的房屋拥有比例进行比较。当然，那么大的变化要想在人口统计数据里呈现出来可能还需要 10 年或 20 年。

与此同时，还有许多人，尤其是那些自认为在社会问题上思想进步、政治上开明的人士，他们仍然相信黑人遭受普遍而蓄意的歧视。无论他们在美国生活了多久，若有任何措施削减对黑人拥有房屋提供的帮助，他们都可能强烈地反对。即使同一种族内各民族之间的差异十分明显，他们为了论证自己的立场，也会说明同一种族内各民族之间的差异并不重要。尽管有些白人明显在接受帮助，而且他们的祖先在这儿生活了几个世纪，这些开明人士还是会论证说，任何白人都不需要特殊的考虑或帮助。根据卡明斯的分析结果，那些开明人士实际上更可能会论证说这些白人也应当接受帮助去购置房屋。

不说别的，这些论据起码说明，我们对种族和房屋拥有政策的全国性讨论不能轻易地给一个非此即彼的答案。从另一方面说，也许可以。这些研究结果最令人深思的方面是，它们印证了古尔德更严谨、更全面地分析不同类型的人的 IQ 得分之后所发现的问题。也就是说，白人内部的差异、黑人内部的差异远远大于白人和黑人**之间**的差异；

男人内部的差异、女人内部的差异远远大于男人和女人之间的差异；本地美国人内部的差异、移民内部的差异远远大于本地美国人和移民之间的差异。

这些证据说明，在美国，受到优厚待遇的或更受欢迎的人群和那些遭受不良待遇的或不受尊重的人群这两者之间的差异已然缩小。或者说，这些证据可能说明，在白人和黑人、男人和女人、本地美国人和移民的得分方面，不存在相当大的差异，更不存在由基因决定的大的差异。他们的IQ得分上存在重叠，无论其根源如何，依据他们的肤色、性别、出生地来进行差别处理，这是不公正的。认为男人优于女人、白人优于黑人、本土美国人优于移民，这种观点尚且没有合理的道德根基，从出身上寻找理由更加没有道理可言。

卡明斯的研究引发的至关重要的政策问题是，在房屋拥有这一方面，进行差别处理时根据肤色去偏袒黑人或西班牙裔美国人，这可能不公正。即使我们能够在这一敏感点上达成一致的意见，也不太可能有很多的举措去废除所有旨在鼓励少数民族拥有房屋的项目，即使有，这些举措也不可能成功。倘若如此，我们依然照着偏见行事，这种偏见和过去的而且今天有时依然存在的偏见一样真实，一样不可原谅，那就是歧视黑皮肤的以及西班牙裔的美国公民。

研究者们可能会使人们了解美国黑人及西班牙裔美国人仍有多么严重的问题。然而，科研人员明显偏爱那些扩大救济范围的政策，所以他们论证这一问题时列举的证据有可能受到贬抑或者至少会招致怀疑的目光。古尔德的研究显示，事实不会自我辩解。人们用某种方式表达事实，诱导事实去述说符合他们心意的话，尤其是人们讨论敏感的话题或有争议的问题时，更是如此。

在与公共政策有关的争辩中，比如涉及少数民族的房屋拥有问题，会存在极其严重的意见分歧，此时常见的情况是，我们很老练，选择两面讨好。我们可能在形式上接受对某一受害阶层应承担的责任。但是，我们更可能只是承认已经产生的伤害。然后，我们努力去寻找一种方式去消除这种伤害或者至少缓和对受害阶层产生的影响。我们在种族和房屋拥有这一案例中看到，存在的问题是，受害的阶层（黑人和西班牙裔美国人）中并非所有的成员都是实际的受害人，接受帮助的人可能不是最需要帮助的人（Monti，1997）。因此，与政策相关的研究常常显示，改革对人们生活带来些许变化，但是这些变化并不像倡导者们期待的那么好，也不像诋毁者们担心的那么坏。这一现象有一个很好的例子：在20世纪90年代，芝加哥和其他几座城市对公共住房租户试行租赁机会的重新安排项目，参与这一项目的少数民族展示了不尽人意甚至是令人失望的结果。有些研究者们综观这一举措对租户的影响，发现原本期待的可观的改善并没有发生，或者比项目的支持者们所预料的成果更加有限。搬迁了的租户生活不如期待的那么好，部分原因是，他们搬迁的地方距离以前的社区不远，或者他们搬进了和以前的住所非常相像的社区。生活状况得到改善的人们搬出了芝加哥或迁至不同的乡村地区（Sampson，2012；Sharkey，2013）。这些研究者们认为，对于发生的事（或未发生的事），还有一个原因：贫穷造成的影响更难消除，需要更久的时间去消除，研究者们没有足够的时间去研究，改革家们也难得有这样的心情和耐心去等待。

改革的效果，研究者们出人意料地捕捉到了。这一效果是：我们如蜗牛一般向变化移动，这些变化没有我们想象的那么激动人心，甚至与我们的想象背道而驰。对这种政策制定的程序进行研究，最大的贡献可能是，它让我们熟悉了我们了解甚少的人和地方，这些人和地方已经变得不可能被忽视。我们让我们的同胞更多更好地了解这些地方和这些人。我们的工作，优势通常在于呈现一个问题到底有多严重，而不在于说明如何解决这个问题，或者解释我们的改革为何不尽人意。但是，这并没有贬低研究者的工作及撰写的论著所提供的更为广阔的文化服务。事实上，正如美国道德改革运动的历史所展示的，我们最好的工作就是人民生活状况的编年史，记录了他们面对困难时处理问题的方式，他们达成协议、消解纷争的方式如何随着时间的流逝而演绎变化（Boyer，1978）。至于该做什么，不该做什么，我们的研究并不能解决争端。我们的研究只是摆好桌子，坐下来更好地进行辩论。

例如，一些现代的研究者们仍然坚持认为，“智力”或教育成果上存在的差异有基因上的根源，古尔德就和他们进行辩论。这种辩论并没有改变我们资助教育的方式或给予少数民族儿童的待遇。在这种情况下，我们在学术内部的争执产生的结果，从长远来看，可能更为重要。它提醒我们，我们过去像清理餐桌那样清理我们的论证，这是多么嘈杂、吵闹、刻薄、荒唐的事，因此它改变了我们当代就种族进行辩论的形式，影响了这些辩论的内容。它在我们面前举起我们自己的历史这面镜子，使我们面对镜子无法推诿。好的研究未必使我们更聪明或者使我们不犯错误。有时候，好的研究所能成就的是，用光照亮愚昧，这样我们就能够将愚昧从桌子上推下去或者藏在餐巾下面，然后着手讨论真正困扰我们的问题，讨论我们能够采取的措施。

我们如何着手研究我们的研究对象

若要达到目的，做哪种研究更好或更加必不可少？论及此事，有些人更喜欢对城市聚居点的生活进行局部的但是信息特别丰富的研究，比如个案研究。另外一些人则喜欢对人们的生活境况做范围更大、更具代表性但不是特别深刻的研究，比如民意测验、人口调查。事实上，这两种研究都有非常大的空间。但是，正如人们消费其他东西一样，我们对自己喜欢的研究类型有着明确的偏好，认为换作他人也都会率先动手，吃得最多。

今天所做的定量研究、定性研究的前身是在欧洲 19 世纪中叶形成的。亨利·梅休对东伦敦的劳工和穷人做了简略的描述，对“危险阶层”的恐惧之心可能激发了这一研究，但是，他所收集的论据则很难使人将这些人描绘成他们自身悲惨命运的起因。梅休和他的助手们收集的故事产生了日积月累的影响。这些故事表明，疾病、衰老、死亡和事故，这明显是穷人无法驾驭的生活境况，使得他们几乎不可能过上健康的生活。这些人曾经从事的工作都烟消云散。男人、女人，都被迫去寻找更加零散的临时的工作，工作场所也不固定。失去工作的工匠变成了临时工，而临时工则成为失去工作的工人，他们一堆堆地挤在伦敦的贫民窟里，没有足够的工作可做，常常无所事事。

约翰·斯诺（John Snow）在1854年对伦敦索霍区（Soho）的居民做了没有那么夸张但是同样引人入胜的访谈，这使他找到了受污染的那一处公共水泵，因此也就确认了当年霍乱爆发的源头。斯诺绘制的地图反映了官员们无法理解的霍乱爆发的模式，他还能将不清洁的水追踪到负责供水系统的公司，这些公司一直从泰晤士河的部分水域抽取饮用水，而这些水域有未经处理的污水流入。他使用地图和数据，这预示了公共卫生和流行病学可发展成受研究驱动的事业。研究人员在某些人群中追踪、分析传染病的传播以及他们普遍的健康状况，他们所做的工作使这类社会研究获得认可，成为合法的科学探索活动。

美国的研究者们迅速使用同样的方法来描述、阐释他们的城市生活状况。比如，对移民的广泛关注促使1920年人口调查的采访者们设计数量更多、类型更多样化的问题。你可能还记得，1920年正是美国人口被宣布为“城市化的”那一年。不管怎么说，此次调查引入的项目包括“每家有几个房间”、“是否有厕所”等问题，旨在让官员们大致了解移民的生活状况。

有了基于人口调查的数据所做的分析，对美国城市日常生活所做的更详细的描述就显得更加完美。这些描述是亨利·梅休可能已经收集的那种故事，或者是狄更斯已经创作的故事（Woods，1898/1970；Sinclair，1905/1960；Steffens，1904/1969；Woods & Kennedy，1914/1962）。做这类研究工作的往往是街坊文教馆的工作人员或者志愿者，他们代表的组织通过研究穷人和移民的住处及生活状况来给他们提供帮助。他们将研究结果撰写成报告，呈交给各种各样的官方和民间的领袖们。这些领袖们需要了解城市里某些区域正在发生的事情，然后才可以发起运动，整治这些区域，使当地居民不至于自我损害（Boyer，1978；Du Bois，1899/1996；Lees，1985）。

对于很多研究城市的人与地方的社会科学研究来说，仍然存在着很强的改革优势或特征。例如，在第二次世界大战以后，对城市区域或城市居民所做的研究中，大都有双重目标：理解、诊断城市弊病，解决城市的人和地方存在的问题。比较重要的议题包括重新开发旧的中心城市、城市郊区化和城市蔓延的后果，在所谓的“阳光地带”崛起的新大都市区，以及这些变化对那些滞留在破败的内城区就业前景不佳的穷人和少数民族带来的巨大冲击。

这些研究大多是定量研究，依据人口调查或社会调查的数据。这些研究有很大一部分探索了少数群体（尤其是黑人）在多大程度上和白人有同样的工作、住房和教育机会。总的来说，越来越多的研究者异口同声地记录一直处于穷困状态的人们所处的生活环境，这取代了对少数民族生活状况的关注。对赤贫的美国黑人、对极度贫困的内城居民的研究尤为明显。这些人的处境极端恶劣，难以想象能有什么改变（Sampson，2012；Sharkey，2013）。

许多定性的研究都遵循20世纪早期芝加哥大学的研究者们使用的个案研究模式。那些对内城或郊区的各种“常客（denizens）”的生活进行详细记录的研究，尤为如此。这些研究的调查对象包括男同性恋者、从事街头犯罪活动的人、无家可归者（Liebow，1967；Humphreys，1975；Baumgartner，1988；Anderson，1999；Duneier，1999），还有帮派团伙（Moore，1978；Padilla，1992；Monti，1994；Miller，2001）等。还有一类个案研究，主要关注社区的变化以及内城邻里社区的重建（Suttles，1968；Kornblum，1974；Susser，1982；Anderson，1990；Monti，1990；Cummings，1998；Small，2004）。

这些研究论著中，每本书提出的具体问题可能都不同。运用定性研究法从事个案研究的社会科学家们喜欢探索新问题，这与定量研究截然不同。他们不会为了论证某些要点而重新光顾其他科学家的研究地点。因此，他们对相应的研究地点正在发生的事情所做的评估未必都是一致的。但是，他们的工作可追溯至20世纪早期芝加哥大学的研究人员在开创性的工作中获得的重要思想。例如，他们可能将自己研究的场所的空间状态（比如，是破败混乱的还是整洁有序的）与当地居民的社会和道德风气（比如，社会秩序混乱、人与人之间难以相处，还是社会秩序井然、人与人之间情投意合）联系起来。例如，帮派更可能在城市或郊区更脏乱的区域结伙，这些区域的帮派更凶险。另外，就社区改变和重建工作来说，倘若结果明显与机构的或公司的土地拥有者的利益休戚相关，那么这些区域的社区改变和重建的效果就更好，社会氛围更融洽。

在所有这些研究中，研究者非常熟悉自己的社区或研究对象，这是一个至关重要的特征。第一手的观察，发人深思的访谈，这为正在研究的社区描绘了一幅近距离的生活图画。与此同时，这也赋予批评家许多机会，允许他们依据自己的价值观来理解这些研究者愿意讲述的、与所研究的人和地方相关的故事。批评家有足够多的机会批驳研究者的方法和结论，抨击研究者的动机，而运用大量数据的研究者通常都能避免此类批驳与抨击。

劳德·汉弗莱（Laud Humphrey，1975）的著作详细描写了在公共厕所发生同性性关系的男人们的生活。这本书触及了敏感的神经末梢。无论是研究对象还是汉弗莱观察那些男人、收集他们个人信息所运用的方式，都足以引起争论。汉弗莱发现，这些男人以另一种方式过着传统的甚至是保守的生活。他记录这些男人的车牌号码，从驾驶执照获取地址，然后跟踪他们，来到他们家里。不说别的，人们对汉弗莱跟踪他人的方式产生的关注淹没了他在研究中的发现。他后来在这些男人的家里对他们进行访谈，是假借毫不相干的、联邦政府资助的社会调查的名义进行的，这又激起另一番关注。更严重的是，他的许多研究对象都是他所在的那所大学的附属医院的雇员，这一事实让这所大学的高层官员大为不满。事实上，学校内在学术上产生的争执已经广为人知，这迫使研究者们严肃对待研究对象的权利。这种争执最终导致这所大学的社会学系走到了尽头。学生们仍阅读他的著作，只是要学会不要做那种让观察者也成为实地参与者的实地考察和研究。

米奇·杜尼叶（Mitch Duneier，1999）研究了人行道上的小商贩，详细地描绘了这些人的谋生方式，他们跨越的道德和法律的界限，以及他们如何在大的经济领域里安身立命。伊莱贾·安德森（1999）记载了费城一个贫民区“漂泊街头的人”和比较传统的家庭之间的关系。凯瑟琳·纽曼（Katherine Newman，1999）描写了哈莱姆“穷忙族”如何坚守个人道德准则，而这种道德准则通常都是更具安全感、比较富有的中产阶级才持守的。这些著作获得了许多评论家的褒扬，也激起了人们对作品和作者极度狂热的鞭挞，因为人们认为，研究对象的故事在讲述的时候做了净化，甚至是浪漫化的处理。人们认为，这些著作的作者们围绕所有的问题跳舞，或者因为他们艺术地处理了现代的种族关系而不经意地欣然接受这些问题，继而轻视或忽视了处于问题根源的不尽人意的政治、阶级状况，因此，他们在这一点上也倍受批评（Wacquant，2002）。

依照这种争论的惯例，著作的原作者会得到机会做出回应。但是，这些作者原本没有撰写这些信息，也不希望人们从他们讲述的故事的字里行间里生硬地挤出这些信息，可是他们却因为这无中生有的信息而遭到大众及专家的此番鞭挞，毫无疑问，其结果就是苦涩的滋味涌上心头。其他的研究者们是否已经知道其中的委屈从而不会拿起这些研究者们提出的问题做后续的研究，这不得而知。但是，这样的攻击旨在将学术的缰绳拉进左翼的群体里，谁都免不了遭遇此类事情。

本书的一位作者曾经研究圣路易斯地区在校区废除种族隔离这一改革（Monti，1985），因为这一研究他曾经差点儿声名狼藉。他的作品出版后不久，作品和作者在《纽约时报》的一篇重要社论里获得高度赞扬。但是，几天之后，全国有色人种协进会的首席顾问在同一家报纸上痛斥这位作者，差点称这位作者是一位种族主义者，只是没有使用这个词而已。有些人坚定地拥护改革，参与围绕校区废除种族隔离的研究和项目而兴起的专题研究之中。在他们眼里，这位作者的罪过足够真实。作为研究者，他首次指出，废除种族隔离这一改革的拥护者和批评者都参与了一场吵闹的、精心设计的舞蹈，本措施理应帮助那些孩子们，可最终在他们的生活中产生的只是肤浅的变化。他所描述的那些依照惯例认定的危机和改革可能对文化的维护是重要的，也许能帮助人们缓慢地适应变化。但是，废除种族隔离的改革举措能使学校的官员以往常的方式管理自己的区域，这一看法则无法得到人权支持者的认同。人权支持者在废除种族隔离这个过程中即使不被称为“合作者”，也被暗指为“促成者”。

从这些小插曲里可得出的经验教训是，研究者们若探索敏感话题，这些话题在公共领域产生的后果如果和某些人的利益休戚相关，那么研究者们有可能引起这些人的兴致或者激起他们的愤怒。那些使政策制定者倍感焦虑的话题，那些挑战重要机构（警察局、公立学校系统等）领导人的话题，都是特别敏感的话题。我们多么希望事实并非如此，但是研究人员无法控制人们从他们的研究中读出的信息，无法控制人们用他们的研究服务于何种政治目的。即使他们的著作获奖或者受到公众某种程度的认可，他们的研究也抵挡不住猛烈的抨击，甚至可能遭遇更加严厉的审查。我们在前面说过，每一位作者都领教了其中的厉害，其结果是，研究者们在公布不受欢迎、出人意料的研究结果时需要学会对批评麻木不仁。

我们的许多研究都植根于改革的传统，除此以外，城市研究者在描述、衡量有关研究对象的所有信息时还有另外一个同样牢固的传统，这比我们过去使用的方式有更多优势。研究者所做的研究中更加“科学的”这一部分应当能够帮助他们获得适用于更多社会环境、更多人群的研究结果。有些人一贯使用的手法呈现于统计学的语言里，当他们论证我们“衡量”事情的方法时，这一“科学的”部分往往即刻呈现出来。但是，背后的驱动力是不变的：在明显混乱的城市生活中找到秩序井然的原理，好让改革家们的工作向前推进。

当然，在数字上做文章的城市研究者们持守的基本目标是，获取适当的原理，可以描绘城市的人与地方的管理及生活状况。倘若某个人能够研究出如何将科学方法付诸实践，那就再好不过了。但是，这位科学家对于模式的兴趣未必能转化为以美化、优化城市世界为目标的政策或项目。他倘若能够描述一幅宏观的图景，已足够让人满意。

在城市研究中，人文生态学家描绘的图景最为宏观。他们收集、分析的信息使他们能够描述西方国家的城镇如何发展成为城市，城市如何变成由小地方包围的大都市区的一个部分；也使他们能够解释许多非西方国家的城市为何不是以这种方式发展的。如果数据正确，这些更具数学头脑的科学家们就能绘制图表，列出方程式，揭示这些发展模式呈现的信息。一座城市或一片城区图表和方程式可以和其他城市、城区的图表和方程式进行比较，这样我们就能对城市发展的总体图景有相当清晰的概念。

杰弗里·韦斯特（Geoffrey West）和路易斯·贝滕科特（Luis Bettencourt）这两位物理学家碰巧在2010年宣布他们计算出了这种方程式，他们所做的工作近似于揭开表面以下的DNA密码或结构（Lehrer，2010）。据报道，他们“在图书馆和政府的网站上寻找相关的数据……从人口统计局下载大量的文件，了解德国盘根错节的基础设施……从法兰克福电线的总量到博伊西（Boise）大学毕业生的总数，观察令人眼花缭乱的众多的变量。他们收集与加油站、个人收入、流感的爆发、杀人案、咖啡屋、市民散步的速度等有关的数据”。

他们经过两年的分析发现，“所有这些城市变量均可用几个极简单的方程式来描述”。他们认为，这些方程式代表的是“自动出现的定律”，与人们在城市居住的时间无关。例如，这些科学家得出的结论是：“可持续发展的真正的中心”是城市而不是小城镇。他们的数据显示，城市比小地方有更高的效能，而且高很多。“住在人口密集的地方，人们在冬天取暖需要的能源更少，人均交通距离更短。”

这两位物理学家还发现，城市“促进人与人之间的交往”。与其他类型的聚居点相比，城市居民更多地交流思想，互相合作。市民的创造性促使更多发明、更多提高功效的方法得以诞生，使他们在城市里比在其他地方生活得更好。请注意，韦斯特和贝滕科特并没有说城市里的每个人都富有，对自己的处境都满意。他们只是说，从总体上来说，城市居民因为住在城市而不是其他类型的聚居点，从而获得了更好的生活状况。

将海量的数据集归纳成几个方程式，这非常有趣，但是这两位物理学家从他们的数据分析中获得的见解却不是崭新的。经济学家、历史学家以及前面提到的人文生态学家，甚至是为数不多的城市规划专家，他们都使用几乎相同的词汇去描述城市所创造的“规模经济”或提高功效的方法。长久以来，他们还评论城市居民的发明创造，正是这些发明创造使如此多的人口能挤在同一个狭小的空间内，而且城市生活又不会戛然而止。

韦斯特和贝滕科特原本可以陶醉于自己的数字和方程式里洋洋自得，但是他们为存在已久的与城市生活有关的思想提供了一种证明的方法。你会想起我们在本章前面曾经提到的，学者们对城市的人和地方下了许多论断，这些论断都依据优秀的研究，却没有足够的数据让他们做出最权威的论断。他们的思想不容易转化为可验证的提案。韦斯特和贝滕科特花费了大量的时间，而且拥有足够的个人素质，对数据进行观察分析，与城市有关的思想因此得到严谨的数据的检验。当然他们当时并未意识到这一点。他们重申，事实上城市的运作相对来说是好的，比城市批评家长期以来想象的要好得多。

不出人们所料，有一些研究者已经对韦斯特和贝滕科特的发现和结论提出了挑战。有一位批评家说，韦斯特和贝滕科特的分析没有考虑那些尚未纳入他们使用的数据集的一些变化。例如，我们在第二章谈到，位居市郊的“繁荣郊区城”以及边缘城在过去10年左右的时间里创造的就业机会一直比中心城市更多。两位物理学家的发现显然没有反映这一事实。韦斯特和贝滕科特不以为意，并反驳说，科学家们在行星运行的方程式里并未解决所有的问题。城市是如何运行的，细节的事情会弄清楚的。我们作为旁观者，观看这些辩论一步步地展开，只能对双方都点头称是。这就是我们做科学研究的方式。

城市研究中常用的其他数据来自社会调查。研究者对研究对象进行访谈，就一些话题询问他们的做法或者想法。接受访谈的样本，数量必须足够多，能够代表研究者想要了解的各种类型的人（比如，老人、青少年、中产阶级的离婚人士等），这样的研究结果才值得重视。如果样本和问题设计得好，那么这些人所表达的信息就适用于和他们同类的所有人。如果样本和问题设计得不好，那就不能严肃地看待这项研究。

基于社会调查的研究，已经发表的成果数量相当可观，覆盖的问题也很广。对受访者提出的问题，依据的是研究者认为最重要的内容以及期待使用研究成果的人渴望了解的内容。城市研究者用这种实证研究最先检验的话题就是社会学家路易斯·沃思提出的假设。他撰写的经典性论文“作为一种生活方式的城市性”（我们在第五章讨论过）就城市规模、人口密度、异质性对人们思想行为的影响提出了一系列的假设。沃思和他那个时代大多数的学者都认为，如果人们生活在由不同类型的人包围着的狭小拥挤的地方，他们不可能生活得很好。

在沃思的这篇文章发表后的几十年里，它引发的研究得出的反而是相反的结果（Fischer，1976）。就现代城市社会来说，传统理论家的思想使我们相信城市居民互相疏远，且有行为不良之嫌。但是，这几十年来的研究结果最终显示，城市居民没有那么“隔膜”，没有行为不良的倾向。和那些生活在开阔的小地方的人们相比，和那些所谓有条件与同类人生活在一起的人们相比，城市居民虽然也有自己的忧虑和难题，但是状况不会更严重。

这一例子恰好说明，基于社会调查的谨慎细致的研究可能会驳斥长期盛行的传统认识。今天，沃思的论文和1938年首次发表时一样受到尊崇，被视为是社会科学领域内一篇经典的城市研究论文。事实上，该篇论文呈现的思想仍然影响公众对城市的思考，可能也影响市民的生活方式。今天所不同的是，有很多研究驳斥这样的印象：聚居在城市的人都是有问题的，原本清醒、理智的人仅仅因为住在城市里才变得放纵，乖僻。

沃思的论文还有一个有趣的特征，它依据的是沃思1937年代表国家资源委员会对城市居民生活方式所做的研究。这是第一个研究美国城市状况的总统委员会，沃思是首席研究员，是报告的第一作者。这份报告是在美国经济危机的高峰期完成的，它阐明了美国城市的状况以及面对的问题。沃思的论文第二年发表于《美国社会学杂志》上，论文总结了观察家们长期以来就城市对居民的影响以及人们对城市生活的不良反应所产生的思考。学者们表达对城市生活的忧患意识，这当然不是第一次。但是，这篇论文对城市生活这一主题做了系统的研究，而且发表的时候正值大批人员失业，国家领导人因为人民可能发起暴动，城市可能出现政治动荡而惶惶不可终日，这特别值得注意。

对城市的关注、对市民的生产和文明生活的关注并没有随着经济危机的结束而走向尾声。从某些方面来说，这一关注事实上是在第二次世界大战之后发展起来的。这个时期开始了大规模的城市郊区化，熟练工和半熟练工的工作在城市消失，美国的许多城市都有越来越多的少数民族群体涌入——主要是黑人，新近进入城市，尚未融入有规律的经济和社会生活中。我们前面注意到，学者中有整整一代人关注这些现象，研究一个又一个令人寝食难安的城市问题或者造成问题的城市人口，著作和学术文章纷至沓来，前所未所。

另一个研究浪潮出现于 20 世纪 90 年代，研究对象是城市区域的状态以及人们如何融入不断发展的社区生活中。这一时期的标志是：城市完成了从制造业到专业行业和科技产业的显著的转变。世界上以前从未向美国大量输出移民的地区，也开始有为数众多的移民进入美国，与此同时，黑人和其他少数民族开始向郊区迁移。美国的学者对所有这些变化做出了反应，与人权运动时期和大经济危机时期的研究者如出一辙，同样是极度焦虑的紧迫感。

我们在这里讨论这个时期出现的完全不同却又互相补充的学术争论，此两者均依据路易斯·沃思和几代观察家研究城市的人和地方时所关注的问题。第一个争论的焦点是：最终在城市区域生活的人和那些最终没有在城市生活的人之间是有些不同的。第二个争论围绕的问题是：人们对今天的城市生活的压力如何做出良好的反应。这两个讨论从根基上说，在社会科学里有更悠久的根源，可以追溯至斐迪南·藤尼斯的研究成果。我们在第四章里提到过，藤尼斯对城市社会（即所谓的“法理社会”）和前城市社会（其特征是“礼俗社会”）进行了区分。

我们应当注意，到了 20 世纪末，笼罩着研究者的是这样的假设：

美国发展较好的部分从本质上看是“城市的”。到这时，美国的每一个地区城市化的程度已经很重。城市人和大城市的生活方式此时已是“大都市”风景的一个组成部分，因此许多生活在郊区的人也不能再逃避大城市的市民习以为常的日常生活现实和问题。对我们的讨论更为重要的是，研究者曾经如何讨论城市问题，总结城市理论，为市民的生活和工作忧虑，人们正在使用他们的方式来描述整个美国社会和所有的美国人。

理查德·佛罗里达（Richard Florida，2002，2005）在谈到城市区域的居民类型时说，艺术人群、移民和同性恋者高度集中的地方与这类人较少的地方相比，经济发展得更好一些。现代城市社会（即法理社会）如果拥有这个“创意阶层（creative class）”的更多成员，就会繁荣发展，因为这些地方的文化敞开胸怀，接纳新思想和新类型的人。什么使城市社会非同寻常？现在你就会回想物理学家韦斯特和贝滕科特以及许多其他的学者长久以来一直在表达的思想。但是，佛罗里达被誉为当代的先知。他开启人们心灵的眼睛，让人们看见吸引更多样化、更有创造性的劳动力为城市区域里带来的好处，他因此受到无上的褒扬。他崇尚的论点是：这一类人，如果你能得到的数量很多，那么你那凋敝的经济绝对能重新崛起。全美国的城市都竭尽全力将自己描绘成最有创造性的城市。它们的叫喊声是昂贵的，但是这把佛罗里达抬高到了一个知名公共知识分子的地位。

学者们长久以来一直述说同样的东西。除此以外，佛罗里达的论证还有一个问题，他引用的证据恰恰说明其结论是没有根据的。他将“有创造性的人”的数量和比例转化成一种简单的等级体系，并把这些数字报道出来。这使他得出这样的结论：一个地方因为有比较多或比较少的同性恋者、艺术群体、移民，就意味着它有更高的或较低的创造性。

佛罗里达没有明确说明（显然是有理由的），本地人口的“创造性”能好出“多少”或者什么“算”大不一样或者有小小的不同。即使我们假设这类人确实很重要，但当你观察佛罗里达研究的所有城市区域这类人的实际比例时，三个明显的特征立刻出现在眼前。第一，所有的城市区域都有很多人，他们都有资格成为佛罗里达“创意阶层”的成员。对这些数字做任何比较就会显示，城市区域之间的差异都是微不足道的。第二，像俄亥俄州的代顿（Dayton，Ohio）这样的地方，经济上没有什么发展，但是具有创造性的人口比例却高于亚利桑那州的图森（Tucson，Arizona），而图森在过去几十年里飞速发展。第三，其他一些因素，比如公共教育或者军事设施的支出可能和一个地区的经济发展关系更大。因此，佛罗里达有很多的数据，但是他的研究结果并不合乎情理。

第二个研究和争论的焦点是美国人社会关系的强度和质量。这和佛罗里达受一些研究和著作的驱使而去观察自己收集的数据一样，这一争论所在的研究领域也可以追溯至传统社会理论家对市民交往方式的关注。这一争论针对美国人际关系的质量，是由罗伯特·帕特南于2000年出版的著作《独自打保龄》重新引发的。帕特南分析了调查结果之后说明，美国人对组织的参与以及美国公民的习惯在几十年的时间里发生了变化。这一分析表明，人们面对面地参加组织、共同参与社区的活动这一情况不如以前。当我们步入更为法理的城市社会时，传统的公民参与模式以及礼俗社会中常见的那种社会关系渐渐减少或者不受欢迎。帕特南论证说，人的社交活动和公民意识明显削弱，这一现象普遍存在，程度严重。他将其归因为不断变化的经济状况（比如，与以往相比，有更多的人工作更长的时间）和社会习惯（与以往相比，更多的人在独处的娱乐中打发时间，比如看电视）。帕特南的论证与这一看法一致：我们在早期不太忙碌或不那么以自我为中心时所享受的生活中许多更美好的部分，在现代社会遭到了完全的抹杀或者大幅度减少。

其他的学者几乎立刻指出帕特南的分析中存在的问题。帕特南认为，人们的“城市资本（civic capital）”和“社会资本”水平已经大大降低，但是从根本上看，公共领域里已经有许多信息与这一判断相悖。有些证据不符合帕特南传递给读者的世界观，他对这些证据就不加考虑。有人重新分析了他使用的数据，发现他在写作时夸大了所描述的那些变化。

他至少有一次将一个图表上的信息省去，因为这些信息会驳倒他的分析。他在著作里说明，常去教堂的人们更经常去献血。如果对数据做更全面的分析，就会发现，压根儿不去教堂的人也经常献血。他认为，美国人正在改变自己的义务和情感，因此将不去教堂的人从发表的数据中略去，可使他的看法站得住脚（Monti，Butler，Curley，Tilney，& Weiner，2003；Monti，2007）。总的来说，他想要什么结果，数据就产生什么结果。能驳倒他的观点的证据没有公布。与这个事例类似的是，古尔德重新审查一些对IQ测验分数所做的研究，也发现了新情况。这种教训重复了又重复。研究者可以如此地忠实于一种见解，他们不惜歪曲自己的分析，得出自己预期的或渴望得到的结论。

我们在本章的前面说过，研究不是在社会或政治的真空里进行的。帕特南和佛罗里达各自的研究都不例外。科学的过程和步骤应当使我们的工作同这些污染的影响绝缘，但是做不到，当然不会完全绝缘，有时候根本不可能绝缘。我们能了解自己的城市吗？如何使城市越来越好？我们当然能够了解我们提出和回答社会问题时所处的文化和政策环境。我们设计的问题或者我们受委托而设计的问题通常都围绕人们今天担忧的事情。人们的期望直接或间接地影响我们回答问题的方式，同时我们还要用人们熟悉的字眼、以他们更可能明白的方式回答问题。

社会科学家处在政治或学术的肥皂泡中，已有相当一段时间，都是以“自由”或“中间偏左”为特征。可以肯定，肥皂泡内的很多人在培训新手时都强化更自由或更左的世界观。肥皂泡外的一些人也支持这种培训方法。其他意见不一样的人尽力将肥皂泡推向不同的方向。尽管我们非常愿意相信我们工作的环境是适合自己自由思想的肥皂泡，而且我们极力抵制我们不认同的那些保守的世界观，但是这样的想法恰恰使我们看不见我们的有些社会情感真的相当保守。

从某种意义上看，佛罗里达和帕特南都明显符合自由的情感。他们都在尽力弄清楚怎样才能让美国所有不同类型的人生活得舒适，更能产生预期的效果。毕竟，如果美国具有包容性，这些不同类型的人必须都有足够的空间，我们必须弄清楚如何让他们相处融洽。政治思想自由的人喜欢这样讨论。

但是，从另外一个意义上说，这些人所做的研究可追溯至以往的时代，那时官方和民间的领袖忧心忡忡，竭力让新来的人们保持一致。可以回忆一下，我们在本书的前面对20世纪初期城市领导和改革家们的讨论，我们讨论过他们对快速发展的城市是否能够正常运行所产生的关注，因为那时城市有了大量的新居民，包括从美国其他地方迁移而来的人口，还有来自其他国家的大批移民。我们在佛罗里达和帕特南的研究中听到了这些争论的回声。美国人之间如何彼此负责？他们如何严格地遵守先到美国的人设立的规则和先例？这些问题从源头上看比现代社会科学家想象的还要保守。不同类型的人如何严格地遵守旧规则或制定新规则？他们如何想办法齐心协力？毫无疑问，佛罗里达和帕特南对这些问题颇为担忧。

在下一章，我们会看见改革家、城市规划者和政策制定者如何运用科学、用自己的方式来解决城市的人和地方存在的问题。在这个过程中，我们也会了解到人们如何将研究者们讨论的前瞻性的思想和落后的思想融入可行的行动计划中。我们所做的文献回顾，其不可回避的结论是，他们的计划和政策是一项进行中的工作。这个结论不错。这仅仅说明，人们正在处理的问题，与我们为使城市的人和地方比以前更好所谋划的计策相比，一样复杂，一样细致入微。

研讨题

1. 用定量的研究方法更可能解决哪些问题？用定性的研究方法更可能解决哪些问题？

2. 在城市研究中，哪些类型的答案可分别称为“自由的”和“保守的”？

3. 思考任何一个城市问题。倘若你要深信这个问题已经“得到解决”，可以安心地去解决其他问题，你需要列出哪些证据？

4. 我们不能说已经解决了某一个具体的城市问题。这样的态度有哪些政治或科学上的好处？

第九章　改善城市的人和地方

政策制定者、城市规划专家和社会改革者如何尽力改善城市

在人类的建设中，城市是能实际运行的最庞大的事物。但是，在城市以及城市所属的更大的都市区里，有许多部分尚无法妥善地互相兼容或者无法以最高的效率运行。此外，人们在城市里生活、工作，相处并非一直都好。

这种情况不是美国的城市区域独有的，也不是一个新问题。无论何时何地，只要有数量巨大、类型不同的人居住在狭小的社区，这种情况就会出现。有些问题可以补救，需要对城市聚居点的空间布局和面貌进行改变。其他一些问题，本质上主要是社会问题，关系到人与人之间相处的能力，体现在人们非正式的交往中。还有，这些问题还关系到人们在生活及工作场所是否愿意合作。

大的城市区域有许多效率极低的部分，有看似难以相处的人群，因此，处理这些问题花费了许多时间和金钱。在本章，我们会讨论历代社会改革家、城市规划专家、公共政策专家在城市景观方面使用的空间解决方案、解决市民社会问题时采用的办法。

如何使城市的地方和人呈现更好的面貌，实现更佳的效果？我们发现，人们论及这个问题时一直有三个重要的目标。

第一，空间的改变。想成为改革家的人们利用每一项新技术来促进城市发展，使城市容纳市内所有的人。有许多技术的革新应用于地面上和地面下正在建设的项目，通信和交通建设项目，保证人们的日常事务不受损害的项目。有一些质量低劣的建筑物需要修复，自来水系统或排污系统需要安装或升级，环境中的各种危险需要避免或降低危害程度。历史学家和城市规划专家的许多著作已经讲述了这些种类的变化是如何实现的（例如，Glaab and Brown，1976；Schlessinger，1999；Bridenbaugh，1966，1971；Wade，1976；Mumford，1961；Hall，1998）。

第二，社会的改变。改革家们希望人民有更好的行为。为了实现这个目标，他们在规划空间、时机和项目时将那些有可能不兼容的人们隔离开。他们还想出新办法让这些人聚集在某些场合或者参加一些活动，让他们深信他们的共同之处远远超过自己的想象。因此，可以推论，类型不同的人可能学会了互相接受，至少学会了互相包容。一些历史学家也探讨了这些问题，但是与这些话题有关的论著几乎都是社会科学家和关注文化的人类学家在研究过程中撰写的（例如，Lees，1985；Boyer，1978；Cummings，1980；Lofland，1998；Monti，1999）。

还有一个舞台空间，城市的人在这里为更好的合作而操心，忧虑。从本质上看，这个舞台更明显地属于官方或者政府。它涉及人们筹款、花钱来建设、维护自己的城市和自己所在的整个大都市区，他们或者将权力赋予不同的机构并让这些机构保证这一任务得以完成。与市民之间非正式的人际关系相比，城市区域的管理工作更加复杂，可以说，城市区域的管理方式不甚成功。

若干年来，政府以及受政治驱使的非政府组织多次竭力推行一些措施，重组并管理城市区域中居民和商业的公共事务及民间事务。当然，有些措施效果较好，有些不好。要理解这些措施的形成，理解它们为何效果不如预期的那么好，关键的一点是，这些措施的负责人没有走在他们要处理的问题之前。政治科学家和一些经济学家在这些方面做了大量的工作，从来都没有放弃，至少到目前为止还没有放弃。

但是，正如我们在本章结束时所见，他们已经记录了官员们这些年来采取的种种措施。这些官员们的目的是使自己监督下的所有公共机构和政府部门在整个大都市区更好地发挥作用。

第三，人们在处理城市发展中的空间问题和社会问题时不知疲倦地进行试验，试图找到由官方执行又受民间激励的方案，使城市生活更容易得到改善。早些时候，有很多这样的方案产生于民间。随着时间的推移，平衡点转移，更多政府的解决方案受到青睐。但是，在美国历史的各个时期，出现了各种方案和合作项目，用于满足不断变化的城市和大都市区的需要，这些方案和项目都需要投资者、商业主、政府官员和改革家一定程度的公私合作（Holli，1969；Kennedy，1992；Miller，1968；Teaford，1984；Wade，1976）。

致力于其中任何一个目标时，人们常常需要思考或调整另外一个或两个目标的处理方式，这不足为奇。例如，长久以来，西方国家的人就把人们的生活环境与他们在城市具体区域所营造的文化或生活方式联系在一起。他们的劳碌、背后的理念是简单朴实的。这一理念广泛地应用于许多以改善城市的人和地方为宗旨的改革措施、规划项目和政策。如果改变城市某一区域的面貌或者空间布局，那里的居民就会获得启发从而改善自己的行为。城市规划家们有时候将这一论点称为物质决定论：如果人们去一个好地方或者至少是较好的地方生活和工作，他们的行为就会有所提升。该观点提出这样的假设：那些本可以有良好行为的人，若被置于肮脏邋遢的物质环境，就会诱发不良的行为。一个良好的环境可能激励人们变得更好。

我们会看到，在城市规划者和改革家的工具箱里，最重要的工具一直是住房：更多的住房，修建或维护得更好，某些阶层的人更容易购置，有时候位于中心城市但越来越多的是在中心城市以外。住房不足，住房条件恶劣，某些群体的人获得的住房有限，这类状况需要补救。为了城市的居民，也为了整座城市的繁荣发展，这些都是要完成的任务。数量更多、条件更好的住房会造就更好的人和社区。

改善住宅以及改善城市基础设施，这其中应当发生的一切改变，该由谁来负责？谁最有能力使这些改变发生？这些问题必然会产生。在征税和运用税收方面，州政府一直不愿意赋予城市很大的周转余地。因此，城市的领导人不得不千方百计地吸引私人去投资名义上服务于公共利益的项目。以这种方式产生的公私合作的企业为城市做了很多贡献，通常也为投资者赚取了利润。由政府支持的这一类合作项目，目前有许多仍在进行中。但是，我们已经注意到，研究如何改善城市的人和地方，指引各种措施的实施方向，在这一方面，官方的参与者和政府各部门当今具有更大的优势或者态度更加主动。

在 19 世纪，随着时间向前推移，平衡点发生变化，官方的部门以及被选举的官员在社会项目的形成和实施过程中承担了更多、更大的职责。向政府资助的项目转移，人们对此提出质疑，部分原因是，政治领袖们把项目承包给愿意为城市效劳的企业时会从合同中搜刮一大笔钱。所谓的“进步人士”——传统的城市精英和他们的中产阶级支持者们组成的联盟——在 19 世纪晚期 20 世纪早期提出了一揽子的改革方案，旨在减少政府对钱财的挥霍和腐败。实施这些方案需要采取的措施包括：不让社区里的政治仆从去决定如何使用公共钱财，不让他们决定由谁在政府部门任职，而是给市长更大的权力，让训练有素的专家做政府部门的负责人。这些“进步人士”还发起了更大更持久的社会运动，旨在提高市民的道德素养，这包括让他们尽心尽力地去解决酗酒、嫖娼这类社会问题。

向市政府提议的一些结构性改革比道德上的改革更容易被人们接受。例如，有些人事实上可能已经拥有应聘的工作所需的技能，如果进行公务员资格考试，就可以把政府部门的日常管理工作交给这些有能力的人。这就严重地削减了国家机器的能力，使其不能将互惠互利的职位分发给支持者们。

移民法的改变中断了外国人的流动，而这些外国人曾经为了获得短暂或紧急的帮助而投票选举那些由国家机器支持的候选人。大经济危机和第二次世界大战促使联邦政府帮助许多需要帮助的居民，给那些在战争中流血卖命的人提供就业机会，这对国家机器的根基产生了更大的影响。机器政治（machine politics）在有些城市（比如芝加哥）有很强的生命力，另外一些城市的政治组织寻觅到其他的方式，延长自己发挥影响力的日子。但是，正是国家机器的民间运行方式才最终削弱了它的有效性，缩短了它的寿命。城市的机构得到更好的管理，许多需要帮助的市民能够在一个更稳定的基础上得到帮助（Ross，Levine，& Stedman，1991：107～162）。

与本书的其他章节一样，我们仅能粗略肤浅地概述城市政策、规划和改革在美国的发展过程。但是，我们在本章一开始就强调说，人们为了要改善城市、提升市民素质而忧心忡忡，这不是美国独有的现象。有些国家的城市比我们的城市历史更悠久，而有些国家近来才变得更加城市化，所有这些国家的人民都关注城市的各项事宜。

在美国，我们面对大都市区的发展，中心城市的扩张和收缩，即使你从最早的殖民时期的城镇算起，也仅有大约 400 年的时间。我们知道，城市在 1900 年左右初具规模，如果从那时算起，也不过 200 多年的时间。总的来说，我们日复一日地解决城市区域发展过程中出现的问题，而且已经卓有成效。我们将人们向高空安置，往远处分散，让他们四处走动，帮助他们谋生，满足他们最基本的需求，我们做得有声有色。

有一些更好的、运用科技的补救措施，比如改善路面状况，优化电话和计算机系统，这些措施应用于拥挤的城市环境里，是崭新的、振奋人心的应用。其他的技术基本上都是为城市发明的，比如，电动火车代替蒸汽火车，铁铸的大梁，电梯，交通灯，自来水系统，排污系统。为了让城市区域尽可能良好地运行，我们想出了许多方法，这催生了管理人员。这样，我们的技术补救措施就能更有效地得以运用，我们也不至于阻碍他人，烦扰他人，整个大都市区绝不会惨叫一声突然失灵。

聚居点的生活给空间和社会带来挑战。我们在面对这些挑战时所做的一切选择或者以我们的名义让他人做出的选择，其效果并非一直都好，并非人人赞成。这涉及所采取的措施的复杂性、涉及的区域的规模以及每天在拥挤的城市区域里生活的人数和各种活动的数量。但是，我们对城市的人和地方持续不断地感到不安：要处理今天迫在眉睫的空间和社会问题，究竟什么是最好的办法？我们发现很难达成一致的意见，更不用说去推测以后几十年要处理的问题并为之做规划呢！

接下来有两个相关的讨论。人们在论证是否应当以及如何改善城市的人和地方时，呈现出互相矛盾的观点，这是我们首先要讨论的。我们要讨论 19 世纪以前以及 19 世纪早期以来美国的社会改革、城市规划和政策制定中蕴含的思想。在第二个讨论中，我们粗略地描述过去实际尝试的革新种类，更重要的是，要大致描述我们因为对城市聚居点和居民有不同的思考方式而可能忽视的问题。

社会改革、城市规划和政策制定中蕴含的思想

在所有改革运动的最深处，关乎城市的人与地方的规划方案和政策讨论有两个互相矛盾的视角。一个视角是“乐观的”，因为人们相信城市以及生活和工作在城市里的人都有良好的表现。另一个视角则更为“悲观”。站在这个悲观视角的人们往往认为，城市及其市民无论做什么，都无法弥补他们产生的问题。这些都不是新的观点。这些观点的源头都早于我们今天所了解的各城市的创立时间，即使没有提早几千年，至少也提早了几百年。

人们的观点虽然不同，他们对城市运行方式、人们的行为方式以及改善这两种方式所需的一切却有着共同的假设。也就是说，一个地方的面貌（无论破败还是美观）和生活在这里的人的类型、他们的价值观和行为方式之间存在一种联系。在状况好的地方或者在改善了的地方，人们的行为会更好。如果他们必须在邋遢的环境里工作或在破败的社区生活，他们就会有不良的行为。这一思想和我们前面提到的物质决定论相呼应，它在很长的时期内塑造了专业的和业余的观察家们理解城市的居民和地方时所选取的视角。这一思想也影响了我们在改善城市的人和地方时的思考方式，影响了我们能做的事，该做的事，

影响我们如何去解释自己的修复工作为何成功，为何惨遭失败。

更乐观的社会科学家、城市规划专家和政策制定者都重视那些能改善城市各部分面貌及其运行方式的解决办法，认为这会激励人们提升自己的言行举止和环境。由此看，贫困潦倒的个人如果得不到很多帮助，他们相对来说无力改变自己的生活境况。若干年来，专家和社会活动家一直在讨论如何使典型的穷困潦倒的人们参与各种项目，从而使城市更美好。究竟多大程度的参与以及何种参与是最好的，他们在这个问题上摇摆不定，出尔反尔。但是，现代的城市规划家和政策制定者通常认为，某种程度的参与是好的，是正确的。他们为城市设计的改善项目一定会激励那些使用更完善的、新的建筑及空间的人们去提升自己的行为吗？对此他们一直不以为然。他们渐渐明白，人们常常不按照城市规划者期待的方式或者政策制定者希望的方式去使用这些精心设计的空间和地方。

使城市的面貌更好，运行效率更高，即使较为悲观的观察者对此也颇感兴趣。他们真的愿意相信：人们在未来的行为可能比过去任何时候都好。他们只是对这些措施带来的成果持怀疑态度而已。同时，他们对政府花很多钱来研究这些成果也不感兴趣。

我们赞成乐观者或赞成悲观者，这并不重要。重要的是，我们如何将糟糕的地方与穷困潦倒的人联系在一起。我们把城市视为一种比喻，来比喻人们在日益城市化的社会里所有正确的（或错误的）生活方式。

城市一直是一个真正严峻的试验场，因为社会科学家、城市规划家和政策制定者们在脑海里孕育的、旨在改善城市的人和地方的所有出色的主意都在这里得以实践。这些实验的结果几乎都是注定的。专家们的提议可能使城市比以往任何时候规模更大，境况更美好，可能使市民的文明程度更高。或者他们的政策和项目遭遇失败会证明城市为何应当缩小规模，市民为何应当寻找一个更好的地方安居乐业。这取决于你的看法。

悲观者并不认为城市发展的益处能补救城市的空间环境（人们通

常宣告空间环境有了各种轻重不同的“恶化”现象）或者市民的生活和工作方式（这些年来，大多数观察家们都视之为“杂乱无章的”）。出于这两个原因，要解决城市的人和地方存在的问题，悲观者们对于这种可能性持怀疑态度。他们认为，“社会秩序最有智慧、能力最强的组成部分正循序渐进地让位于不断发展的无产阶级”。对“健康、稳定的社区”有利的纽带已经被“削弱”。其结果是，“混乱、无序和丑陋看似在文化领域里猖獗起来”，因为“教会、家庭和邻里社区这些公共控制的力量大面积地遭到破坏”（Lees，1985：143，152～153）。

人们分散在城市里不同的地方，好像难以互相联系，而且更多的成功人士迁移到郊区，城市传统的领导阶层实现他们远大的社会抱负的能力因此受到损害。1987年，威廉·朱利叶斯·威尔逊在他的著作《真正的穷人》（*The Truly Disadvantaged*）中重新认真地考虑了这一推理方法。他在书里提到，中产阶级的黑人从内城的邻里社区迁移出去，给那些留下来的黑人产生了不良影响。总的来说，在人们看来，待在城市里或无法走出城市的男人、女人和孩子都是不友好的，互不相容的。他们很容易引起骚乱，聚众闹事，而且基本上都会惹麻烦。他们很难调和不同的意见，很难为了更大的公共利益做出让步。这些年来，许多批评家以及未来的改革家都是这么认为的（Sampson，2012；Sharkey，2013）。

因此，找到技术上的解决办法或者改变物质环境，这非常有吸引力。人们认为（或者至少他们如此论证），改善城市的外貌和基础设施，可以令那些接触到这些变化的人们更温和，更文明。然而，悲观主义者对提高市民的远景持严重的怀疑态度。但是，他们的推理在某些方面和乐观者的推理相辅相成，这令人吃惊。他们都认为，城市里的人群类型太多。人们不愿意遵循传统的规则或者权威的源头，他们除了关心自己以外，好像并不在乎他人（Monti，1999：92～123）。城市里贫穷的社会状况可能反映在恶化的空间状态上，最破败的社区尤为如此。

你也许认为，对稍微“城市化的”事物或人，那些比较悲观的人都是有抵触情绪的。有些悲观的人可能是这样的，但是大多数可能并非如此。如果任何一个“解决方法”忽视城市领导的传统来源，没有把市场和民间视为寻找答案的地方，那么从本质上看，悲观者对这样的“解决方法”是持怀疑态度的（Gopnik，2010；Cross，1997）。

强调从民间和市场为城市问题寻找解决办法有些夸张，但可以理解。在我们前几百年的历史中，大多数官方的领袖都来自民间。他们看见了城市经济的健康和城市公共基础设施的提高这两者之间直接的联系。与此同时，他们也是城市的精英。他们不会想到和穷困潦倒的贫民代表一起思考如何解决城市面临的问题。穷困潦倒的人们让许多传统的城市领袖紧张不安，而迎合这些穷人的、专业的政治家们强化了城市领袖们精英主义的世界观。

因此，在19世纪，有太多富有的人、社会地位较高的人离开中心城市，迁到偏远的市郊。他们逃避到尽量接近城市的地方，这样他们依然能够享受到城市生活的经济、文化上的优势。同时，他们认为，他们迁移到的地方不可能变为城市，不可能有市中心日益增多的人群类型以及相应的问题。他们错了。

有一些人依然相信并且希望，只要他们将家迁移到远处或者迁入所谓的“封闭式社区”，他们就不会触碰城市问题。但是，在19世纪，富有的市民离开城市后所了解的，和今天那些逃避到封闭式社区、边缘城和“繁荣郊区城”的人们所经历的完全相同。要把郊区的聚居地完全与生活在城市里的人或者城市生活所带来的问题隔离开，这是不可能的。

在这一论证的另一面，是那些态度乐观的人们。他们相信，城市和城市文化的优势远远超越它们的缺陷。那些有才华的人，无论是迁移到城市的还是土生土长的，他们会解决城市的问题。城市规划者和政策制定者能促进城市改善的过程，他们能想出更好的方法去解决城市问题，而且让市民尤其是那些过去可能没有参与政策制定过程的人如今参与进来。这些人中有一小部分代表了理查德·佛罗里达（2002）所称的“创意阶层”，他们会想出办法来解决现代城市区域中人们面对的空间和社会问题，从而使城市大为改观。

乐观者认为，人们会变得更有生产力，接纳更具建设性的城市价值观，从而适应改善了的新环境。还有可能将不同的阶层和群体带入共同的项目中，以这种方式组织市民，增强他们对他人的体恤之心。组织工作的新答案、新方法注定会让一些人不高兴，会产生过渡性的问题；但是人们会适应，会变化。

站在乐观视角的人们有论据来支持自己的主张。他们会指出，这些年，能更完全地参与城市生活的市民数量众多，类型多样，他们运用公共资源，而且公共资源都是“大众化的”。乔恩·蒂福德（Jon Teaford）在1984年出版的《突如其来的成功：1870～1900年间美国的城市政府》（*The Unheralded Triumph*：*City Government in America*，1870～1900）一书中描述了在腐败的政府官员不断遭到谴责的年代，当地政府如何将专业的管理引入城市，如何使不太富有的人们享受必不可少的公共服务。这样的措施也在市民中间促进了“城市复兴”感和“城市依恋”感（Lees，1985：227）。

公共资源的“大众化”或者共享，对各种人群的社交方式、城市生活方式持开明态度，这一切都使得城市秩序更具包容性，坦白地说，更自由。但是，其他改革方面从本质上看是保守的，甚至是专制的。例如，改革家们想象，穷人在“体面”这一公共旗帜下接受物质上的各种帮助，他们会聚集在一起。这有助于他们“不再漂泊，远离堕落”。这还会减轻“社会阶层之间的猜忌和冲突”，有助于促进新类型的“合作和公共行为”（Lees，1985：224～225，230）。

事实上，随着所有改革和社会项目的到来，新的规则应运而生。人们要想获得帮助，必须遵守这些规则。无论这些改革遭受多少质疑，能在多大程度上帮助“外来者”像“自己人”一样生活，或者在多大程度上让“外来者”有此想法，这些都不重要。新的改革使获得帮助的人和给予帮助的人以史无前例的方式互相负责。遵守规则，对他人负责，这是非常保守的念头。这些保守的念头，还有当人们认可“外来者”各抒己见的合法性时脑海里浮现的开明的念头，都完全一样，都交织在政策制定的过程中。在校区取消种族隔离，这一改革措施就是一个生动形象的例子。它显示了人们如何尽力地帮助许多人，但是不能帮助所有的人；白人青少年和少数民族的青少年在学校里而不是回到各自的社区去学习相处（Monti，1985）。

城市的改革运动和整改项目的目标从来都不是为了让所有的城市居民平等相处或互为邻舍。在城市里生活或工作的人们所需要的是对整座城市有共同的使命感，责任感。在有些时间，有些场所，各种族、各民族以及社会各阶层可能会聚在一起，他们互相提醒，知道他们有那么多共同之处。但是，将人们物质上的差异降低到无关紧要的地步，这是改革者方案的一部分。文化的统一性明显缺失，人们不愿意、不可能在一套共同的规则和标准下生活，这使改革者们心神烦乱。人们要学会互相适应，而不是战胜他人。

减少城市里各种族、各民族以及社会各阶层之间物质财富上的差距，而不是消灭这些差距，这是近年来具有创造性的观点。追求平等，无论这种追求多么难以把握，难以实现，它都代表了对改革者们传统的城市使命或者对他们改革方案的重大进步所产生的根深蒂固的误解。人们曾经认为，我们最好不理会人与人之间“结构上”更大的差异（他们有多少财富，他们住在哪里），或者“让市场去解决”这个问题。改革家们试图让不同的人在文化上变得相似。

在 20 世纪后半叶，比较进步的改革家们的理想发生了翻天覆地的变化。他们不再满足于改善不甚富有、贫穷、不受尊重的少数民族占有的无形的空间。他们想按照城市区域的经济、地理优势等级来改变他们实际栖居的场所，同时让他们自己在社会、文化方面“做自己的事”。

今天更多保守的领袖和决策者关注美国文化的不统一，他们呼吁将我们文化的各种碎片拼接回去，这是相当大的讽刺（Murray，2012）。事实上，我们正在接近一个宏伟的文化目标，即将城区里不同类型的人放在同一个文化剧本里。保守的评论家们尚未准备去认可、承认这一点。城市里的陌生人过去曾让我们恐惧，可就在近来他们可能正以欣赏的目光互相仰望，在公共场所正十分默契地做事（Monti，2013）。当美国各群体和阶层中财富与康乐的差距变得更大时，不断增长的文化的趋同共存现象却在这样的时期出现。这真的出乎人们的预料。

城市改革、规划和政策制定之间的联系

19世纪的道德改革运动、城市规划和政策制定受乐观和悲观两种情绪的影响。这些举措的领袖们总体上都来自上层社会，但是他们总是需要和社会地位不高的人们一起合作，出谋划策，将思想付诸实践。中产阶级、工人阶级究竟能在多大程度上参与如何改革市政府、如何提升市民这类讨论，这取决于正在考虑的问题。让穷人中最贫穷的人参与进来，原本想使他们参与到自我改造的过程中，可是这种情况即使有，也很少成为改革的主要内容。

即使在今天，对这些问题进行最深刻讨论的人们很可能是这个地区的商界精英，城市精英，或者来自中产阶级。他们雇用的专业人士以及应召而来的外行的志愿者都有助于塑造旨在解决问题的政策方案。今天，工人阶级以及地位更低的阶层都比20世纪初期更活跃，但是，他们不是改革举措的设计师，他们常常只是这些改革措施和社会项目要改造的目标。

路易斯·沃思说，在那些人口密集的大地方，多种类型的人互相之间近距离地生活、工作，在这样的地方城市生活方式更加突出。城市改革、城市规划和政策上的难题，其中的社会问题均归因于城市人口异质性造成的问题。若要解释人们为何难以有同情心，为何对人和事物难以有忠诚感，至关重要的是要了解城市里许多人如何近距离地生活、工作。城市问题在空间上显现，与之有重大关系的是巨大数量的人生活在极度狭小的环境里，至少和城镇、乡村相比是这样的。

对社会改革和政策感兴趣的人们千方百计把他们的同胞和宗教、家庭之类的传统组织重新联系起来，或者竭力去开拓市民能够接纳的

新礼仪和机构。对城市问题的空间领域更感兴趣的人们最终开拓了一些项目，其目标是一些业已竣工的建筑物、公众可以利用的空间以及人和货物在城市里的交通、运输方式等。

城市规划是一个需要专门技能的行业，是一个过程。它一直比较注重城市改造的空间领域。即使在美国革命以前，城市规划一类的活动和政策的制定一直是城镇、城市建设的一个重要特征。但是，城市建设这一行业是不断发展的工程及建设项目一个必然的延伸，有助于使城镇发展成更大的城市。城市规划有大幅度的发展，得益于 19 世纪前 30 年开始的社会改革运动，因为人们相信，城市在空间上改头换面对其中生活和工作的人们会产生有益的影响。

社会改革应当创造新的项目和组织，为应当接受帮助的那些人提供迫切需要的社会结构，因为他们的生活混乱而且“缺乏社会秩序”。这样，他们的素质才直接得以提高。早期的社会改革家们相信，大部分社会问题都是因为人们道德破产或教育不当而引起的。他们往往认为，家庭面临的问题导致有问题的或“偏离常规的”行为，尤其是孩子和比较年轻的未婚男女的问题。因此，改革家们常常关注如何提高一个社区的组织能力。只有当成立的机构能将有问题的人们吸引到更传统的组织（比如学校）里，城市里的大多数人才能明白如何克服自己的不足。

在 19 世纪前 30 年，受大规模的城市建设和移民的影响，迫切需要改善城市的人和地方这一想法应运而生。到了 19 世纪后半叶，人们已经将工业化视为另外一个不可抗拒的因素，它驱使人们为改善城市场所、提高人的素质而付出努力。城市规划和社会改革最终有资格成为公共政策的要务，也就是说，需要政府参与和干涉的事务。但是，解决这些问题的城市领袖用了大半个世纪的时间才使得政府的各级官员担当起驾驭、改善城市的大部分责任。

对传统的城市领袖来说，其中蕴涵的信息喜忧参半。一方面，上等阶层的人们设法让部分公众——他们的目标受众——参与到自我改造之中。他们实现这一目标的方式是让当地政府承担这些传统领袖已经开拓的许多社会项目。另一方面，上等阶层的人们将市政厅和市政会交给一些他们最害怕、最鄙视的人：移民选举人以及代表他们的腐败政客。地方上的和国家的政客将贪赃枉法和肆无忌惮的犯罪现象带入城市管理和政策制定当中，19 世纪末 20 世纪初的进步运动对此做出了明确的反击。这一运动挑战了所有的商人，因为商人为了获得可带来巨额利润的合同，为不断增长的城市人口提供新型的、扩展了的公共服务，他们会和政客们做交易（Steffens，1904/1969）。

和 19 世纪晚期的进步运动一样，早期的改革运动也是在民间发起的。"道德运动"由富人资助，由志愿者管理，其宗旨是"拯救"穷人和移民，让他们摆脱坏习惯。许多改革运动针对孩子，因为他们的父母可能已经无法拯救。志愿者经营的非全日制项目（比如主日学校）最终都发展为全日制的项目，比如由获得薪酬的专业人士经营的法定的公立学校。

针对孩子的项目有双重目标：尽可能经常地、时间尽可能长地使孩子远离父母及社区内其他成年人的坏影响。对"儿童问题"的最严格、最永恒的解决方法是通过组织将东海岸城市里的孩子送到美国其他地区，让小城镇和农场里的家庭来收养。在 1853 至 1929 年间，通过所谓的"孤儿火车"运送并"安置"孩子的过程至少给 20 万儿童重新分配了住处（Holt，1992）。此类项目的前提是，这些家庭的结构、工作的性质以及小镇生活，尤其是农场生活的自然环境，与原来肮脏邋遢的城市生活环境相比，有助于让孩子过上更有意义、更有品德的生活。

另外，改革举措从来不是为了永恒地、更深程度地减少经济上的不平等，这是需要注意的至关重要的一点。运动、项目背后的理念是：把穷人和移民带进共同的文化之中，也就是说，帮助他们学会如何在现存的经济状况下更好地适应社会。从理论上说，改革家们坚持认为应当使不同社会地位、不同行业的人互相接触。当然，这也不足以使他们实际上在经济或社会上完全平等。其中的假设是，不太富有的人以及移民如果接触比他们社会地位优越的人会从中受益。自上而下、家长式的改革纳入了包容、公共责任感、虔诚等原则。这些原则恰好对商业领袖的世界观来说极其重要（Monti，1999：240～278）。

我们已经注意到，现代改革家的规划是，改变问题较多的市民（即仍在与世隔绝、衰败的社区里居住的真正贫穷的少数群体）的空间状况（比如将他们迁移到郊区），从而改善他们的处境。这些空间的改变能够实现，可是未来的受惠者无法做好充分准备去利用这些变化。更有说服力的事例是，在2008年经济衰退时，许多美国黑人的资金更多被套在自己实际上买不起的房屋上，仅因为这一点他们在财富上遭受的损失更大。这些改革从许多低收入甚至中等收入的少数群体中产生购置房屋的人，结果不仅没有改善他们的物质状况，反而使他们的财富情况更为窘迫，这都不是改革预期的结果。

现代改革家们正在接受19世纪改革家们难以接受的一个严肃的教训。他们最终面临的问题范围太广，而且对富有的人、基金会或者更大的企业来说，代价太大，承受不起。社会改革措施带来的变化，其中一个必然的结果是商人在改革的进行、政策的实施以及城市规划如何提升城市的人和地方等方面所起的直接作用渐渐减少。今天，人们依然向商人和有名望的人求助，尤其是那些城市重建的项目。但是，商人和有名望的人在大多数改革措施的形成或实践中不再具有决策权，说话不再有影响力。有影响力和决策权的是政府。

随着时间的推移，政府各级官员为解决城市弊病而成为制定政策和经营项目的关键执行人。过去由自愿组织单独承担的辛苦工作如今大多由公共机构来承担。城市规划专家、公共行政人员、“社会”科学家、“社会”工作者等全职的专业“帮助者”来补充政府机构的工作。这些专业人士帮助明确问题，找出可能的解决方案，使更多来自公共基金而不是来自私人捐助的项目得以实施。

事实上，地方政府花了大半个世纪的时间才完全参与到各种各样的改革和改善措施之中。这些措施不仅仅是建设更多、更高的建筑物，或建设新的公共空间和基础设施。政府在改革项目中发挥了越来越大的作用，一个必然的结果是：改革和规划措施的地理目标从穷人狭小的窟穴慢慢地扩展到整个城市。在今天，此类解决问题的举措进行的范围扩大至一座大都市甚至一个地区。若改革措施未达目的，这也会加剧城市面临的问题，将这些问题转变成巨大的公共事件。

一直到 20 世纪后半叶，我们才发现城市政策制定和规划措施中出现了一个最后的革新或主题：针对那些受改革影响范围更广的公众，尤其是那些少数群体和经济不宽裕的人们，让他们更积极地参与到自我改造当中。引导这些人参与更近期的改善城市的工作，这在传统上看是“极端保守的”，因为对改革措施比如政府强制性的城市重建项目，本地人的反应都是冷淡的。第二次世界大战以后的城市重建项目是在 1949 年立法时首次提出的，对草根阶层的参与没有明文规定。最终这些项目遭遇很多反抗，人们反抗自上而下的规划，许多社会阶层较低的社区和工人阶层的社区都有这种情绪。从自己的“贫民窟”里迁移出去的不太富有的人们对社区里所发生的事得不到发言权。他们只是问题的组成部分，不是解决方案的组成部分。

这其中的理念是，重建他们以前居住的区域，引入社会阶层较高的居民。这些居民的教育和职业背景与升级的、扩大了的城市中心区正在发生的事情相匹配。改变城市的外观需要在人口的社会性质上发生相应的变化。“物质决定论”和社会改革有了联邦政府的资金支持，就可促使联邦国家更加强大。

仅在 5 年以后，1954 年的“联邦住房法案”开始改变地方居民享受待遇和参与社会的方式。它要求“公民最大限度地、合理地参与”市政府为房产开发而规划的“可行性项目”。1962 年的“交通法”接着要求涉及整个大都市的综合规划必须是“合作性质的”。总的来看，这些举措“为今天的政策规划、公民的参与和环境的正义运动奠定了基础”（Birch，2009：17）。

但是，一种更“进步的”政策规划，即允许本地人追求新的权利和资源的那些政策规划，一直到 20 世纪 60 年代中期才发展成为一项实际的事务。那时，专业的城市规划者和未来的政策制定者受人权运动的启发，使少数群体参与到项目的规划和实施过程中。自那时开始，我们已经知道公众对规划活动参与的数量和种类可以是千姿百态的。它可以是提出或审核论点的公民论坛，也可以更直接地参与实际的制定规划和进行决策的组织里（Kelly & Becker，2000）。不幸的是，我们也知道，如果这些举措遭遇的经济形势比改革家们设想的还要严酷，那么原本要接受帮助的人就要承受失败的后果，而政府在其中扮演了共谋的角色。

20 世纪晚期和 21 世纪早期城市及市郊的规划

今天的规划过程往往在公共舞台上启动，改善建筑物和基础设施，美化环境，还有创造更好的空间供人们使用。而且，重要的是，它应当产生“持续而广泛的民间市场反应”。这基本上意味着**凡事由政府开头，然后跟着跑**。另外，现今的政府越来越多地参与各种城市改革运动，因此还有两个与规划有关的观点非常重要。**首先，成功地改善城市空间未必能解决深层的社会问题**。第二，**城市规划者应该让广大群众更多地参与到规划过程中**（Garvin，2002：1～3；Stoker，Stone & Worgs，2013）。不说别的，单这一点就让更多人为正在进行的项目负责，而且，倘若项目进展不顺利，也有更多人担责。

当然，改善一个地方能帮助解决深层社会问题，这一理念尚未被完全摒弃。事实上，人们仍然设计许多社区的复兴项目，将其作为“社区发展”方案来保护。“物质决定论”不像以往那样在规划行业占主导地位。

同理，商人需要“花钱进入”一个重建方案。商业投资尽管对规划过程非常重要，商人在政策、项目和规划的提案中并不具有唯一的发言权或最终决定权。还有其他人的意见，包括那些收入较低的人群或者少数群体。但是，正如我们上面所说的，对传统规划的实施来说，公民直接的参与是新近出现的一个补充。就主要的机构参与者来说，公民直接的参与是用各种各样的方式实施的，成功的程度不一，责任感也各不相同。

有其他明显的迹象表明，现代的政策制定者、规划者和改革家们已大幅度地减少了他们以往那种雄心勃勃的宏伟计划。例如，我们不再像半个世纪以前那样讨论重建城市完整的析块或者鼓励人们从市中心向远处迁移。不过，我们今天依然鼓励少数民族群体这么做。近来出现了一种有依据的看法，即城市郊区化已经发展到超越理性的程度，产生了地区管理的碎片化系统，空间和资源的利用高度缺乏效率。今天，在人们看来，城市蔓延和市政的碎片化是不理想的，而城市的集中和地区的合作是受欢迎的。

人们对“可持续发展（sustainable development）”和“智能增长（smart growth）”这些术语耳熟能详，这说明了人们关注的对象是什么。今天，城市规划者们更可能谈论某一个项目如何影响一个地区的经济活力以及与社会公平、公正有关的环境和相关事宜，他们这样谈论着，并为之忧虑。他们没有一个精确的方法来给这些术语下确切的定义，但是他们的行为如何影响各种选民和物质环境，他们对这一点非常敏感。倘若人们认为有些政策和措施可能促进更具“持续性”的发展类型（比如，能源的效能，对环境有益的物质，市中心的建设），那么这些政策和措施就拼凑在一起，而且毫无疑问会继续用来证明一种项目比另外一种更具优越性。

通过更好的或对社会问题更有针对性的规划，究竟能够实现多少“社会工程”，这是专业人士颇为关注的另一个话题。现代的专家也许有些过早地开始不相信扩大“中产阶级的文化”会成功地将多样化的城市人口结为一体（Monti，2013）。与此同时，他们依然相信将更多低收入者和少数群体吸引到市郊去生活和工作是一件好事，这有点儿讽刺意味。他们推行这些措施，背后的理念和他们前辈的思想相同：吸引中产阶级、受过高等教育者、白人返回到城市里来，这是改善城市、提升其他市民素质的渠道。不理想的人和地方如果与更好的人和地方接触，就会得到改善。研究如何改善美国种族关系并著书立说的人们有时候将这一思想称为“接触假设（contact hypothesis）”。

城市或市郊的场所如果设计得更好，究竟能实现什么呢？我们能在佛罗里达州的塞拉布雷逊（Celebration）和滨海城小镇（Seaside）这些规划良好的小镇开发项目中看见较为适中的、小型的构想。这些地方的建造方式反映了“新城市主义”的原则。从理论上看，它们应当更经常地将居民聚集在一起，造就一种社区感。私人居住空间和公共空间融为一体，以及“新城市主义者”推行的“细致的设计和公共空间的分配”，依照城市建设者的想象，这些都是市民们进行社交的内在诱因（Talen，2000：173）。

这一方法在一定程度上是可行的。其结果是，人们会更经常地在设计良好的、有吸引力的空间里闲逛，他们能够步行至住处附近几个街区内的购物区，“互相碰面”的机会增多。同时，人们在建造城市时脑海里即使有这些原则，也不能保证住在城市里的每一个人能和他人融洽相处或者永恒地忠诚于所居住的地方（Frantz & Collins，1999）。建设一个新地方或者改良一个旧地方，与提升在这个地方生活、工作或玩耍的居民的素质，这两者之间的关系并不像改革家、政策制定者和城市规划者让我们设想的那么简单。

在现代城市规划、政策制定和改革运动中，我们所看见的那种适中感留下了两个令人尴尬的问题没有得到答案。第一，需要多少类型的人一起生活和工作才能创造一个能独立发展的社区？这是一个实际的、原则性的问题。第二，要实现对社会融合的一种有效的评判方法，更好的平台是市场还是政府？

必须说明，就我们今天对大都市区域运作方式的了解来说，上述两个问题都不易回答或回答得令人信服。接下来我们就讨论如何以有益的方式为这些问题设计新的答案。

说到第一个问题，毫无疑问有这样的情况：拥有较为同质性的人口是不可避免的，而且是明智的；拥有较为异质性的人口不能达到最佳结果。我们只需看看民族聚居地即可知道，无论在美国还是世界其他地方，对一个民族聚居地来说，人口同质性较明显的地方仍起着建设性的作用（Abrahamson，1996；Aman，2013；Stoker 等，2013；Wang，Gleave，& Lysenko，2013；Weck，Hanhorster，& Beiswenger，

2013）。

同时，体验过改革措施（比如，校区消除种族隔离）的人们是否像这些措施的维护者们所希望或者像诋毁者们所担忧的那样受益，这根本不清楚（Monti，1985）。对于那些待在城市里的少数群体来说，如果他们所在的邻里社区再度繁荣，他们是否也会得到提升，这也不清楚（Monti，2013）。

但是，假如我们想鼓励某种融合，来自反歧视行动项目的证据显示，在与我们更好地融合的过程中最需要帮助的人们可能不是那些经常获得帮助的人。在这一方面，公共政策实际上可能使情况更糟（Monti，1997）。另一方面，在过去几十年里，美国许多市郊已经慢慢地消除了种族隔离，一些内城区域已经重建，而且没有逼走穷人和少数群体。这些证据说明，“不均衡的融合”也许可行，而且服务于官方和民间的各种利益（Goodman & Monti，1999；Monti & Burghoff，2012）。

每当官方和民间的领袖们坐下来开始谋划下一轮改革或下一个政策时，无论他们是否意识到这一点，他们都在努力地解决上述这些问题。不管人们认为在城市聚居点实现多大程度的社会融合是可行的或必需的，有两点是肯定的。首先，我们还不知道最佳融合是什么。也许更重要的是，可能有这样的时候：背景、社会阶层、种族或性别不同的人如果没有受到干扰，没有混合在一起，他们的状况会更好。第二，是否必须鼓励不同类型的人和其他人融合在一起，或者在某种情况下才会鼓励他们与其他人融合。这些问题不会留给所涉及的那些人去解决。那些决定会归于有责任的官方或民间的领袖，他们有责任提出下一个最佳方案来解决问题。

我们确实知道，在 20 世纪 80 年代的圣路易斯和 21 世纪初的洛杉矶这一类城市里，低收入的居民开始和本地的开发商商谈“社区利益协议”。这些协议的目标自然是就开发的项目类型达成一致的理解，使之既有益于承建商，也使本地居民受惠（Monti，1990；Saito，2012）。在推行以社区为本的城市规划理念和实践方面，所有这些活动算作小小的胜利。

解决城市问题时，官方和民间合适的角色是什么？

进步时期的改革家们当然有理由抱怨本地政治家和商人之间过分舒适的关系。当时，商人为了获得承建一座大楼或者提供一种公共服务的权利，他们愿意花大笔的钱。撇开腐败问题不说，美国的城市与欧洲的城市相比，街道上（以及地面下）都有了更新、更有技术含量的新事物。可以肯定，市政债务飞速上升。但是，市政服务抵达了不太富有的市民，也走出了中央商务区。

说到打击腐败的市政官员，上层社会的批评家们可能一直处于先锋位置，他们批评大城市的政客以及这些政客在移民当中的支持者们。他们认为自己的利益遭到忽视因而与政府官员较量。在这些人当中，批评家并非是唯一的人群。在《和摩西摔跤：简·雅各布斯如何与纽约的总建筑商进行较量并彻底改变美国的这座城市》（*Wrestling With Moses: How Jane Jacobs Took on New York's Master Builder and Transformed the American City*）一书中，安东尼·弗林特（Anthony Flint，2009）记录了简·雅各布斯如何打败纽约历史上最大的公共建筑商。媒体、邻居以及有同情心的外来者给了她很多帮助，她最终阻止了打算穿越格林尼治村的一条高速公路。

回顾这次较量以及其他类似的较量，我们需要更细致入微地看待摩西和雅各布斯的是与非。摩西本来可能是一个丰碑式建筑的建筑商，他喜欢拆除有历史价值的建筑物，然后用高速路、摩天大楼或高层办公楼取而代之。但是，有一点他说得对：丰碑式建筑能充当精神支柱，能推动周围其他类型的开发项目。雅各布斯知道，你可以与市政厅较量，但是利用公众真的很难。她使这些社区躲过绅士化改造，但是从未弄清楚如何维护这些社区。雅各布斯最终看见，经济条件更好的人开始进入社区，在社区里久住的、状况不太好的居民则被取而代之。

诸如此类的事情和历史先例让我们懂得，在政府和民间对城市问题提出的解决办法中，要说明哪一个是正确的或最好的办法，并给出一个确定的答案，是多么的艰难。一些观察家们实际上想，我们已经有了一个答案，只是我们未必喜欢它。当人们尝试解决城市问题的时候，罗伯特·摩西（Robert Moses）这一类人渐渐获得了给“公共利益”下定义的权力。自 20 世纪 60 年代开始，在民间市场和政治家之间的激烈斗争中，胜者已变成专业的城市规划者和政府行政部门的官员。这些专业人士在法庭的帮助下已经掌握了更多的权力，控制了“愈来愈具有侵扰性的城市开发的规章制度、各种住房和其他开发项目的津贴，而且，更具争议的是，政府取得私人财产并非为了公共用途”（Salins，2009：46～47）。城市规划者的意见慢慢取代了“开发商和消费者”过去在自己所在的大都市区的建设中所做的“形形色色的个人决定”。进步时期的改革家们可能使有专业技能的官僚权力更大，超乎他们的预期，也可能超乎他们的所愿。

另外一个大赢家是自治的市郊。郊区的市政拥有惊人的分区规划能力，它们有权利走自己的路。它们可以限制土地的用途，决定多少土地必须留作住宅使用，允许或禁止哪些商业活动，结果，哪些人受欢迎，哪些人不受欢迎，清晰可见。

20 世纪初期，郊区是位于“城市边界以外的邻里社区或者在城市的边缘兴起的新社区”，有些最终被城市吸收，因此“受益于城市的规划举措——具体地说，受益于延伸的市政道路、排污系统、运输系统、公园和教育设施”。20 世纪 20 年代后，情况发生了变化。在美国东部、南部、中西部许多新的郊区，人们说服所在州的立法机关组织城市与市郊的合并，允许市郊成立合法的自治市。他们“最渴望州立法机关授予他们的权力是……管理土地的使用和开发”。市郊的领袖们“指望靠规划来保护郊区那吸引他们走出城市的、田园般的环境，同时排挤那些接踵而至的低收入或少数群体的家庭”（Salins，2009：47～48）。原工业化时期的城市曾造就的隔离现象如今在市郊又找到了安身之处。

最高法院 1926 年的裁决对现代市郊规划的这种途径提供了便利。1926 年的裁决确定了分区管理的有效性，认为这种方式可以分开诸如工业区和居住区等“不兼容的土地使用”，减轻拥挤，保证建筑的一致性，降低建筑物的高度。这些规定产生了“大片大片的独户住宅”和沿主干道的商业区，几乎没有供多户家庭居住的房屋，供开发的地块面积特别大。这些规定将基础设施的成本放在了开发商身上，最终产生了进一步细化的条例。这些条例规定了高尚社区的风格、面积和房屋的设备（Salins，2009：49～50）。

正是这样的限制（主要由法院、联邦政府和州政府的官员设定界限）塑造了今天公私合作关系的轮廓，使该做的工作得以完成。回顾公私合作关系短暂的发展史，我们就会知道，在城市、城市区域的建设和重建过程中我们一直多么地依赖这种关系，以后又在哪些新的领域里我们仍可能需要它的帮助。

美国的公私合作关系

自美国殖民地的建立开始，就有两个问题一直驱动改革、政策和规划的各项举措。第一个也是最重要的问题：我们如何管理城市的发展与萎缩？第二个问题：我们如何使城市变成可改善的地方，使市民之间更融洽相处？

在解决第一个问题时，公私合作关系一直是一个比较明显的因素。事实上，自 17 世纪开始，在建设或重建城市以及城市外的生活、工作场所时，每一个方案中都渗透着公私合作的关系。历史学家理查德·韦德在他 1959 年问世的名作《城市的边界》（*The Urban Frontier*）一书中明确说明，我们今天讨论的城市建设和重建的几种方法已经存在了相当长的时间。例如，到了 19 世纪 30 年代，高等教育已经成为一个经济发展的工具。建立一所大学并非仅仅意味着你所在的城镇或城市在文化上成熟，发达。它对你所在的城镇或城市长期的经济繁荣来说是一个巨大的投资。其他的投资项目，比如火车轨道、新的邮局或者一座精神病院，可能不像学校那样具有更强的教化作用，但是它们都意味着一个城镇会获得就业机会和税收，而且可能吸引更多的雇主。

因此，城市的领袖们竭尽全力要得到这些项目，千方百计不让同一地区的其他城市获得这些项目。

韦德还说，地方政府一直努力追赶。它们自己从来都没有足够的资金承担大项目，还必须常常向州立法机关求得做某件事的合法权力。因此，做大事时，它们必须求助于民间的领袖，得到资金的帮助。公私合作关系是市政领袖可获得的唯一最重要的工具。在这种关系中，地方政府将权利转让给商人，让他们承建项目（比如一座桥）、开发物业，然后租赁或售出，并从中获得利润。

城市规划的历史表明，“政府和市场一直为城市发展共同承担责任。从最早期的城市开始……到20世纪上半叶，政府一直设计并建设城市的基础设施”。它们也帮助设计并资助道路、排污系统、交通系统的建设。城市中心的大部分土地都用于设立机构或其他明显的公共用途，比如政府的设施、博物馆、图书馆、公园、大学和宗教崇拜的场所。地方政府常常给“私人企业”税收上的激励措施和补贴，让他们在城市的土地上进行建设工作。

即使是充满幻想的城市规划表现方式也“不会无视民间投资，而是与之相辅相成”，例如，丹尼尔·伯纳姆（Daniel Burnham）1893年在芝加哥举办的世界哥伦布纪念博览会上的杰作，它为城市美化运动（the City Beautiful movement）注入了灵感。事实上，此次博览会之后，芝加哥、克利夫兰、圣路易斯、洛杉矶、旧金山和哥伦比亚特区华盛顿等不同的城市都修建了新的火车站、法院大楼、市政厅和其他种类的建筑。这些建筑如同芝加哥世博会上的作品那样，酷似希腊、罗马的建筑风格。这些建筑产生的冲击力是直接的，巨大的。“壮观的公园，庄严的林阴大道，宫殿般恢宏的公共博物馆，图书馆和政府大楼……在全国每一座大城市都掀起了房地产承包和开发的狂潮。”（Salins，2009：46～47）

更大的公共利益和私人的贪得无厌已成功联姻了很长时间。公园就是一个极佳的例子，足以说明这一过程。公园是在两个互相补充的理念的驱动下诞生的。第一个理念：公园会给大城市增添自然的成分。

大自然有恢复元气的能力，拥挤在一起的城市居民均可从中受益。第二个理念：公园的创建蕴含民主的理念，因为公园里让“所有阶层的人都能比较平等地享受花园的特殊待遇”。这两种思想浑然一体，简·亚当斯（Jane Addams）这样的支持者们声称，公园能“治愈疾病”，提供休闲娱乐，对青年人尤其如此，这样“会使城市居民远离犯罪的生活”（Garvin，2002：32～33，35）。

还有人认为，公园会成为一种“至关重要的公共投资”。对公园的公共支出合情合理，因为“这笔钱会刺激民间投资”。在欧洲，17 世纪最早资助公园建设的是贵族，后来由政府出资。“支出这笔钱的具体目标是吸引一个市场（即越来越多的城市人口），接着产生房地产的开发”，也会给城市带来额外的税收。19 世纪早期，伦敦建设摄政街（Regent Street），目的就是把圣詹姆斯公园（St. James's Park）和摄政公园（Regent's Park）连在一起，这背后就是同一套理念。

欧洲和美国的公共投资，构想中的目标各异。“在欧洲，公园被视为城市环境不可或缺的一个组成部分；在美国，公园的存在旨在与城市形成对照，是人们逃避噪音、灰尘和混乱的庇护所。在欧洲，空地是为了满足周围住宅楼内居民的需求而专门设计的；在美国，公园是给广大范围的公众积极使用的。”（Garvin，2002：43，45，47）

欧洲居民对周围的空地有拥有权和控制权。美国不存在这种拥有关系。也许唯一的例外是，1733 年，波士顿公共花园这块土地作为一块“面积巨大的空地”预留了出来，这势必影响了这座城市后来的发展。美国的城市预留了许多尚未开发的空地。城市慢慢成长，人们就可以在空地周围建设城市。这个过程是如何实现的？中央公园就是一个显而易见的例子。当纽约的人口主要聚集于公园南面的区域时，此时，人口开始渐渐北移，住满了曼哈顿剩余的部分。

民间资本的注入和更广泛的公共利益之间的联系在其他类型的开发、重建项目中一样存在。但是常常很难看到，而且一直很难推广。要理解这种联系，我们必须懂得，殖民时期美国的聚居点可能很小，但是，人们预想这些聚居点会变大。也就是说，人们料想它们会变成城市。这些聚居点诞生时，那些签字同意承担经济责任的人们脑海里所想的就是：这些地方会变成商业中心。如果他们的房产周围有更多的商业活动或者更多的人在那里生活、工作，那么他们持有的资产的价值就会上升。有望变成一座城市，这样的小镇首先就是一项投资。

美国革命胜利后不久，即18世纪末，美国就着手开发城镇人口密集地之外的地方。城市向外发展，吞没了郊区。不出所料，市郊首次并入城市。后来，在美国城市化程度较高的东北、中西部地区，市郊坚持不并入城市。在此之前，市郊的开发商有时候会买入地产，因为他们认为城市会朝着市郊的方向发展。另外一些时候，郊区的开发商改善基础设施或者向潜在的客户提供特殊的生活福利设施（费用会转嫁给购买者），等着城里人迁居到他们所在的地方。

市内有类似的居民区，是高档的“私人场所”，是封闭式的，有时四周围着砖墙。早期的这些封闭式社区位于林阴大道旁，比如圣路易斯里面的封闭式社区。在这座城市里，小型的、有围墙的封闭式私人场所在封闭式社区的两边延伸，向东进入城市，向西进入大学城的郊区。其他的城市，比如波士顿，受潮汐影响的沼泽地被征用，填平，这样就可以开发供南区和后湾的居民使用。在这类城市里，当地政府为了容纳更多富有的房屋购买者，他们雄心勃勃，采取措施，增加住宅区。在各种情况下，理念都是一样的。人们想逃避令人不快的城市环境，卖掉不好的住宅，花大价钱搬进环境宜人的社区。

第二次世界大战以后，建筑技术的革新降低了住宅建设的成本，再加上退伍军人获得的抚恤金，这使大规模的市郊开发成为可能。在长岛、宾夕法尼亚州、新泽西州开发的莱维特镇就是这种市郊开发的典型事例。市郊这些新的住宅开发区都在农田上，使第一次购房者能够买到廉价的房屋。这成为开发新郊区的一个模式，在第二次世界大战后的若干年里，美国许多州都模仿了这一模式。

马里兰州的哥伦比亚和弗吉尼亚州的赖思顿（Reston）这两个类似于小镇的新建住宅区都是微型的，是后来遵循莱维特镇的模式建设而成的。它们在某些方面汲取了埃比尼泽·霍华德（Ebenezer

Howard)“田园城市”的理念，这么说，仅仅因为它们是在远离中心城市、在乡村的田园生活般的环境中建设而成的。然而，它们丝毫不像霍华德想在草原、森林、农场上建设的那种“反城市（anti-city）”。它们也没有远离居民区、专门的工业园区。赖思顿和哥伦比亚这些地方有很强的城市特征。它们既有公寓楼又有私人房产，居民区人口的经济状况、种族特征各异，将雇主们吸引到城镇的中心。因此，这些城镇更加清楚地预期了他们规划中的新城市主义的城镇，预期到如何将居民安置在购物中心附近，并靠近花园般的、草坪修剪整齐的公共空间，方便他们社交。

19 世纪末，英国开展了田园城市运动，远离中心城市，在乡村建设全新城镇这种雄心勃勃的计划开始流行。在美国，这种计划在某些市郊的火车站附近悄然兴起，比如，伊利诺伊州的湖林镇（Lake Forest）和河滨镇（Riverside）。这些地方和霍华德的田园城市不同，它们的目标并非要成为由大片农田、农业生产用地所包围的、设施齐全的社区，而是成为芝加哥中上阶层的市郊（Garvin，2002：375～381）。20 世纪早期，还有其他一些新城镇起初作为“假日胜地（vacation refuge）”得以开发，但最终和它们毗邻的城市连为一体（比如，费城城外的切斯纳特山［Chestnut Hill］和洛杉矶城外的贝弗利山［Beverly Hills］）。

佛罗里达州的滨海城和塞拉布雷逊这两个小镇在布局和建设中蕴涵了“新城市主义”的原理，给新城镇的传统增添了科学实验的色彩。“它的追随者们喜欢混合的土地使用模式，他们希望这种模式会使居民紧挨在一起生活、工作、购物、玩耍”，和小城镇、郊区一模一样。但是，源于这些城镇的建设方式，人们很少开车，真正要离开镇子时才使用汽车。它们不像哥伦比亚和赖思顿那样属于小型的城市中心（Garvin，2002：335～337）。从某些方面说，它们更像封闭式社区，有一个小而活跃的零售商业中心（Frantz & Collins，1999）。

20 世纪末，封闭式社区在美国和其他地方越来越受欢迎，尤其是拉丁美洲和南非。这些新建的住宅区满足了高消费客户的需求，让居民拥有极大的个人安全感，成为他们相对稳妥的投资，使他们较少接触其他类型的人。这些社区是排外的居民村，里面是独立的独户住宅，因此不会让人误以为是提供全方位服务的“社区”，比如城市内部那些城中新城的聚居点。它们更像圣路易斯里面建设的“私人场所”，只不过它们位于市郊而已。但是，在过去的15年里，封闭式社区也越来越普遍，即使是那些房屋简陋的新建住宅区或者拖车式活动房屋停车场也如此，尤其是在南部和西南部这些飞速发展的地区，更是如此。

过分拥挤、邋遢、破败和贫穷的地区需要改善，这一理念也激励着城市内部的建设和重建。腾空、清理贫民窟，是这个过程的第一步。在腾空、清理过的土地上重建，是这个过程的第二步，从很多方面看，也是比较困难的一步。公私合作关系在这一步里派上了用场。但是通常在政府发起号召、民间资本得以启动、腾空并清理贫民窟之后，公私合作关系方才发挥作用。

衰败的地区和该地区居民不健康的面貌与社会状态，这两者之间被认定的关系，如同城郊的新建住宅区和城郊居民个人、社会状况的优越性之间被认定的关系一样牢不可破。最早的、大面积重建中心城市的运动所围绕的城市重建项目有两个目标：清除贫民窟；让开发商在腾空的土地上进行重建工作，吸引更多生意兴隆的商业活动和富有的居民。让少数群体和不太富有的人迁走，让白人以及那些受教育程度较高、职业和收入较好的人取而代之，这个过程常常被称为“破败区域的绅士化改造”。

清理贫民窟，要使地方政府和潜在的开发商以极低的成本或者无成本地获得地产，这样他们就会在当时市场价值很低或者没有市场价值的土地上修建房屋。这其中的理念是要吸引外来的投资者，让他们修建各类设施，服务于其他更高级的公共用途。这种想法有时候很有效。但是，很多时候，民间投资要流入城市的重建区域需要若干年的时间。

在美国，对私人财产的合法占用于1887年首次在纽约出现。当时，州立法机关认可占用土地并在上面修建公园的做法。最高法院到

1954 年才作出裁决：土地所有者倘若失职，可以征用其手中的土地，卖给另外一个人。1946 年的哥伦比亚特区重建法案已经先行一步，允许征用“有损公共健康”、“不合乎标准、有损市容的地区”，重新建设，服务于公共用途（Garvin，2002：449～450）。

美国城市重建项目的外观模式滑稽地模仿勒·柯布西耶(Le Corbusier)在他 1924 年的著作《明天的城市及其规划》(*City of Tomorrow, and Its Planning*）里的远见卓识。高层的商业大楼和住宅楼在车辆禁行区连接在一起，车辆禁行区由宽阔的道路和绿化的空间隔开。商品制造和大型零售商店作为一个区域置于一旁。按照勒·柯布西耶的推理，所有的地区都不适于居住，必须用这种方式重建，一直到整座城市重建完毕。

由公共资金支持的大型重建项目被认为可以在城市里创造“无贫民窟的环境”。1949 年联邦“住宅法”的第一条规定，为了使新建项目在资金上对开发商具有吸引力，一个项目的花费和重新卖出的价格之间差额的三分之二由联邦政府资助，地方政府支付差额的剩余部分。1954 年的“住宅法”更进一步，在联邦政府帮扶的、正处于更新过程的城市区域，联邦政府承保银行抵押贷款的金额达到新住宅“重置成本（replacement cost）”的 95%（Garvin，2002：250，254）。与 20 世纪五六十年代所有所谓的“城市更新（urban renewal）”计划一样，有一个重建部门，它征用土地，拆毁建筑物，预备好场地，然后招募开发商为这个地区制定开发计划。在一些城市里，城市更新的工作进展顺利，但是开发商往往需要若干年的时间才会在这些地区开始动工兴建。

批评家们反对低收入的居民和少数民族的居民重置物业，反对关闭许多本地的商业单位。城市更新计划的反对者们说，许多地区看起来可能有些破败，但是它们都是能独立发展的邻里社区（Gans，1982）。起初，市政府并没有帮助搬迁的居民和商铺重新安置在其他地方。1959 年对原法律的修正案要求必须有重新安置的计划，给予搬迁者一些赔偿。搬迁的赔偿金随着岁月流逝越来越多。在 1970 年国会颁布统一搬迁资助和不动产征用政策法案时，搬迁的赔偿金数额巨大，使得大型的更新项目在经济上难以维持。三年以后，尼克松总统终止了对任何大型城市更新项目的资助。

重建中心城市的破败区域，第二个推动力涉及域中新域的建设。中心城市里的域中新域和远郊的域中新域，两者之间的根本差异是，前者看起来更像勒·柯布西耶的“车辆禁行区”。洛杉矶的帕克拉布里亚（Park La Brea）和世纪城（Century City）、哥伦比亚特区华盛顿的五角大楼城（Pentagon City）、纽约布朗克斯区（the Bronx）的合作公寓城（Co-op City），这些都是域中新域的典型事例。人们认为，这些新城区创造了额外的就业机会和税收，使周围的城市受益；它们还会激励周边城市进一步发展，并向附近社区的居民提供他们原本享受不到的服务，比如零售商店、娱乐设施和文化机构等。以这些标准来衡量，合作公寓城、雪松-河畔（Cedar-Riverside）社区和罗斯福岛（Roosevelt Island）均为“一败涂地”。而曼哈顿下城（Lower Manhattan）的炮台公园和俄勒冈州波特兰市的河边区（River Place）可谓是成功的，至少符合这些标准的若干项（Garvin，2002：347～368）。

最后的城市改革举措的主要目标是社区的复兴而不是社区的更新。一些内城的社区得到新居民给予的“绅士化的改造”，这些新居民修复了那些破旧的但颇有建筑意义的房屋，因此这些社区依靠自身得以复苏。还有一些社区有相当悠久的民族历史，那些先来社区里安居乐业的家庭中有了年轻成员，这些年轻人已经改造了社区。

那些有条件复兴的社区和许多没有条件复兴的社区没有退化，没有自暴自弃，而是用较少的资金尽力资助重建的区域，使其复苏，或者在旧城内或旧城附近建设全新的“城镇”。亚特兰大、纽黑文、纽约和圣路易斯这些特色各异的城市都已经和本区的银行、机构密切合作，赞助这些改造项目。加文（Garvin，2002）说：“这些项目涉及抵押贷款的承保、地方的借贷部门、低息贷款以及资本提升项目。”这些项目成功的关键是让本地的机构对社区的再投资负起责任，与相应的社区中的各种组织建立合作关系。当地政府如同在早期城市更新项目中所扮演的角色那样，它们投资于“新街道、人行道、街边的树木、照明灯、学校和其他增添社区魅力的设施”，因而带来“公共领域显著的改观”，同时提升了整个社区住宅的市场价值（Garvin，2002：280～303）。

荷兰和英国的政府也在本国几座城市的码头或往日的工业区里进行同样的投资。也有重要的机构和公司资助这些项目，这一事实使任何重建项目更可能成功地使一个区域恢复活力。这些区域的计划都是非常宏伟的。

> 人们关注复兴计划的运用，去提高整个区域的形象和特征，提供更优质的住房和更高品质的生活，改善社会状况，增强包容性，为新的商业创造有吸引力的场所和条件。（Cadell，Falk，& King，2008：96）

总的来说，人们酝酿这些合作性的重建项目时所考虑的不仅仅是使这个地区的经济得以复兴。他们的目标是提升整座城市，使其更具魅力。

富人使这些重建区域得到“绅士化的改造”，人们对这一点的担忧无论在美国还是世界各地都依然存在。但是，在圣路易斯，五个区都是以这种方式复兴的。既然这是事实，那么那些担忧也就不合情理或者至少是夸张的。经过重建的地区，在重建开始大约30年后，与毗邻的未经改造的地区相比，能留住更多的居民，而且使各种族、经济状况各不相同的人融合在一起（Monti & Burghoff，2012）。

我们在第三章提到，一些内城的邻里社区在“重建”时期经历了一种新型的城市更新。其主要目标是，拆毁第二次世界大战以后为“旧风格”城市的更新而建的大型公共住宅建筑群（Hyra，2012）。批评家们认为，新一轮城市更新的不同之处是，此次搬迁的人们几乎都是低收入的人们。中等收入的黑人能够享受发生在周围的“绅士化改造”，他们的社区成为旅游、文化中心。

更多适度的改造项目取得的成功影响了所谓的智能增长发展计划。总的来说，智能增长项目会刺激现存社区的重新开发，刺激建筑更密集、人口更密集的社区的重新开发。它们也会将社区置于靠步行即可享受社区设施、步行即可购物的范围内，促进土地的综合利用。理想状态下的“智能增长”开发项目提供了多种多样的住房和交通选择，刺激中心城市复兴项目中社区管理权的多样性。当然，成功的“智能”增长开发项目，在人们看来，有一个意外的收获，那就是在中心城市之外保留了更多的空地（Knapp & Moore，2009）。

社会改革中的公私合作关系

我们已经看到，19 世纪民间启动的改革举措在 20 世纪发展成为官方支持、政府管理的社会项目。但是，城市社区除了几座小学以外，由企业和民间自愿组织接管的公共服务或机构数量比较少。私人接管的政府服务（例如，让宗教团体实施由政府资助的社会项目、由企业经营公立学校、使公共服务供给系统私有化）是一种有趣的实验，也产生了许多热烈的公共讨论。

总的来说，在与社会改革相关的事宜中，公私合作关系比以往任何时候都更经常、更持久地发挥作用。改造那些过去被视为不可挽救的、卑劣的人们，从中可以获取什么好处，我们尚不明白。当我们努力重建城市社区时，还没有学会如何应用商业世界里取得成功的策略和衡量标准，去改善愁云密布的城市居民的生活。针对职业培训、反歧视行动、贩毒、枪支控制诸事宜有争论，除此以外，我们很少关注如此多的市民依然不幸福所产生的代价。但是，继续对这些话题进行讨论，我们就会渐渐发现，那些足以让我们担忧和关心的人（比如，需要享受福利的人或者需要补助的贫困家庭［AFDC］① ）数量更多，

---

① AFDC 即 Aid to Families with Dependent Children，指美国联邦政府对有子女需要抚养的家庭进行补助的计划。——译者注

更多样化。

进步主义和21世纪的城市

在19世纪末的美国，城市已变成一道令人瞩目的风景线。城市的规模、数量、工业能力、民族融合、政治结构，再加上劳动力的混乱、沙砾、尘垢、犯罪，这一切使城市成为美国道德戏剧最终的演出地点。如果我们要在20世纪成为一个和睦统一的民族，美国必须驾驭自己的城市，使市民更文明。到目前为止，改革家们提出的举措还不起作用，因此他们需要将自己的游戏推向一个更高的层次。

下一个层次称为进步时期。这一时期一直持续到20世纪20年代，改革家们利用政府的权力去重建城市环境。这些早期的“环境保护论者”在他们升级的改革运动中走向两个不同但是互相补充的方向。他们中的一些人“运用一种强制的、说教的方法”，不知疲倦地付出努力，关掉妓院和酒馆。对于进步时期的改革者来说，妓院和酒馆代表了“城市道德的崩溃和社会的瘫痪”。另外一批“积极的环境保护论者”竭力改善最有问题的市民，同样全心全意地致力于城市的改善事业。他们只不过使用了不同的方式而已。历史学家保罗·博耶（Paul Boyer，1978）说，积极的环境保护论者会“在城市里”创造“一种物质环境，温和而不可抗拒地塑造有修养、有道德、有社会责任感的城市居民”。

博耶（Boyer，1978）说，在他们要缔造的目标城市里，“令人讨厌的行为因为找不到滋生的土壤而慢慢消失”。规划与科学（包括社会科学）不只是研究社会群体，还要“通过对物质和社会环境善意的控制”来控制社会群体。更好的住宅、更多的公园和度假胜地会取代低级下等的酒馆、赌博场所、吸毒窝点和妓院。一座美丽的城市会妥当地处理“丑恶、肮脏和无序”，“肯定吸引更多的顾客和投资者”（Boyer，1978：221，224，264）。

这两种不同的方法“都怀有某种最重要的道德约束的目的：反复

灌输‘更高层次的’个人行为标准，将社会责任置于个人欲望之上，用改革家们自己的形象重新塑造城市的群众”。这意味着改革家们会为城市里的大众提供机会，让他们能够发现自己和整座城市有联系，应当对这座城市有同情心。改革家们以为，随着时间的流逝，人们也会获得一种责任感，去造福于这座城市，维护每个市民的幸福。无论人们的社会地位和背景有多大差别，他们都会更加体贴他人，互相尊重。当然，这一切是一个实际的问题，它意味着要向公众灌输更多的谦卑之心，更加敬重比自己更重要的人物（Boyer，1978：290，254）。

对进步时期的改革以及认可改革的政治家的记载显然是矛盾的。历史学家保罗·博耶（1978：284～291）指出，大众越来越认可城市生活；科学家们认为，人们一直过分地夸大了多种类型的人生活在同一城市里所产生的威胁。人们尚未那么情愿地接受多样性，因此联邦政府不排斥严格限制外国移民的法规。然而，一个国家拥有城市，这并非意味着文明会崩溃，毁坏，人们肯定开始适应了这一理念。

有关城市、城市居民的通俗思想及科学思想均趋于温和化，与此相同，一些政治家为避免外来的坏影响而支持关闭酒吧，封锁边境，这都与进步主义有很大的关系。在进步时期的计划中，旨在改造世界、在道德上进行谴责的那一部分计划，对工人阶级和移民的生活方式进行公开讽刺、挖苦的那一部分计划，最终都失败了。支持关闭酒吧的候选人一度做得非常好，在相当长的一段时间里，甚至想方设法让联邦政府下了禁酒令。但是，像赌博、卖淫嫖娼这些发生在城市里的典型罪恶没有止住，甚至还因为被视为非法的遭到打击而更猖獗。对进步分子来说，禁酒最终成为一个巨大的政治错误。工人阶级不喜欢遭到批评，不喜欢一帮自以为是、唠叨不休的人来管辖他们个人的乐趣。移民中的选民没有忘记是谁竭力阻止自己的同胞（意大利人、犹太人或爱尔兰人）进入美国，是谁限制移民就业的渠道，是谁认为移民头脑不聪明，是谁将移民视为二等公民。

在进步时期“环境保护论者”的言论和改革措施中，比较积极的部分提供的救助多，发出的指责少，旨在催促、鼓励工人阶级和移民改善自己的行为。这部分理念和改革措施实际上比预期的更加成功。城市美化运动给环境保护论者发出的积极信息增添了很大的力量，有助于改造大经济危机前许多美国城市的中心区域，刺激了20世纪后半叶更宏大的重建运动。改善中心城市各大区域，这之间的联系对提高人们日常社会、道德水平来说，希望可能是缥缈的。尽管如此，城市已经变得更好，更洁净。

改革家们希望让城市里的公众相信城市和他们休戚相关，事实上，城市的公众的确获得了在城市里的主人翁意识，能够更广泛地认识自己在追求城市幸福的过程中应当发挥的作用。这一点，也许更加重要。19世纪早期的“福音派志愿者（evangelical volunteers）”开始塑造的跨阶层的联系，在一个世纪以后，在20世纪末的各种邻里社区和城市范围内的重建运动中硕果累累。这也明显地体现在20世纪末美国接待移民时的态度，其中少了许多敌意，而在19世纪末时，移民到达美国时遭遇的是敌对的态度。

到了21世纪，摆在我们面前的问题是直接的，刻不容缓的。我们如何能立足于过去的成就，造就一批新的“进步分子”继续重建我们的城市，继续将更多移民融入改造城市世界的运动中？

如果我们恪守进步时期的基础，我们就要继续依赖商人的领导，依赖市场的权力和综合能力，使城市的魔力变成现实。例如，当代的进步分子会公开支持政府自我重组、完成工作时使用的几种公事公办的方式。其中最重要的是，制定计划，建立政府，管理整个大都市(Phares，2009)。至少从20世纪30年代开始，推广地区管理方式这一理念便受到广泛的争论，这一理念不仅应用于美国，也在墨西哥、加拿大等国付诸实践。它被视为是对市、县、州、联邦官员和机构的多样性的一种理性回应，因为这些多种多样、纵横交错的管辖权和实际的责任常常阻挠对共同问题的协调一致的答复。

当然，官员们不愿意设想自己放弃权力或者与他人分享权力这样的前景，因此，这一理念实施的方式并非特别的雄心勃勃。政府之间达成协议，这是该理念最容易实施的方式之一，它使政府分享服务，从同一来源购买所需物资（Krause，2011）。监督水处理、文化事务、经济发展等具体事宜的地区性机构可能在职权范围上受到限制，但是享受到的优势是能够管理整个大都市区（Hawkins & Andrew，2011）。最困难的变化是将不同的市政府统一在一起，或者创建一个"超级机构（super agency）"，使其拥有有效的权威去处理涉及各级政府的问题，但这种可能性很小。

在政府以外塑造更有效的公私合作关系，还有两条路可走。我们可以在最近崛起的社会企业里以及新近到来的所谓的"双底线（double-bottom-line）"企业里看见这两条路。社会企业家们采用非营利组织的形式，千方百计出售自己生产的部分商品，以求得继续生存，甚至将自己在世界上做更多好事的使命发扬光大。找到一种方式将自己的服务商品化，拓展本组织中的"商业部分"，这么做的不仅仅只有红十字会。今天有很多小型的、本地的非营利组织也在这么做。双底线营利组织做更多的社会公益工作，将其作为企业计划中一个明确的部分。班杰利（Ben & Jerry）公司可能是最大、最著名的双底线公司。但是，今天越来越多的中小型企业效仿它，这些企业有许多都位于我们的中心城市里（Brush，Monti，Ryan，& Gannon，2007；Monti，Ryan，Brush，& Gannon，2007），它们有一个共同点："回馈社会"和十一税。这些举措曾经专属于圣经书社（Bible tract societies）、主日学校和一些大公司。现在人们已经懂得如何将其植入小型企业里。而且，越来越多的城市居民以及城市各阶层、种族、民族团体里的人们越来越了解这些企业的工作。

在重建内城邻里社区方面，公私合作的关系在第二次世界大战结束后不久就开始了，一直持续至21世纪。我们在前面提到，在20世纪70年代，有公司资助、官方支持的五个重建项目在圣路易斯中部横贯东西的走廊开始启动，它们使直接涉及的邻里社区得以稳定。它们比40年前的项目更具吸引力，更加安全可靠。更重要的是，居民人口并不像绅士化改造的批评者想象得那样，会随着内城改造项目而迁移进来。从种族和经济的角度看，虽然所有的种族和阶层并不是平等、均衡地分布，这些地区的整体面貌是各种族、各种收入的人混合在一起的，而这些地区在重建以前并非如此。还有，与这些重建地点毗邻的一些邻里社区的居民人口也受到一些积极的影响。

不管重建项目多么成功、楼房有多好、人们可以分享多少公共空间，任何重建项目都不能保证最后住在重建地区的每个人一直有良好的行为、一直能和他人友好相处。但是，作为重建内城的一个途径，拥有比较适度的规模和比较适度的社会期待，让人们在重建地区生活、工作，这比曾经实践过的大规模的城市拆迁项目前景更好。

早期的改革家们对这一点的理解很正确。你能够改善城市里的场所，为不同类型的居民提供学习相处、适应城市生活的机会。这需要时间，需要很多金钱，但是这一目标能够实现。

研讨题

1. 改善城市的空间面貌和提升市民的素质，两者之间是否有联系？是什么联系？

2. 指出一个城市问题，并简要说明如何运用公私合作的关系来解决这个问题。

3. 指出解决某一具体城市问题所使用的一个具体的解决方法，并说明这一方法带来的一些始料未及的后果。

4. 请描述政府如何干预某一具体城市问题的解决方式，如何将策略和目标结合起来，既吸引“开明的”改革家，又吸引“保守的”改革家。

网络资源

http：//encyclopedia. thefreedictionary. com/Inner+city+decline

http：//www. lincolninst. edu/subcenters/making-sense-of-place/cleveland/

http：//www. allacademic. com/meta/p _ mla _ apa _ research _ citation/2/0/2/1/5/p202150 _ index. html

http：//www. citymayors. com/index. html

http：//www. citymayors. com/sections/society _ content. html http：//usmayors. org/usmayornewspaper/documents/07 _ 26 _ 99/atlanta _ reserved. htm

http：//www. good. is/series/urban-renaissance

http：//ipsnews. net/news. asp? idnews=44645

http：//ipsnews. net/news. asp? idnews=45083

http：//ipsnews. net/news. asp? idnews=46217

http：//www. nytimes. com/2008/12/03/business/03columbus. html? emc =eta1

第十章　拥抱城市的人和地方的文化

社会分析家和哲学家看社会的方式不同，而这两种方式出人意料地互为补充。人们会选择相应的词汇去描述相应的立场。蒂利（Charles，Louise，& Richard Tilly，1975：1～11）在大约40年前使用的词汇在当时就非常奏效，至今依然颇具意义。他们将这些看法归为两类："崩溃（breakdown）"理论和"团结（solidarity）"理论。

有些学者认为，世界正走向分裂。在他们看来，人们业已建立的机构、风俗、标准、习惯、价值观和信仰已严重地分崩离析，可能无法挽回。他们认为，在这种情况下，人们会互相斗争或者因为害怕斗争而互相躲避。无论产生哪种后果，都会使他们生活的地方在文化上急剧恶化或者进入几乎持续不断的动荡和不统一状态。

马克思主义者说所有的社会都有内在的压力和社会阶级的区分，他们极其关注这些内在的压力和社会阶级区分。在他们看来，重要的是，人们围绕这些压力和社会阶级区分形成各种组织并展开斗争。他们同时还认为，在所有这些斗争和不统一中会产生更新的、也许更好的东西。后现代主义者们可能是"崩溃"理论家更好的例子，因为他们相信，协调一致的文化，有效的社会秩序，这些想法都是虚构的，至少是极其夸张的。

"团结"理论家们更加充满希望。他们认为世界是一件作品，尚未完成，但是从根本上看已安然无恙。我们和 19 世纪的先辈们一样，可能都不相信人们做的所有工作会以某种方式带来比以往更好的结果。但是，这些理论家不相信世界如此畸形、破裂，不相信人们必须要拆毁一切，从碎片中从头再来。在日常生活中创造世界、使世界运转的人们没有必要一直用同一个方式相处或看待世界。当然，有些理论家坚持认为确实有这个必要。然而，在理论家看来，大多数人在大多数时间里都能友好相处，能立足于祖先留给后人的传统之上。

在城市研究者和理论家当中，社会学芝加哥学派的成员和人类生态学家是城市社会"团结"理论这一研究方法最好的代表。无论去描述大都市区的成长还是分析具体的社区或"亚文化"群体，他们一直以来都参与旨在改革的项目。人类生态学家习惯于观察所有人口的适应性绩效（adaptive accomplishments），他们尤其善于观察社区长期的发展能力。经济增长以及人口和周围环境之间的"合适性"，这是他们描述社会进步时借用的语言。"更多"未必就是"更好"。（这是人们关注发展中国家正在"过度城市化"时所担忧的：城市里人口太多，但是基础设施太少，工作机会太稀缺。）但是，对过去的"进步"所做的最基本的、粗略的估算意味着当研究者寻找证据说明一个民族和他们的城市发展良好时，他们会选择哪些因素。

社会的成就和"文化的"进步是完全不同的事。19 世纪、20 世纪的改革家的社会日程有双重目标：使新来的人和陌生人更好地融入社会，同时改善城市的外貌，使城市外貌的改变激励人们改善自己的行为。激励人们"有更好的行为"，这要通过创造全新的风俗、组织和事件来完成。有了这些新的风俗习惯、组织和事件，新来的人和陌生人可能走出自己的小群体和亚文化世界，而从总体上渐渐地更加认同这座城市。为了激励人们"有更好的行为"，必须鼓励他们遵从城市里已有的高层领袖和那些更有成就的人民，使他们成为领袖们建立的所有新机构（比如，学校、图书馆、公司）中顺从的顾客。

生活状况较好的市民所关注的一切是他们应当关注的。当查尔斯·蒂利、露易丝·蒂利、理查德·蒂利区分“崩溃”理论和“团结”理论时，他们尽力去理解 1830 至 1930 年间德国、意大利和法国经历的一个非常叛逆的世纪。其主要目的是要弄清楚已经司空见惯的集体行动的非常规形式——暴乱、斗殴、罢工等——是如何在施暴前后融入人们日常事务的常规形式里。这几位学者影响了 19 世纪、20 世纪社会理论家的研究，也同样影响了那时以及现在的研究者、改革家和社会哲学家试图理解城市聚居点和市民的方式。原因很简单。姓氏为蒂利的这几位学者研究的是一个历史时期以及一些国家，这些国家经历的动荡不安也同样激励本书中重点提及的城市社会学家的研究激情，也影响了他们的研究和著述。

本书的作者或者指出几位蒂利的纰漏之处，或者修正他们的观点。我们认为，对于城市的人和地方来说，有些人持乐观态度，有些人则持悲观态度。我们在下面重新阐述我们对于这些问题的立场，这样你就能发现几位蒂利的观点以及我们在本书中的观点这两者之间很强的相似之处。

> 乐观的看法：城市是发展、文化创新、个人自由和集体成就的中心。它们吸引各种各样愿意打理自己事务的人们，并把他们留下来。与此同时，当比较传统的思想、行为方式行不通或者在人们看来不必太严厉或者太烦人时，城市会产生新的解决问题的办法。

> 悲观的看法：城市在空间上是分裂的，过度拥挤的，正在恶化的。在城市里生活、工作的人们因为这些状况而走下坡路。因此，城市的生活只能描述为“无社会组织的”。人们应当互相提防并遵守规则。每个人都能生活在城市里，这使人们几乎不可能创造一种人人均可以遵守的文化或社会方式，更不用说热烈拥护了。

对城市的人和地方持更**乐观的看法**，这和蒂利们喜欢的“团结”

理论是一致的。他们认为，分析家们喜欢草率地将某些种类的集体行为视为暴乱和无秩序，而这些集体行为和那些更传统、更守规矩的行为一样，都来自同样的地方——同样的风俗习惯、规范、群体或组织。他们的立场是：我们如何理解更典型、更传统的思想和行为方式，我们也可以以同样的方式去理解新的、令人迷惑的甚至相互冲突的行为。

悲观的看法和“崩溃”理论完全一致。在19世纪、20世纪，目睹民众骚乱、社会动荡的许多观察家们都喜欢“崩溃”理论。从这一视角看，市民用行动来发泄情绪——而且是坏情绪——因为他们紧张、焦虑，他们生活、工作的环境恶劣，所以大多数人被迫行为不良或自残。非常规的思维、行为方式与正常人常规的思想、行为方式毫无共同之处。你需要一整套迥异的词汇和“理论”去描述、理解它们。

城市分析家、改革家、城市规划家和政策专家在工作中都汲取了上述两种知识分子的传统。当他们在论证城市的人和地方有严重的问题需要立即关注和补救时，他们就使用悲观的语言和描述。当他们描述自己提出的措施有益于接受帮助的人和地方时，他们就会使用比较乐观的说话方式，双手交叉，朝天祝福，恨不得连双脚脚趾都交叉起来真诚地祝福。当然，有些人是强悍的、打不垮的乐观主义者。但是，如果你往本书前面看，回顾书中呈现的所有理论和研究成果，你就很难相信社会科学家、哲学家、改革家、城市规划者和政策制定者对城市的人和地方的前景乐观的成分大于悲观的成分。

我们懂得其中的原因。我们在本书中说过，我们的理论和研究追溯至北美和欧洲19世纪的城市，那时它们正经历史无前例的、仿佛失控的变化。人们有理由惶惑不安，忧心忡忡。他们所了解的唯一的世界正遭到颠覆，发生翻天覆地的变化。他们目睹周围发生的一切，而且眼前正在发生的事情都使人沮丧，让人焦虑，此时他们无论多么努力地满怀希望，眼前的现实也会冲淡他们乐观的精神。

第二次世界大战以后，城市聚居点所经历的空间和社会的变化使人们产生了同样的忧虑，也使社会科学家们提出了同样令人沮丧的评论。过去，城市的人和地方的前景看似不美好。如今，前景依然看似不美好，当然这取决于你考察哪个方面。在美国南部和西部，城市的规模和数量急剧增长，郊区迅速增长，老城市经历去工业化，去人口化，中央商务区明显扩大，人口重新涌入，这些信息已经很难消化，更谈不上理解。在 18 世纪、19 世纪的城市里也发生了同样剧烈的变化，同样难以了解、管理、理解。我们的悲观主义建立在严酷的事实之上。

我们今天的**城市化**故事和 19 世纪思想家们描述的**城市化**故事，这两者之间最大的区别是我们还处于挣扎时期。我们知道，19 世纪的城市经历了挣扎时期，状态比预期的要好得多，它们没有崩溃、瓦解或者从裂缝处破碎。事实上，它们有很大的增长和进步。乐观主义者当然能够指出许多令人满意的事实。但是，悲观主义者讲述的警世故事也有足够多的事实作为依据，让包括大多数社会科学家在内的很多人都深信，人们在 19 世纪的城市里所发现的一些严重的问题并没有得到令人满意的解决。

有一些问题，至今好像仍无人知道如何处理。在这些问题中，最严重的是经济投资的大规模减缩和人口流失。20 世纪后半叶，美国东北部和中西部许多老城市都经历了这些问题。这么多外国人涌入一直在成长的老城市，这一挑战与 19 世纪和 20 世纪早期一样严峻。今天外国的劳动力使美国城市、市郊、城镇里的劳动力变得更加廉价，使他们无法在制造业里找到工作。没有人能够确切地描述这些人面临的窘境，更谈不上想办法解决他们的问题。

在今天不得不讲述的故事里，有关**城市性**的那部分故事即使没有保留 19 世纪分析家、改革家和哲学家在著作中首次描述的所有漫无边际的成分，但也保留了不少这类成分。更重要的是，我们几乎没有提供什么积极的故事情节去对抗我们仍在讲述的城市生活负面的故事。我们的最大成就是：没有把坏消息说得像前人说得那么恐怖。用这样的标准去判断，城市的居民没有科学家和理论家们所想的那么互相疏远，冷酷无情，不善交际，不合作，不负责任。

话说回来，情况也不是积极的。只是没有人们所害怕的那么消极而已。毕竟，我们的有些城市有太多人口（或人口越来越少）；在我们的社区居住、从事商业活动的人们，符合我们需要或意愿的那类人的数量还远远不够；我们不愿意与之打交道的那些人好像不愿意离开；外国人，他们的长相、语言跟我们的祖先不一样，他们在数量和能力上远远超过“土生土长的”美国人，他们不愿意学习英语，不愿意接纳我们的风俗习惯，不愿意拥有我们的价值观。面对这一切，很难想出一个更加合意的、结局幸福的故事情节。

本书叙述的不同学派的社会科学家们在两点上达成了共识：城市里各种场所目前的状态，在城市里工作和生活的人所经营的城市目前的社会状态，这两种状态都不甚好。这些研究者和评论者仅在两点上意见不同：城市世界是如何变成这样的；当前如何解决城市世界面临的所有问题。

我们讲述的故事，内容是美国城市中的地方、美国城市的社会状态。如果这个故事重新想象为汉普蒂·邓普蒂（Humpty Dumpty）①悲伤的故事，芝加哥学派的社会学家就会说，汉普蒂过去相当结实，但是在他从墙上跌下来之前就有了严重的裂缝。他们已经尽力地警告每一个人说，这只蛋会掉下来，会摔得不轻，但是好像没有人知道如何加固他，让他不要跌落下来。既然他摔下来了，改革家和他们的科学家/分析家/技术专家构成的同盟都信心百倍，认为自己能够找到妥善的办法，将汉普蒂拼成原样。而且，有了他们的良好的工作，这只老蛋会比以往任何时候都安然无恙，容光焕发。

有些学者提倡马克思主义，无论他们提倡的是比较温和的版本还是比较强硬的版本，他们都会说，国王使汉普蒂·邓普蒂有了裂缝，

① 汉普蒂·邓普蒂是一首童谣中外形如鸡蛋的巨人，从墙上摔下来，跌得粉碎。这首童谣是：“汉普蒂·邓普蒂坐在墙头，汉普蒂·邓普蒂摔了个大跟头。国王所有的马匹，国王所有的手下，无法把汉普蒂拼回原样（Humpty Dumpty sat on a wall. Humpty Dumpty had a great fall. All the kings' horses, And all the king's men, Couldn't put Humpty together again.）。”——译者注

跌落下来几乎是不可避免的。一方面，他们无法想象有人为何试图将一只破碎变质的蛋恢复原样，而且当国王的手下使出浑身解数也无济于事时，他们也觉得这不足为奇。另一方面，国王的所有臣民当然能够制作一只更好的蛋，会比国王从墙沿上推下的那只精美得多。

后现代的思想家们会论证说，压根儿没有那只蛋，或者在墙头上摇摇欲坠的只是一只蛋的拙劣赝品，这很可能就是它摇摇晃晃而后跌落的原因。既然汉普蒂·邓普蒂从来都不是完整的，那么任何试图将他拼回原样的想法都毫无意义。他注定要散落一地。

社会会崩溃，走到糟糕的尽头，或者有一个全新的开始，或者不得不进行大规模的重建。这一想法就是 19 世纪一个寓言故事的新版本。无论今天谁来讲这个故事，这个故事的寓意就是，你会摔得粉身碎骨，但是可以治愈；有人会把你从很高的地方推下去，经过医生的治疗你会认不出自己，或者你最终成为一堆黏糊糊的碎骨烂肉。这个故事没有留任何余地让这次跌落不可能发生、不必要发生或让你觉得这个摇摇晃晃的“社会”的缔造者是称职的。

本书的作者从一个不同的角度看这只蛋和他的命运，我们想论证说，汉普蒂比许多人想象的都要结实，更有韧性。因为煮得太老了，这只蛋才有了裂缝。所以，即使他从墙头滑落下去，这样的跌落很可能不会导致他残废或毁容，更不可能要了他的命。他会想出自己需要打什么补丁，修理哪些部位，也许依靠自己就能做好大部分的工作，然后回头谢谢你。毕竟，他是一只靠奋斗而成功的蛋。

从“文化”的视角看城市现象，不会漠视某一社会或聚居点存在的问题，也不会轻视首先创造社会或聚居点的人们所具有的建设技能和将东西恢复原样的能力。从一代人到另一代人，从老居民到新来者，很多财富代代“相传”。社会学家所说的“结构”——所有的机构、群体、商业模式、社交手段以及统治方式——不是在一天内出现的，也不会在一天内终结。祖先留给我们的一些东西运行得依然很好；另外一些东西可能没有以往那么有效。我们运用价值观、信仰、见解、规范、社会习俗、符号表征等“观念”来指导、解释我们的行为，我们甚至鄙视这些“观念”，然而这些观念有些依然很好，有些已不甚奏效。

我们的城市、市郊和城镇是前进中的工程。我们营造的生活方式也是如此。从文化的意义上看，我们注定要自言自语。我们每天重新讨论我们自己，提醒自己我们是谁，有些时候我们经过缜密思考后大声地说出来，在大多数时候我们没有慎重思考。祖先留给我们的东西，我们重新加工、修修补补，尽力完成他们开启的事业，有时候感觉被迫承认适合他们的东西对我们不再奏效。在任何情况下，结果都是我们每一天都“在场”“重新”去建设，重新建设同样大的城市场所，去营造并重新营造同等分量的生活方式。

在我们生活和工作的世界中，祖先流传下来的部分和人们当场重建的部分在中途某处或者无论在何处相逢，相逢之处就是利用“文化”视角去理解城市的人和地方时占据和想要占据的学术空间。即使这一视角带有偏见，这个视角所蕴涵的思想可能会引领我们看见连续性和互利性，而其他观察家们正是在这种连续性和互利性中寻找巨变和冲突的。我们看世界时戴着的眼镜不是玫瑰色的，也不是黑色的，更不是有裂缝的。我们喝水用的杯子所盛的远不只有半杯水。

适于研究城市的人和地方的自上而下、自下而上的一种研究方法，不难列出它的基本元素一览表（Borer，2006）。这些元素包括人们为自己的城市创造的、与自己实践的生活方式相关的神话、叙事和意象，还有他们如何看待社区里各个角落的人对这些思想理解、接纳的方式。还会有一些研究关注具体的小团体和具体的阶层如何构建一种身份以及这些身份如何交错重叠。（在这些研究看来，人们之间的相似程度远远高于他们的差异之处。）最后，会有一些描述，说明人们的行为方式、他们所属的团体以及代表他们的组织是如何运行的。

既然在文化领域的各个部分都有社会学家在辛勤地工作，那么很难想象一种文化视角的所有因素可能归于一个研究领域或由某一位学者独自担当。我们在这本教科书里没有试图这么做。

我们一直努力让学生了解融入城市、市郊、城镇居民的生活方式的一系列文化习俗。我们还说明，这些文化习俗“稳定地存在着”，而且造就了一种生活方式。生活在城市、市郊、城镇的人们能够学会这种生活方式而且在长期的生活中为之添枝加叶。

你在这本书的前面了解到，已故的政治科学家诺顿·朗（Norton Long，1958）坚持认为，城市里的每个社会群体都有自己的游戏及其规则，但是每一种游戏并非孤立地进行。人们在合作中玩不同的游戏，而且常常一起玩游戏。杰拉尔德·萨特尔斯（Gerald Suttles，1972）在著作中提到的“责任有限的社区”可能正是以这种方式互相交叉，协同合作。

像咖啡屋或酒馆这样的小生意（Oldenburg，1989；Milligan，1998；Borer & Monti，2006）不仅是商家挣钱的场所，也为人们提供了场所，让他们传递社区信息，接触不同社会阶层或团体的人。像棒球比赛这样大型的商业活动在球场进行，更大数量的、互不相识的人们能够聚在一起，互相陪伴。体育场是社区酒馆和咖啡屋的一个更大的版本。来自城市的不同区域、不同社会阶层和种族的人们能够在这些场所和空间聚在一起。他们不必成为这些场所或空间的主人就可以分享这些地方。

城市、市郊和城镇为不同种类的人提供了许多观察和互相学习的机会（Monti，1999；Macgregor，2010）。窍门在于弄清楚你不认识的人玩“游戏”的方式，他们喜欢使用的规则如何融入你的游戏，以及你所使用的讨人喜欢的游戏规则。其结果是，对这一特殊技巧的文化学习过程需要相当长的时间，迫使人们去接受或至少能和表面上不相容的原则共处，有时候相当不容易，但是最终会有非常好的效果（Monti，1999；Monti，2013）。

反城市性仍影响学者们看待市民的文化工作时采用的视角，也可能影响他们忽视市民的文化工作时所持的态度。本书的作者博雷尔曾在一篇文章里回应反城市性的影响，他这样说：

> 在美国的城市里，市民的文化已经构建且仍处于构建过程中。

它既不是自由的也不是保守的，而是一种杂交的文化，是个人和群体文化的集锦。而且，即使社区是集体的成就，这并不意味着每个人在做决策时起同样的作用，也不意味着每个人一直以完全同样的方式践行这些决策。因此，城市文化是不断变化的……而且城市居民（也）会改变自己的思维和行为方式，只不过往往会保持在他们可忍受的范围内（Borer，2006：186）。

美国人建设的社区有许多自相矛盾的特征，对此人们已经学会容忍，甚至欣然接受。对城市的人和地方所做的研究也同样有许多自相矛盾的特征。

研讨题

1. 理解城市现象时所使用的“文化的”、“生态的”或“马克思主义的”视角，这之间有什么相似之处？

2. “后现代”视角和“文化”视角之间有什么相似之处？

3. 借助于本书提供的有关城市及其生活的所有论据，你更认可乐观的看法还是悲观的看法？为什么？

4. 我们所认识的城市化和城市性，这之间有多少共通之处？

术语汇编

Alienation 隔离	一种与他人保持陌生、不联系的状态。这源于一个人的工作和一个人的“自我”。
Anomie 社会道德沦丧	社会标准或规范在社会、社区或群体中缺失或沦丧的状态。
Assimilation 同化	族群或其他少数群体或个人改变自己的习俗从而遵循主流文化的过程。
Authority 权力机构	指已经制度化的、受到认可的、有权力的机构，而人民（即它实施权力的对象）未必接受这一权力机构。
Biographical Strangers 不知身世的陌生人	互相不了解或者从未谋面的人。
Bourgeoisie 资产阶级	在资本主义国家拥有生产资料和分配方式的人。
Built Environment 建筑环境	构成城市的人造物体或实物，比如建筑物、街道和人行道。

Bureaucracy 行政系统	一个官方的组织，拥有实现高效率并使效率最大化的规章制度和等级划分。
Capitalism 资本主义	一种经济体系。在该体系中，经济生活的绝大部分，尤其是商品生产的拥有和投资，都是由私有实体在竞争过程中通过成本最小化、利益最大化来实现的。
Central Business District (CBD) 中央商务区	一座城市的商务、办公、交通和文化中心，该中心的土地价格在这座城市通常是最高的。
Chicago School, The 芝加哥学派	20 世纪初来自芝加哥大学的一批学者。他们对芝加哥定性和定量的研究以及相关的理论成果，对于城市社会学作为一个重要的学科分支这一定义起了一定的作用。
Citizenship 公民（市民）身份	一个人在自己的出生地或在生活、工作的社区所拥有的正式的成员资格。
City 城市	人口成分混杂、人口密度相对大、面积比较大的一个地方或聚居点。
Civic Association 公民协会	由个人组成的一个自愿组织，他们对社会和文化有着共同的兴趣。
Civic Engagement 公民参与	人民在民主社会里行使权利、履行义务的方式。
Civil Society 公民团体	存在于国家和市场之间的、自愿活动的领域，包括家庭之间和社区的协会、其他非政府协会、经济领域以外的公共机构。
Class 阶层	同一种类型的人，其数量很大，存在于一个具有社会分层的社会体系里。他们有着类似的财富、收入、声誉和生活机会。

Comparative Urbanization 比较城市化	是一种研究方法，取代了将城市分为“发达的”或“发展中的”那种有限的研究理念，从而在全世界的城市中竭力挖掘城市的共性。
Community 社区、社群	指一种持续的社会凝聚、交往和组织的形式（积极的，当然未必是积极的），它在更大的社会和具有相似特征或属性（例如，民族性、地域、信仰）的个体之间存在着。
Creative Class 创意阶层（创造性阶层）	拥有大量“文化资本”的群体，他们往往在艺术和科技领域里工作。
Crime 犯罪	触犯法律和规章制度的行为。公认的权力机构将会对这种行为依法实施惩罚。
Cultural Strangers 文化陌生人	来自不同符号世界或文化的人们。
Demography 人口统计学	对人口的数量、构成、增长和分布情况所做的研究。
Deviance 偏离常规	一种违规的举动，它违反一个群体、社区或社会相对的行为标准、期许或信仰。
Disorganization 解组，混乱，无秩序	没有能力制约与社区或城市价值观不一致的行为和活动；生态因素和社会结构状况可导致社区、城市之间犯罪率的差异。
Division of Labor 劳动分工	将专业化的任务和工作委托、分配给社会中具体的个人、群体、工种或社会阶层来完成。
Enclave 聚居地	隶属于某一具体地方（比如一个邻里社区）的一个居住区。它通常拥有为数众多的商业单位和其他机构，特别为了满足居住区内居民群体的需求。

Entrepreneurship 企业活动	新观念、新办法的实施或者新旧观念、新旧办法的结合。
Ethnicity 族群性	语言、宗教、物质文化（比如食物和服饰）、文化产品（比如音乐和艺术）反映出来的共同的生活方式；它常常是社会凝聚力和社会冲突的一个关键性的根源。
Ethnography 人种志	对自然环境中社会群体的研究；它依赖参与性观察（participant observation）和实地考察。
Family 家庭	有血缘、婚姻或收养关系的一群人，他们有繁衍、赡养社区或社会成员的基本义务。
Feudalism 封建主义	有中世纪欧洲和其他前工业化社会特征的社会体系，以贵族和农奴之间相互的义务为基础。
Gang 匪徒	拉帮结派的一伙人，共同从事可能触犯法律和制度的一些活动。
Gemeinschaft 礼俗社会	德语词，指融洽的社会关系依赖共同的传统和价值观这一理念。
Gentrification 破落地区的绅士化改造	社区或居住区旧房屋的改造过程，其结果往往是房租升高，以前的租户没有能力再居住下去，只好搬迁。
Gesellschaft 法理社会	德语词，指没有人情味儿的行政机构、契约性协议所代表的社会关系，而不是指依赖姻亲、家庭纽带的友好随意的关系。
Globalization 全球化	指国与国之间经济、政治、文化关系在全世界范围内、在多数情况下不均衡的发展模式。

Human Ecology 人文生态学	研究人与他们的空间环境、物质环境之间的相互关系。
Immigrants 移民	在非出生国定居的人们。
Industrialization 工业化	使专业化生产和非农业生产的人口迅速增长的一个过程；它使更多的人居住在工厂附近，也使更多的人依赖机械生产的商品、机器提供的服务。
Inequality 不平等	在积累财富、享受教育机会和文化活动方面存在的差异。
Kinship 亲属关系	通过共同的祖先、婚姻或收养将不同的个人联系在一起的社会关系网络。
Mechanical Solidarity 机械团结	最低程度的劳动分工产生的社会凝聚力。不同的个人所从事的劳动种类差别甚微。
Megalopolis 特大城市	城市、市郊和城镇合为一体，因而构成连续、蔓延的城市聚居点。
Migrants 移民	人们为了获得工作机会从一个国家或地区迁移到另一个国家或地区。
Neighborhood 邻里社区	居住毗邻的人群，他们有着相对稳定的社会交往。
New Urbanism 新城市主义	涉及城市、城镇和社区的一种理念，旨在减少交通和城市蔓延、增强社会交往与互动。
Norms of Reciprocity and Mutual Trust 互惠与互信的准则	社区的成员有着共同的期待，也就是当帮助他人时，他们所做的好事在未来某一天会得到回报。

Organic Solidarity 有机团结	高度的专业化产生的凝聚力。人们要生存和成功必须依赖他人的贡献。
Overpopulation 人口过剩	指一种生态状况。一个社会在现有的技术和自然资源的条件下，无法供养它所有的成员。
Physical Determinism 物质决定论	指一种思想，认为如果给予人民更好的生活、工作场所，他们的生活质量会提升。
Place 地方	具有物质形式、被赋予了意义和价值的一个独特的场所。
Postmodernism 后现代主义	研究社会生活的一种方法，它不像现代主义那样相信科学知识、科学进步和“宏观理论（grand theories）”；它依赖分裂和瓦解的理念。
Public Policy 公共政策	政府对已知的社会问题的介入和干预。
Public-Private Partnerships 公私合作	城市领导人为了联合私人投资者共同承担项目而出台的新方案，旨在服务于更大的公共利益。
Proletariat 无产阶级	向生产资料拥有者出售自己劳动力的劳动者。
Race 种族	基于肤色或其他体质特征而对一类人的称呼；它通常既是社会凝聚力又是社会冲突的主要根源。
Redevelopment 重建	城市中一些区域的重新建设；有时将一些区域完全拆毁再重新建设，有时对旧的建筑物进行维修或升级。

Segregation 隔离	将具有某种社会地位的人与具有其他社会地位的人在空间上隔离开的做法。
Slums 贫民窟	人口拥挤的一片城区，其特点是房屋不够标准、肮脏邋遢。
Social Capital 社会资本	能合力办事的社会网络和社会组织的价值，该价值来源于人际关系。
Social Conflict 社会冲突	在价值观、人生意义或/和财产、收入、权力方面的斗争。
Social Order 社会秩序	个人对或明或暗的社会行为规范的遵从。
Social Reform 社会改革	为改变公民和居民工作、生活状况所做出的努力。
Space 空间	存在于地方与地方之间的非物质或物质的区域。
Status 地位	将个人与其他人相比并为之定位的一种社会特征。
Suburbs 市郊	位于一座城市的物质和政治边界以外的聚居点，它们毗邻该城市或该城市的其他市郊。
Theory 理论	用于解释一种现象的、一套互相联系的论点或观点。
Third Places 第三场所	满足工作、家庭生活以外的社会需求的地方（比如，本地的咖啡馆）。
Underclass 下层社会	长时期贫困的人，他们缺乏必要的培训和技能，因而没有上升的空间。

Urban Culturalist Perspective 城市文化视角	一种研究城市的方法，通过挖掘人们赋予城市的意义和价值来了解人们理解城市、认识自己和他人的方式。
Urban Political Economy 城市政治经济	一种研究城市的方法，通过调查权力关系如何影响稀缺资源的分配来研究城市。
Urban Sprawl 城市蔓延	城市向周围地区无计划地、不受管制地扩张。
Urbanism 城市性	城市居民的生活方式或者文化；城市的神话、标志和礼仪。
Urbanization 城市化	人口从乡村涌向城市；城市的扩张、开发和城区的改造。
Zoning 分区制	指一套法规和限制，旨在对城市住房、商业、工业用地及建筑规划进行明确的规定。

参考书目

A

Abrahamson, M. (2006). *Urban enclaves: Identity and place in the world.* New York, NY: Worth Publishers.

Adleman, R. M. Neighborhood opportunities, race, and class: The Black middle class and residential segregation. *City & Community, 3*(1), 43–63.

Anderson, B. (1983). *Imagined Communities.* New York, NY: Verso.

Anderson, E. (1990). *StreetWise: Race, class, and change in an urban community.* Chicago, IL: University of Chicago Press.

Anderson, E. (1999). *Code of the street: Decency, violence, and the moral life of the inner city.* New York, NY: W. W. Norton.

Anderson, E. (2002). The ideologically driven critique. *American Journal of Sociology, 107(6),* 1533–1550.

Anderson, E. (2011). *The cosmopolitan canopy: Race and civility in everyday life.* New York, NY: W. W. Norton.

Andrews, R. (2009). Civic engagement, ethnic heterogeneity, and social capital in urban areas. *Urban Affairs Review, 44*(3), 428–440.

Angotti, T. (2013). *The new century of the metropolis: Urban enclaves and orientalism.* New York, NY: Routledge.

Anjaria, J. S. (2009). Guardians of the bourgeois city: Citizenship, public space, and middle-class activism in Mumbai. *City & Community, 8*(4), 391–406.

Aman, W. L. (2013, March). *Mainstreaming the Asian mall.* Paper presented at the meeting of the Urban Affairs Association, San Francisco, CA.

Auyero, J. (2011). Researching the urban margins: What can the United States learn from Latin America and vice versa. *City & Community, 10*(4), 431–436.

B

Bartlett, A., Alix-Garcia, J., & Saah, D. (2012). City growth under conflict conditions: The view from Nyala, Darfur. *City & Community, 11,* 151–170.

Baudrillard, J. (1983). *Simulations.* New York, NY: Semiotext(e).

Baumgartner, M. K (1988). *The moral order of a suburb.* New York, NY: Oxford University Press.

Beauregard, R. (2003). *Voices of decline: The postwar fate of U.S. cities.* New York, NY: Routledge.

Beauregard, R. (2011). *The city revisited: Urban theory from Chicago, Los Angeles, New York.* Minneapolis: University of Minnesota Press.

Beisel, N. (1997). *Imperiled innocents: Anthony Comstock and family reproduction in Victorian America.* Princeton, NJ: Princeton University Press.

Bender, T. (1993). *Community and social change in America.* Baltimore, MD: Johns Hopkins University Press.

Berube, A., Katz, B., & Lang, R. (2005). *Redefining urban & suburban America.* Washington, DC: Brookings Institution Press.

Birch, E. (2009). From townsite to metropolis. In G. Hack, E. Birch, P, Sedway, P. Silver, & M. Silver (Eds.), *Local planning: Contemporary principles and practice*, pp. 3–22. Washington, DC: International City/County Management Association.

Bird, E. (2002). It makes sense to us: Cultural identity in local legends of place. *Journal of Contemporary Ethnography, 31(5),* 519–547.

Bjorkman, L. (2013). A review of *Cities with "slums": From informal settlement eradication to a right to the city in Africa* by Marie Huchzermeyer. *Journal of Urban Affairs, 35*(1), 124–125.

Bobo, L. D. (2000). Reclaiming a Du Boisian perspective on racial attitudes. *The Annals of the American Academy of Political and Social Science, 56*(8), 186–202.

Boorstin, D. J. (1974). *The Americans: The democratic experience.* New York, NY: Vintage Books.

Borer, M. I. (2006). The location of culture: The urban culturalist perspective." *City & Community, 5*(1), 73–98.

Borer, M. I. (2008). *Faithful to Fenway: Believing in Boston, baseball, and America's most beloved ballpark.* New York, NY: New York University Press.

Borer, M. I. (2010). From collective memory to collective imagination: Time, place, and urban redevelopment. *Symbolic Interaction*, 33(1), 96–114.

Borer, M. I., & Monti, D. (2006). Community, commerce, and consumption: businesses as civic associations. In M. Borer (Ed.), *Varieties of urban experience*, pp. 39–62. Lanham, MD: University Press of America.

Bourdieu, P. (1986). Forms of capital. In J. C. Richardson (Ed.), *Handbook of theory and research for the sociology of education*, pp. 241–258. New York, NY: Greenwood Press.

Boyd, M. (2000). Reconstructing Bronzeville: Racial nostalgia and neighborhood development. *Journal of Urban Affairs, 22(2),* 107–122.

Boyd, M. (2008). Defensive development: The role of racial conflict in gentrification. *Urban Affairs Review, 43(6),* 751–776.

Boyer, P. (1978). *Urban masses and moral order in America, 1820–1920.* Cambridge, MA: Harvard University Press.

Boyer, P. (2012). Civility, religion, and American democracy. In C. Clayton & R. Elgar (Eds.), *Civility and democracy in America,* pp. 48–58. Pullman: Washington State Press.

Bridenbaugh, C. (1966). *Cities in the wilderness: The first century of urban life in America, 1625–1742.* London, England: Oxford University Press.

Bridenbaugh, C. (1971). *Cities in revolt: Urban life in America, 1743–1776.* London, England: Oxford University Press.

Bridger, J. (1996). Community imagery and the built environment. *Sociological Quarterly, 37*(3), 353–374.

Brisson, D., & Usher, C. (2007). The effects of informal neighborhood bonding social capital and neighborhood context on homeownership for families living in poverty. *Journal of Urban Affairs, 29*(1), 65–75.

Britton, M. (2011). Close together but worlds apart? Residential integration and interethnic friendship in Houston" *City & Community, 10*(2), 182–204.

Brown-Saracino, J. (2009). *A neighborhood that never changes: Gentrification, social preservation, and the search for authenticity.* Chicago, IL: University of Chicago Press.

Brush, C., Monti, D., Ryan, A., & Gannon, A. (2007). Building ventures through civic capitalism. *Annals of the American Academy of Political and Social Science, 613,* 155–177.

Burgess, E. W. (1925/1967). The growth of the city. In R. Park, E. W. Burgess, & R. McKenzie (Eds.), *The city.* Chicago, IL: University of Chicago Press.

C

Cadell, C., Falk, N., & King, F. *Regeneration in European cities.* York, England: The Joseph Rowntree Foundation.

Carroll, G., & Torfason, M. T. (2011). Restaurant organizational forms and community in the U.S. in 2005. *City & Community, 10*(1), 1–24.

Castells, M. (1977). *The urban question: A Marxist approach.* Cambridge, MA: MIT Press.

Castells, M. (1983). *The city and the grassroots movement.* Berkeley: University of California Press.

Chandrashekar, M. N., Krishne, G., Sridhara, M. V., & Kumar, M. N. (2013, March). Building new mega cities: India's chance to look beyond renewal. Paper presented at the annual meeting of the Urban Affairs Association, San Francisco, CA.

Chaskin, R., & Joseph, M. (2010). Building "Community" in mixed-income developments. *Urban Affairs Review, 45*(3), 299–335.

Chayko, M. (2008). *Portable communities: The social dynamics of online and mobile connectedness.* Albany, NY: SUNY Press.

Chiswick, B., & Miller, P. (2005). Do enclaves matter in immigrant adjustment? *City & Community, 4*(1), 5–36.

Chudacoff, H., and Smith, J. (1988). *The evolution of American urban society*. Englewood Cliffs, NJ: Prentice Hall.

Chudacoff, H., & Smith, J. (2005). *The evolution of American urban society*. Saddle River, NJ: Pearson Prentice Hall.

Coleman, J. (1988). Social capital in the creation of human capital. *American Journal of Sociology, 94*, 95–119.

Corden, C. (1977). *Planned cities: New towns in Britain and America*. Beverly Hills, CA: Sage.

Crankshaw, O. Deindustrialization, professionalization and racial inequality in Cape Town. *Urban Affairs Review, 48*(6), 836–862.

Cressey, D. (1969). *Theft of the nation: The structure and operations of organized crime in America*. New York, NY: Harper and Row.

Cross, G. (1997). Consumer history and the dilemmas of working-class history. *Labor History Review, 62*(3), 261–274.

Cummings, S. (1980). *Self-help in urban America: Patterns of minority economic development*. Port Washington, NY: Kennikat Press.

Cummings, S. (1998). *Left behind in Rosedale: Race relations and the collapse of community institutions*. Boulder, CO: Westview Press.

Cummings, S. (2011, March). *Race, ethnicity, and homeownership*, Paper presented at the 2011 meeting of the Urban Affairs Association, New Orleans, LA.

Curley, A. (2010). Relocating the poor: Social capital and neighborhood resources. *Journal of Urban Affairs, 32*(1), 79–103.

D

Davis, M. (1998). *Ecology of fear: Los Angeles and the imagination of disaster*. Irvine: University of California Press.

Davis, M. (2002). *The grit beneath the glitter: Tales from the real Las Vegas*. Irvine: University of California Press.

Davis, S. (1986). *Parades and power: Street theatre in nineteenth-century Philadelphia*. Berkeley: University of California Press.

Dawkins, C. (2005). Evidence on the intergenerational persistence of residential segregation by race. *Urban Studies, 42*, 545–555.

Dear, M. (2002). Los Angeles and the Chicago school: Invitation to a debate. *City & Community, 1*(1), 5–32.

Dear, M., & Flusty, S. (1998). Postmodern urbanism. *Annals of the Association of American Geographers, 88* (1), 50–72.

Dekker, K., Volker, B., Lelieveldt, H., & Torenvlied, R. (2010). Civic engagement in urban neighborhoods: Does the network of civic organizations influence participation in neighborhood projects? *Journal of Urban Affairs, 32*(5), 609–632.

Demerath, L., & Levinger, D. (2003). The social qualities of being on foot: A theoretical analysis of pedestrian activity, community, and culture. *City & Community, 2*(3), 217–237.

Domit, M., & Barrionuevo, A. (2010, November 29). Brazilian forces claim victory in gang haven. *The New York Times*, p. A4.

Du Bois, W. E. B. (1996). *The Philadelphia Negro: A social study*. Philadelphia: University of Pennsylvania Press.

Du Bois, W. E. B. (2007). *The souls of Black folk*. New York, NY: Oxford University Press.

Duneier, M. (1999). *Sidewalk*. New York, NY: Farrar, Straus and Giroux.

Duneier, M. (2004). Scrutinizing the heat: On ethnic myths and the importance of shoe leather. *Contemporary Sociology, 33*, 139–150.

Durkheim, E. (1965). *The elementary forms of the religious life*. New York, NY: Free Press.

Durkheim, E. (1947). *The division of labor in society*. Glencoe, IL: Free Press.

E

Eliasoph, N. (1998). *Avoiding politics: How Americans produce apathy in everyday life*. Cambridge, UK: Cambridge University Press.

Engels, F. (1999). *The condition of the working class in England*. Oxford, UK: Oxford University Press.

F

Fasenfest, D., Booza, J., & Metzger, K. (2006). Living together: A new look at racial and ethnic integration in metropolitan neighborhoods, 1990–2000. In A. Berube, B. Katz, & R. Lang (Eds.), *Redefining urban & suburban America*, pp. 93–118. Washington, DC: Brookings Institution Press.

Firey, W. (1945). Sentiment and symbolism as ecological variables. *American Sociological Review, 10*, 140–148.

Fischer, C. (1975). Toward a subcultural theory of urbanism. *American Journal of Sociology, 76,* 847–856.
Fischer, C. (1976). *The urban experience.* New York, NY: Harcourt Brace Jovanovich.
Fisher, C. (1982). *To dwell among friends: Personal networks in town and city.* Chicago, IL: University of Chicago Press.
Fisher, C. (1994). *America calling: A social history of the telephone to 1940.* Berkeley: University of California Press, 1994.
Flint, C. A. (2009). *Wrestling with Moses.* New York, NY: Random House.
Flora, C. B., & Flora, J. L. (2008). *Rural communities: Legacy and change.* Boulder, CO: Westview Press.
Florida, R. (2002). *The rise of the creative class.* New York, NY: Basic Books.
Florida, R. (2005). *Cities and the creative class.* New York, NY: Routledge.
Frantz, D., & Collins, C. (1999). *Celebration, U. S. A.* New York, NY: Owl Books.
Fraser, N. (1992). Rethinking the public sphere: A contribution to the critique of actually existing democracy. In C. Calhoun (Ed.), *Habermas and the public sphere*, pp. 109–142. Cambridge, MA: MIT Press.
Freeman, L. (2008). Is class becoming a more important determinant of neighborhood attainment for African-Americans? *Urban Affairs Review, 44*(1), 3–26
Frey, W. (2011) November 17. Americans still stuck at home. Washington, DC: Brookings Institution.

G

Gans, H. J. (1962). *The urban villagers: Group and class in the life of Italian-Americans.* New York, NY: The Free Press.
Garreau, J. (1991) *Edge city: Life on the new frontier.* New York, NY: Doubleday.
Garvin, A. (2002). *The American city: What works, what doesn't.* New York, NY: McGraw-Hill.
Gau, H. (2010, October 4). Migrant "villages" within a city ignite debate. *The New York Times*, p. A8.
Gieryn, T. (2000). A space for place in sociology. *Annual Review of Sociology, 26,* 463–496.
Glaab, C., & Brown, T. A. (1976). *A history of urban America.* New York, NY: Macmillan.
Glaeser, E., & Vigdor, J. (2012). *The end of the segregated century: Racial separation in America's neighborhoods, 1890–2010.* New York, NY: The Manhattan Institute.
Goldfield, D., & Brownell, B. (1990). *Urban America: A history. boston*: Houghton Mifflin.
Goode, J. (2007). How urban ethnography counters myths about the poor. In G. Gmelch & M. Hutter (Eds.) *Urban life: Readings in the anthropology of the city* (pp. 185–201). Boston, MA: Pearson.
Goodman, M., & Monti, D. (1999). Corporately sponsored redevelopment campaigns and the social stability of urban neighborhoods: St. Louis revisited. *Journal of Urban Affairs, 21,* 101–129.
Gopnik, A. (2010, October 10). Market man: What did Adam Smith really believe? *The New Yorker.*
Gotham, K. F. (2001). Urban sociology and the postmodern challenge, *Humboldt Journal of Social Relations, 26*(1 & 2), 57–79.
Gottdiener, M., & Hutchison, R. (2006). *The new urban sociology.* Boulder, CO: Westview Press.
Gould, S. J. (1981). *The mismeasure of man.* New York, NY: W.W. Norton.
Gould, S. J. (1996). *The mismeasure of man* (revised and expanded ed.). New York, NY: W.W. Norton.
Grazian, D. (2003). *Blue Chicago: The search for authenticity in urban blues clubs.* Chicago, IL: University of Chicago Press.
Granovetter, M. S. (1973). The strength of weak ties. *American Journal of Sociology, 78,* 1360–1380.
Greif, M. (2009). Neighborhood Attachment in the Multiethnic Metropolis." *City & Community, 8(1),* 27–45.
Guest, A., Cover, J., Matsueda, R., & Kubrin, C. (2006). Neighborhood context and neighboring ties. *City & Community, 5*(4), 363–385.

H

Hall, P. *Cities in civilization.* New York, NY: Pantheon.
Halle, D. (Ed.). (2003). *New York and Los Angeles: Politics, society, and culture: A comparative view.* Chicago, IL: University Press of Chicago.
Halle, D., & Beveridge, A. (2001). *New York and Los Angeles: Politics, society and culture: A comparative view.* Chicago, IL: University of Chicago Press.
Halle, D., & Beveridge, A, (2011). The rise and decline of the L.A. and New York schools. In Dennis R. Judd & Dick W. Simpson (Eds.), *The city revisited: Urban theory from Chicago, Los Angeles, and New York.* Minneapolis: University of Minnesota Press.
Hannerz, U. (1980). *Exploring the city: Inquiries towards an urban anthropology.* New York, NY: Columbia University.

Hannigan, J. (1998). *Fantasy city: Pleasure and profit in the postmodern metropolis*. New York, NY: Routledge.

Hampton, K., & Wellman, B. (2003). Neighboring in Netville: How the Internet supports community and social capital in a wired suburb. *City & Community, 2,* 277–311.

Handlon, B. (2010). *Once upon the American Dream: Inner ring suburbs of the metropolitan United States*. Philadelphia, PA: Temple University Press.

Harris, C., & Ullman, E. (1945). *The nature of cities*. Thousand Oaks, CA: Sage.

Harvey, D. (1973). *Social justice and the city*. Athens: University of Georgia Press.

Hawkins, C., & Andrew, S. (2011). Understanding horizontal and vertical relations in the context of economic development joint venture agreements. *Urban Affairs Review, 47*(3), 385–412.

Hawley, A. (1971). *Urban society: An ecological approach.* New York, NY: The Ronald Press.

Hays, R. A., & Kogl, A. (2007). Neighborhood attachment, social capital building, and political participation: A case study of low- and moderate-income residents of Waterloo, Iowa. *Journal of Urban Affairs, 29*(2), 181–205.

Hipp, J., & Perrin, A. (2009). The simultaneous effect of social distance and physical distance on the formation of neighborhood ties. *City & Community, 8*(1), 5–26.

Hohenberg, P., & Lees, L. H. (1995). *The making of modern Europe, 1000–1994.* Cambridge, MA: Harvard University Press.

Holli, M. (1969). *Reform in Detroit.* New York, NY: Oxford University Press.

Holt, M. (1992). *The orphan trains: Placing out in America.* Lincoln: University of Nebraska Press.

Hoyt, H. (1939). *The structure and growth of residential neighborhoods in American cities*. Atlanta, GA: Federal Highway Administration.

Humphreys, L. (1975). *Tearoom trade: Impersonal sex in public places.* Chicago, IL: Aldine.

Hyra, D. (2012). Conceptualizing the New Urban Renewal: Comparing the past to the present. *Urban Affairs Review, 48,* 498–527.

Hyra, D. (2006). Racial uplift? Intra-racial class conflict and the economic revitalization of Harlem and Bronzeville. *City & Community, 5*(1), 71–92.

I

Irwin, J. (1977). *Scenes*. Beverly Hills, CA: Sage.

J

Jackson, K. T. (1986). *Crabgrass frontier: The suburbanization of the United States*. New York, NY: Oxford University Press.

Jackson, P. (1999). Postmodern urbanism and the ethnographic void. *Urban Geography, 20*, 400–402.

Jacobs, J. (1961). *The death and life of great American cities*. New York, NY: Random House.

Jankowiak, W. (2010). Neighbors and kin in Chinese cities. In G. Gmelch, R. Kemper, & W. Zenner (Eds.), *Urban Life: Readings in the anthropology of the city* (pp. 256–268). Long Grove, IL: Waveland Press.

Jonassen, C. T. (1949). Cultural variables in the ecology of an ethnic group. *American Sociological Review, 14*(1), 32–41.

Johnston, R., Poulsen, R., & Forrest, J. (2007). Ethnic and racial segregation in U.S. metropolitan areas, 1980–2000. *Urban Affairs Review, 42,* 479–504.

K

Kahn, J. (2011, July/August). India invents a city: Lavasa is an orderly, high-tech community with everything. Except people. *The Atlantic*. Retrieved from http://www.theatlantic.com/magazine/archive/2011/07/india-invents-a-city/308549/

Karp, D. A. (1973). Hiding in pornographic bookstores: A reconsideration of the nature of urban anonymity. *Urban Life and Culture, 4,* 427–451.

Karp, D. A, Stone, G. P., & Yoels, W. C. (1991). *Being urban: A social psychological view of city life.* New York, NY: Praeger.

Katz, J. (2009). Time for new urban ethnographies. *Ethnography, 11*(1), 25–44.

Kelly, E., & Becker, B. (2000). *Community planning: An introduction to the comprehensive plan.* Washington, DC: Island Press.

Kemper, R. (2010). The extended community: Migration and transformation in Tzintzuntzan, Mexico. In G. Gmelch, R. Kemper, & W. Zenner (Eds.), *Urban life: Readings in the anthropology of the city* (pp. 285–299). Long Grove, IL: Waveland Press.

Kennedy, L. (1992). *Planning the city upon a hill: Boston since 1630.* Amherst: University of Massachusetts Press.

Kimmelman, M. (2013, April 28). Who rules the street in Cairo? The residents who build it. *The New York Times*, p. A1.

Klinenberg, E. (2003). *Heat wave: A social autopsy of disaster in Chicago*. Chicago, IL: University of Chicago Press, 2003.

Kleniewski, N. (1997). *Cities, change and conflict: A political economy of urban life*. St Ann Arbor, MI: Wadsworth.

Knapp, G.-J., & Moore, T. (2009). Smart-growth in brief. In G. Hack, E. Birch, P. Sedway, & M. Silver, (Eds.), *Local planning: Contemporary principles and practice*, pp. 117–121. Washington, DC: International City/County Management Association.

Kornblum, W. (1974). *Blue collar community*. Chicago, IL: University of Chicago Press.

Krause, R. (2011). Policy innovation, intergovernmental relations, and the adoption of climate protection initiatives by U.S. cities. *Journal of Urban Affairs, 33*(1), 45–60.

L

Lang, R. E., & Simmons, P. A. (2001, June). *Boomburbs: The emergence of large, fast-growing cities in the United States*. Washington, DC: Fannie Mae Foundation. Census Note 01–05.

Langer, P. (1984). Sociology—four images of organized diversity, In L. Rodwin & R. Hollister (Eds.), *Cities of the mind: Images and themes of the city in the social sciences*. New York, NY: Plenum Press.

Lees, A. (1985) *Cities perceived: Urban society in European and American Thought, 1820–1940*. New York, NY: Columbia University Press.

Lees, L. H. (1994). Urban public space and imagined communities in the 1980s and 1990s. *Journal of Urban History, 20*(4), 443–465.

LeGates, R., & Hudulah, D. (2013, March). Peri-urban planning for developing East Asia. Paper presented at the annual meeting of the Urban Affairs Association, San Francisco, CA.

Lehrer, J. (2010, December 19). A physicist solves the city. *The New York Times Magazine*, MM46.

Li, M. (1999). *"We Need Two Worlds": Chinese immigrant associations in a Western society*. Amsterdam, Netherlands: Amsterdam University Press.

Lichterman, P. (1996). *The search for political community: American activists reinventing commitment*. Cambridge, UK: Cambridge University Press.

Lichterman, P. (2006). Social capital or group style? Rescuing Tocqueville's insights on civic engagement. *Theory & Society, 35*, 529–63.

Liebow, E. (1967). *Tally's corner: A study of Negro streetcorner men*. Boston, MA: Little, Brown.

Light, I. (1983). *Cities in world perspective*. New York, NY: Macmillan.

Linebaugh, K. (2011, March 23). Detroit's population crashes. *Wall Street Journal*. Retrieved from http://online.wsj.com/article/SB1000142405274 8704461304576216850733151470.html? KEYWORDS=detroit

Lofland, L. H. (1973). *A world of strangers: Order and action in urban space*. Prospect Heights, IL: Waveland Press.

Lofland, L. (1998). *The Public REALM: Exploring the city's quintessential social territory*. New York, NY: Aldine de Gruyter.

Lofland, L. (2002). *The commodification of public space*. College Park: University of Maryland School of Architecture, Urban Studies and Planning Program, University of Maryland, Le Frak Lecture Monograph Series.

Logan, J., & Molotch, H. (1987). *Urban Fortunes: The political economy of place*. Berkeley: University of California Press.

Long, N. (1958). The local community as an ecology of games. *American Journal of Sociology, 64*, 251–261.

M

Macgregor, L. (2010). *Habits of the heartland: Small-town life in modern America*. Ithaca, NY: Cornell University Press.

Macionis, J., & Parrillo, V. (2010). *Cities and urban life*. Boston, MA: Prentice Hall. Mackenzie, P. (2002). Strangers in the city: The *Hukou* and urban citizenship in China. *Journal of International Affairs, 56*(1), 305–319.

Madden, D. (2010). Revisiting the end of public space: Assembling the public in an urban park. *City & Community, 9*(2), 187–207.

Maines, D., & Bridger, J. (1992). Narratives, community, and land use decisions. *Social Science Journal* 29(4), 363–380.

Mann, C. (2011, June). Birth of religion. *National Geographic*, pp.34–59.

Manturuk, K., Lindblad, M., & Quercia, R. (2012). Homeownership and civic engagement in low-income urban neighborhoods: A longitudinal analysis. *Urban Affairs Review, 48*(5), 731–760.

Marx, K., & Engels, F. (1978). The manifesto of the Communist Party. In R. Tucker (Ed.), *The Marx-Engels reader*. New York. NY: W.W. Norton.

Massey, D., & Denton, N. (1993). *American apartheid: Segregation and the making of the underclass*. Cambridge, MA: Harvard University Press.

Massey, D., Rothwell, J., & Domina, T. (2009). The changing bases of segregation in the United States. *The Annals of the American Academy of Political and Social Science, 626,* 74–90.

Mayhew, H. (1968). *London labour and the London poor.* New York, NY: Dover.

McDonnell, K. (1978). *Medieval London suburbs*. London, England: Phillmore & Co.

McKinney, J. C. (1966). *Constructive typology and social theory*. New York, NY: Meredith Publishing.

McLean, S. L., Schultz, D. A., & Steger, M. B. (Eds.). (2002). *Social capital: Critical perspectives on community and "bowling alone."* New York: New York University Press.

McMurry, S. (1995). *Transforming rural life: Dairying families and agricultural change, 1820–1885*. Baltimore, MD: Johns Hopkins University Press.

Mead, G. H. (1932). *The philosophy of the present*. Chicago, IL: University of Chicago Press.

Medina, J. (2013, April 29). New suburban dream born of Asia and Southern California. *The New York Times*.

Mellor, J. R. (1977). *Urban sociology in an urbanized society*. London, England: Routledge.

Merrifield, A. (2002). *Metromarxism: A Marxist tale of the city*. New York, NY: Routledge.

Mesch, G., & Levanon, Y. (2003). Community networking and locally-based social ties in two suburban localities. *City & Community, 2*(4), 335–352.

Meyer, K. (2012, April 12). Who gets to be French? *The New York Times*, p. A27.

Miller, J. (2001). *One of the guys: girls, gangs, and gender.* New York, NY: Oxford University Press.

Miller, Z. (1968). *Boss Cox's Cincinnati: Urban politics in the Progressive Era*. New York, NY: Oxford University Press.

Milligan, M. (1998). Interactional past and present: The social construction of place attachment. *Symbolic Interaction, 21,* 1–33.

Milligan, M. (2003). Displacement and identity discontinuity: The role of nostalgia in establishing new identity categories. *Symbolic Interaction 26*(3), 381–403.

Monkkonen, E. (1990). *America becomes urban: The development of U.S. cities & towns, 1780–1980*. Berkeley: University of California Press.

Monti, D. (1985). *A semblance of justice: St. Louis school desegregation and order in urban America*. Columbia: University of Missouri Press.

Monti, D. (1990). *Race, redevelopment, and the new company town*. Albany: State University of New York Press.

Monti, D. (1994). *Wannabe: Gangs in suburbs and schools*. Oxford, UK: Blackwell.

Monti, D. (1997). Ethnic economies, affirmative action, and mining cultural capital. *The American Sociologist,* 101–112.

Monti, D. (1999). *The American city: A social and cultural history*. Malden, MA: Blackwell.

Monti, D. (2007). Old whines in new bottles: Robert Putnam, Richard Florida, and the "community" problem in contemporary America." In James Jennings (Ed.), *Race, neighborhoods, and the misuse of social capital*, pp. 21–40. New York, NY: Palgrave Macmillan.

Monti, D. (2013). *Engaging strangers: Civil rites, civic capitalism, and public order in an American city.* Lanham, MD: Fairleigh Dickinson University Press.

Monti, D., Ryan, A., Brush, C., & Gannon, A. (2007). Civic capitalism: entrepreneurs, their ventures, and communities. *Journal of Developmental Entrepreneurship, 12*(3), 353–375.

Monti, D., & Burghoff, D. (2012). Corporately-sponsored redevelopment campaigns and the demographic stability of urban neighborhoods: Saint Louis re-revisited. *Journal of Urban Affairs, 34*(5), 513–532.

Monti, D., Butler, C., Curley, A., Tilney, K., & Weiner, M. F. (2003). Private lives and public worlds: Changes in Americans' social ties and civic attachments in the late 20th century. *City & Community, 2*(2), 143–163.

Moore, J. (1978). *Homeboys: gangs, drugs, and prison in the barrios of Los Angeles*. Philadelphia: Temple University Press.

Moore, J. (1978). *Homeboys: gangs, drugs, and prison in the barrios of Los Angeles*. Philadelphia, PA: Temple University Press.

Moore, K. (2005). What's class got to do with it? Community development and racial identity. *Journal of Urban Affairs, 27*(4), 437–451.

Mumford, L. (1961). *The city in history.* New York, NY: Harcourt, Brace & World.

Murray, C. (2012). *Coming apart: The state of White America, 1960–2010*. New York, NY: Random House.

N

Narayan, D. (1999). *Bonds and bridges: Social capital and poverty*. Policy Research Working Paper 2167, Poverty Division, Poverty Reduction and Economic Management Network, The World Bank.

Nelson, A., & Lang, R. (2011). *Megapolitan America: A new vision for understanding America's metropolitan geography*. Washington, DC: American Planning Association.

Neuman, W. (2012, April 21). With Venezuelan food shortages, some blame price controls. *The New York Times*, p. A1.

Newman, K., (1999). *No shame in my game: The working poor in the inner city*. New York, NY: Russell Sage Foundation and Knopf.

Nicolaides, B. (In press). Race, class and suburban engagement in Pasadena, California, 1950–2000. In J. Archer, P. Sandul, & K. Solomonson (Eds.), *Suburban histories: Life, culture, and community*. Minneapolis: University of Minnesota Press.

Nijman, J. (2000). The paradigmatic city. *Annals of the Association of American Geographers, 90*(1), 135–145.

Nissenbaum, S. (1996). *The battle for Christmas*. New York, NY: Alfred A. Knopf.

Nordin, D. S. (2007). *Rich harvest: A history of the Grange 1867–1900*. Jackson: University Press of Mississippi.

O

Oldenburg, R. (1999). *The great good place: Coffee shops, bookstores, bars, hair salons and other hangouts at the heart of a community*. New York, NY: Da Capo Press.

Onishi, N. (2010, November 29). For city dwellers, a taste of the orderly life. *The New York Times*, p. A6.

Open Societies Institute. (2010). *Muslims in Europe: A report on 11 EU cities*. London: Open Societies Institute.

Orum, A. (1995). *City-building in America*. Boulder, CO: Westview Press.

Orum, A., Bata, S., Shumei, L., Jewei, T., Yang, S., & Trung, N. T. (2009). Public Man and Public Space in Shanghai Today. *City & Community, 8*(4), 369–390.

Otterman, S., & Riviera, R. (2012, May 10). Ultra-Orthodox shun their own for reporting child sexual abuse. *The New York Times*.

P

Padilla, F. (1992). *The gang as an American enterprise*. New Brunswick, NJ: Rutgers University Press.

Pahl, R. (1970). *Whose city? And other essays on sociology and planning*. St. Ann Arbor, MI: Longman's Press.

Palen, J. (2008). *The urban world*. Boulder, CO: Paradigm Publishers.

Papachristos, A., Smith, C., Scherer, M., & Fugiero, M (2011). More coffee, less crime? The relationship between gentrification and neighborhood crime rates in Chicago, 1991–2005. *City & Community, 10*(3), 215–240.

Pares, M., Bonet-Marti, J., & Marti-Costa, M. (2012). Does participation really matter in urban regeneration policies? Exploring governance networks in Catalonia (Spain). *Urban Affairs Review, 48*(2), 238–271.

Park, R. E. (1925/1967). The: Suggestions for the investigation of human behavior in the urban environment. In R. Park, E. W. Burgess, & R. D. McKenzie (Eds.), *The city*. Chicago, IL: University of Chicago Press.

Patillo-McCoy, M. (1998). Church culture as a strategy of action in the Black community. *American Sociological Review, 63*, 313–41.

Pfeiffer, D. (2012). Has exurban growth enabled greater racial equity in neighborhood quality? Evidence from the Los Angeles region. *Journal of Urban Affairs, 34*(4), 347–372.

Phares, D. (2009). *Governing metropolitan regions in the 21st Century*. Armonk, NY: M. E. Sharpe.

Pisarki, A. (1987). *Commuting in America: A national report on patterns and trends*. Westport, CT: Eno Foundation.

Polgreen, L. (2010, December 1). India's cities buckle under the strain of new arrivals. *The New York Times*.

Porter, R. (1994). *London: A social history*. London, England: Hamish Hamilton.

Porterfield, A. (2012). Religion's role in contestations over American civility. In C. Clayton & R. Elgar (Eds.), *Civility and democracy in America*, pp. 38–47. Pullman: Washington State Press, 2012.

Portes, A., Haller, W., & Guarnizo, L. E. (2002). Transnational entrepreneurs: An alternative form of immigrant economic adaptation. *American Sociological Review, 67*, 278–298.

Putnam, R. D. (1993a). *Making democracy work: Civic traditions in modern Italy*. Princeton, NJ: Princeton University Press.

Putnam, R. D. (1993b). The prosperous community: Social capital and public life. *The American Prospect, 13,* 35–42.

Putnam, R. (2000). *Bowling alone: The collapse and revival of American community.* New York, NY: Simon and Schuster.

R

Raphael, S., & Stoll, M. (2006). Modest progress: The narrowing spatial mismatch between Blacks and jobs in the 1990s. In A. Berube, B. Katz, & R. Lang (Eds.), *Redefining Urban and Suburban America*, pp. 119–142. Washington, DC: Brookings Institution Press.

Rath, J. (2011). *Promoting ethnic entrepreneurship in European cities*. Publications Office of the European Union, Luxembourg

Richards, L. (1971). *Gentlemen of property and standing: Anti-abolition mobs in Jacksonian America*. London, England: Oxford University Press.

Roberts, B. (2011). The consolidation of the Latin American city and the undermining of social cohesion. *City & Community, 10*(4), 414–423.

Romero, S. (2012, March 5). Slum dwellers are defying Brazil's grand design for Olympics. *The New York Times*, p. A1.

Roof, W. C. (2012). Religious pluralism and civility. In C. Clayton & R. Elgar (Eds.), *Civility and democracy in America*, pp. 59–68. Pullman: Washington State Press.

Ross, B., Levine, M., & Stedman, M. (1991). *Urban politics: Power in metropolitan America.* Itasca, IL: F. E. Peacock.

Rothman, D. J. (1971). *The discovery of the asylum: Social order and disorder in the new republic*. Boston, MA: Little Brown.

Ryan, M. (1997). *Civic wars: Democracy and public life in the American city during the nineteenth century*. Berkeley: University of California Press.

S

Saito, L. (2012). How low-income residents can benefit from urban development: The LA Live community benefits agreement. *City & Community, 11*(2), 129–150.

Salins, P. (2009). Suburban planning in a market economy. In G. Hack, E. Birch, P. Sedway, & M. Silver (Eds.), *Local planning: Contemporary principles and practice*, pp. 46–51. Washington, DC: International City/County Management Association.

Sampson, R. (2012). *Great American city: Chicago and the enduring neighborhood effect.* Chicago, IL: University of Chicago Press.

Sassen, S. (2010). *Cities in a world economy*. Thousand Oaks, CA: Pine Forge.

Sassen, S. (2001). *The global city: New York, London, Tokyo*. Princeton, NJ: Princeton University Press.

Sassen, S. (2002). *Global networks: Linked cities*. New York, NY: Routledge.

Sayare, S. (2012, April 28). After killings in France, Muslims fear a culture of diversity is at risk. *The New York Times*, p. A6.

Schlessinger, A. M. (1999). *The rise of the city: 1878–1898*. Columbus: University of Ohio Press.

Sharkey, P. (2013). *Stuck in place: Urban neighborhoods and the end of progress toward racial equality.* Chicago, IL: University of Chicago Press.

Shen, J., & Wu, F. (2012). Restless urban landscapes in China: A case study of three projects in Shanghai. *Journal of Urban Affairs, 34*(3), 255–278.

Short, J. R. (2004). *Global metropolitan: Globalizing cities in a capitalist world.* New York, NY: Routledge.

Simmel, G. (1971a). The metropolis and the mental life. In D. Levine, *On individuality and social forms*. Chicago, IL: University of Chicago Press.

Simmel, G. 1971b. The stranger. In D. Levine, *On Individuality and Social Forms*. Chicago, IL: University of Chicago Press.

Silverman, R. (1999). Black business, group resources, and the economic detour. *Journal of Black Studies, 30*(2), 232–258.

Sinclair, U. (1960). *The jungle.* New York, NY: Signet.

Singleton, G. (1975). Protestant voluntary organizations and the shaping of Victorian America. *American Quarterly, 27*(5), 549–560.

Sirianni, C., & Friedland, L. (2001). *Civic innovation in America: Community empowerment, public policy and the movement for civic renewal.* Berkeley: University of California Press.

Skocpol, T. (2004). *Diminished democracy: From membership to management in American civic life*. Norman: University of Oklahoma Press.

Small, M. L. (2004). *Villa Victoria: The transformation of social capital in a Boston barrio.* Chicago, IL: University of Chicago Press.

Smith, A. D. *The ethnic origins of nations*. Oxford, UK: Blackwell Publishers, 1985.

Smith, D. A., & Timberlake, M. (1995). *World cities in a world system*. New York, NY: Cambridge University Press.

Soja, E. (1989). *Postmodern geographies: The reassertion of space in Critical Social Theory*. New York, NY: Verso.

Spillman, Lyn. (2002). Introduction: culture and cultural sociology, in L. Spillman (Ed.), *Cultural sociology*. Malden, MA: Blackwell.

Stack, J. (1979). *International conflict in an American city: Boston's Irish, Italians, and Jews, 1935–1944*. Westport, CN: Greenwood Press.

Steffens, L. (1969). *The shame of the cities*. New York, NY: Hill and Wang.

Stein, M. (1994). *The eclipse of community: An interpretation of American studies*. Charlottesville, VA: Harper Publishing.

Stoker, R., Stone, C., & Worgs, D. (2013, March). *The new neighborhood politics in Baltimore*. Paper presented at the meeting of the Urban Affairs Association, San Francisco, CA.

Stone, G. (1954). City shoppers and urban identification: Observations on the social psychology of city life. *American Journal of Sociology, 60*(1), 36–45.

Susser, I. (1982). *Norman Street: Politics and poverty in an urban neighborhood*. New York, NY: Oxford University Press.

Suttles, G. (1984). The cumulative texture of local urban culture. *American Journal of Sociology, 90*(2), 283–302.

Suttles, G. (1968). *The social order of the slum*. Chicago, IL: University of Chicago Press.

Swanstrom, T., Dreier, P., Casey, C., & Flack, R. (2005). In A. Berube, B. Katz, & R. Lang (Eds.), *Redefining urban & suburban America*, pp. 143–166. Washington, DC: Brookings Institution Press.

T

Talen, E. The problem with community planning. *Journal of Planning Literature, 15*(2), 171–183.

Teaford, J. (1984). *The unheralded triumph: City government in America, 1870–1900*. Baltimore, MD: The Johns Hopkins University Press.

Teaford, J. (1993). *The twentieth-century American city*. Baltimore, MD: The Johns Hopkins University Press.

Tierney, J. (2011, February 7). Social scientist sees bias within. *The New York Times*, p. D1.

Tilly, C. (1990). *Coercion, capital and European states, AD 990–1990*. Cambridge, MA: Basil Blackwell.

Tilly, C., Tilly, L., & Tilly, R. (1975). *The rebellious century: 1830–1930*. Cambridge, MA: Harvard University Press.

Tissot, S. (2011). Of dogs and men: The making of spatial boundaries in a gentrifying neighborhood. *City & Community, 10*(3), 265–284.

Tocqueville, A. de. (1863). *Democracy in America, Volume 2* (H. Reeve, Trans., F. Bowen, Ed.). Cambridge, MA: Sever and Francis. [Original work published 1840]

Tocqueville, A. de. (1982). *On democracy, revolution, and society: Selected writings*. Edited by J. Stone & S. Mennell. Chicago, IL: University of Chicago Press.

Tyack, D., & Hansot, E. (1990). *Learning together: A history of coeducation in American public schools*. New Haven, CN: Yale University Press.

U

Usher, C. L. (2007). Trust and well-being in the African American neighborhood. *City & Community, 6*(4), 367–387.

United Nations Human Settlements Programme. (2008). The state of African cities, 2008. New York, NY: United Nations.

United Nations Human Settlements Programme. (2010). The state of Asian cities, 2010/11. New York, NY: United Nations.

V

Van Houwelingen, P. (2012). Neighborhood associations and social capital in Japan. *Urban Affairs Review, 48*, 467–497.

Vallejo, J. (2009). Latina spaces: Middle-class ethnic capital and professional associations in the Latino community. *City & Community, 8*(2), 129–154.

Van Hightower, N. R., & Goton, J. (2002). A Case Study of Community-Based Responses to Rural Woman Battering. *Violence Against Women, 8*(7), 845–72.

Von Schirach, P. (June 15, 2011). Riots in China Indicative of Deeper Troubles? Some begin to question validity of economic model. *Wall Street Journal*.

W

Wacquant, L. (2002). Scrutinizing the street: Poverty, morality, and the pitfalls of urban ethnography. *American Journal of Sociology, 107*(6), 1468–1532.

Wade, R. (1976). *The urban frontier*. Chicago, IL: University of Chicago Press.

Wallerstein, I. (1979). *The capitalist world economy*. Cambridge, UK: Cambridge University Press.

Walton, J. (2001). *Storied land: Community and memory in Monterey*. Berkeley: University of California Press.

Walton, J. (1993). Urban sociology: The contribution and limits of political economy. *Annual Review of Sociology, 19*, 301–320.

Wang, Q., Gleave, S., & Lysenko, T. (2013, March). *A help or hindrance: Racial concentration and African-American entrepreneurship in three U.S. metropolitan areas*. Paper presented at the meeting of the Urban Affairs Association, San Francisco, CA.

Warner, S. B., Jr. (1968). *The private city: Philadelphia in three periods of its growth*. Philadelphia: University of Pennsylvania Press.

Warner, W. L. (1959). *The living and the dead: A study of the symbolic life of Americans*. New Haven, CT: Yale University Press.

Weber, M. (1947). *The theory of social and economic organization*. New York, NY: Free Press.

Weber, M. (1958). *The city*. Glencoe, IL: Free Press.

Weck, S., Hanhorster, H., & Beiswenger, S. (2013, March). *Boundary making and bridging: permeability of neighbourhoods*. Paper presented at the meeting of the Urban Affairs Association, San Francisco, CA.

Wellman, B. (1996). Computer networks as social networks: Collaborative work, telework, and virtual community. *Annual Review of Sociology, 22*, 213–38.

Whyte, W. F. (1966). *Street corner society: The social structure of an Italian slum*. Chicago, IL: University of Chicago Press.

Whyte, W. H. (1956). *Organization man*. New York, NY: Simon & Schuster.

Whyte, W. H. (1974). The best street life in the world. *New York Magazine, 15*, 26–33.

Wilson, W. J. (1980). *The declining significance of race*. Chicago, IL: University of Chicago Press.

Wilson, W. J. (1987). *The truly disadvantaged*. Chicago, IL: University of Chicago Press.

Wirth, L. (1938). Urbanism as a way of life. *American Journal of Sociology, 44*(1), 1–24

Wohl, R. R., & Strauss, A. (1958). Symbolic representation and the urban milieu. *American Journal of Sociology, 63*, 523–532.

Wolff, M. (1973). Notes on the behavior of pedestrians. In A. Birenbaum & E. Sagarin, pp. 100–120. New York, NY: Praeger.

Woods, R. (1970). *The city wilderness*. New York, NY: Arno Press.

Woods, R., & Kennedy, A. (1962). *The zone of emergence: Observations of the lower middle and upper working class communities of Boston, 1905–1914*. Cambridge, MA: MIT Press.

Wu, F. (2012). Neighborhood attachment, social participation, and willingness to stay in China's low-income communities. *Urban Affairs Review, 48*, 547–570.

Wu, Z., Hou, F., & Schimmele. C. (2011). Racial diversity and sense of belonging in urban neighborhoods. *City & Community, 10*(4), 373–392.

Wuthnow, R. (1996). *Sharing the journey: Support groups and America's new quest for community*. New York, NY: Free Press.

Wuthnow, R. (2002). *Loose connections joining together in America's fragmented communities*. Cambridge, MA: Harvard University Press.

Wuthnow, R. (2005). Civil society: Changing from tight to loose connections. In J. Heymann & C. Beem (Eds.), *Unfinished work: Building equality and democracy in an era of working families*, pp. 63–85. New York, NY: New Press.

Wynn, J. (2010a). City tour guides: Urban alchemists at work. *City & Community, 9*, 145–164.

Wynn, J. (2010b). *The tour guide: Walking and talking New York*. Chicago, IL: University of Chicago Press.

Y

Yardley, J. (2013a, April 29). Illegal districts dot New Delhi as city swells. *The New York Times*, p. A6.

Yardley, J. (2013b, June 9). In India, dynamism wrestles with dysfunction. *The New York Times*, p. A1.

Yip, N M., & Yihong, J. (2013, March). *Building the 21st century city: Inclusion, Innovation, and Globalization*. Paper presented at the annual meeting of the Urban Affairs Association, San Francisco, CA.

Z

Zhang, L. (2010). *In search of paradise: Middle class living in a Chinese metropolis*. Ithaca, NY: Cornell University Press.

Zukin, S. (1991). *Landscapes of power: From Detroit to Disney World*. Berkeley: University of California Press.

Zukin, S. (1998). From Coney Island to Las Vegas in the urban imaginary: Discursive practices of

growth and decline, *Urban Affairs Review, 33*(5), 627–654.
Zukin, S. (2009). New retail capital and neighborhood change: Boutiques and gentrification in New York City. *City & Community, 8*(1), 47–64.

Internet Materials

UN Habitat, 2010. *State of the World's Cities 2010/2011* http://www.unhabitat.org/content.asp?cid=8051&catid=7&typeid=46
http://www.thedialogue.org/PublicationFiles/central%20american%20htas%20report.pdf
http://press.princeton.edu/chapters/i7295.html
http://www.historycooperative.org/cgi-bin/justtop.cgi?act=justtop&url=http://www.historycooperative.org/journals/ahr/109.1/br_104.html
http://www.democracy-asia.org/countryteam/krishna/Civil%20Society%20and%20Polotical%20Participation.pdf
http://www.asiapacificphilanthropy.org/f/backgrounder_india.pdf
http://www.springerlink.com/content/l228x11m4551585r/
http://perl.psc.isr.umich.edu/papers/voluntary.pdf
http://www.asianbarometer.org/newenglish/publications/workingpapers/no.38.pdf
http://ipsnews.net/news.asp?idnews=46452
http://www.dfid.gov.uk/R4D//PDF/Outputs/CentreOnCitizenship/ResSumOct08.pdf
http://siteresources.worldbank.org/INTCPR/Resources/WP36_web.pdf
http://academicjournals.org/AJPSIR/PDF/Pdf2009/Feb/Hassan.pdf
http://www.postcolonialweb.org/africa/ronning2.html
http://muse.jhu.edu/login?uri=/journals/journal_of_democracy/v019/19.1khrouz.pdf
http://www.nai.uu.se/research/areas/collective_organisation_a/

Website Materials

http://encyclopedia.thefreedictionary.com/Inner+city+decline
http://www.lincolninst.edu/subcenters/making-sense-of-place/cleveland/
http://www.allacademic.com/meta/p_mla_apa_research_citation/2/0/2/1/5/p202150_index.html
http://www.citymayors.com/index.html
http://www.citymayors.com/sections/society_content.html
http://usmayors.org/usmayornewspaper/documents/07_26_99/atlanta_reserved.htm
http://www.good.is/series/urban-renaissance
http://ipsnews.net/news.asp?idnews=44645
http://ipsnews.net/news.asp?idnews=45083
http://ipsnews.net/news.asp?idnews=46217
http://www.nytimes.com/2008/12/03/business/03columbus.html?emc=eta1

索　引

《世界城市研究精品译丛》总目

☑ 已出版，☐ 待出版

- ☑ 马克思主义与城市
- ☑ 保卫空间
- ☑ 城市生活
- ☑ 消费空间
- ☑ 媒体城市
- ☑ 想象的城市
- ☑ 城市研究核心概念
- ☑ 城市地理学核心概念
- ☑ 政治地理学核心概念
- ☑ 规划学核心概念
- ☑ 城市空间的社会生产
- ☑ 真实城市
- ☑ 城市：非正当性支配
- ☑ 现代性与大都市
- ☑ 工作空间：全球资本主义与劳动力地理学
- ☑ 区域、空间战略与可持续性发展
- ☑ 驱逐：全球经济中的野蛮性与复杂性
- ☑ 与赛博空间共存：21 世纪技术与社会研究
- ☑ 更好的城市：寻找欧洲失落的城市生活艺术
- ☑ 城市和电影
- ☑ 城市环境史
- ☑ 帝国的边缘：后殖民主义与城市
- ☑ 城市的人和地方
- ☐ 浮现的世界——21 世纪的城市与区域
- ☐ 城市发展规划本体论

□ 历史地理学核心概念

□ 空间问题：文化拓扑学和社会空间化

□ 城市与自然

□ 当下语境中的游戏：在线游戏的社会文化意义

□ 为增长而规划：中国的城市与区域规划

□ 文化崩溃：创意阶层的灭亡

□ 世界城市网络：一项全球城市分析

□ 社会理论和城市问题

□ 城市经济的兴衰：来自旧金山和洛杉矶的经验教训